질문의 힘

질문의 힘

초판 1쇄 인쇄 | 2025년 4월 10일
초판 1쇄 발행 | 2025년 4월 15일

지은이 | 오정환, 곽승종
펴낸이 | 김진성
펴낸곳 | 허브출판

편　집 | 허민정, 강소라
디자인 | 장재승
관　리 | 정서윤

출판등록 | 2005년 2월 21일 제2016-000006
주 소 | 경기도 수원시 장안구 팔달로237번길 37, 303호(영화동)
전 화 | 02) 323-4421
팩 스 | 02) 323-7753
전자우편 | kjs9653@hotmail.com
Copyright© 오정환, 곽승종

값 18,000원
ISBN 979-11-988677-2-8

인간이 지닌 최고의 탁월함은 질문하는 능력이다!

질문의 힘

오정환 · 곽승종 지음

질문으로 성공을 모색하라

이 책을 쓰는 과정이 질문의 연속이었다. 처음에는 당연히 '어떤 주제로 책을 쓸까?'를 질문했다. '제목은 무엇으로 할까?', '목차는 어떻게 할까?'와 같은 질문을 이어가며 책을 완성해 갔다. 무엇보다 중요한 질문은 '책을 쓰는 목적이 무엇인가?', '이 책이 독자에게 어떤 유익을 줄까?'였다. 이렇게 수많은 질문과 답변을 하며 책을 만들어 갔다. 질문하지 않았으면 이 책은 나오지 못했을 것이다.

성공한 사람들은 공통적으로 질문을 많이 한다. 자신 혹은 다른 사람에게 훌륭한 질문을 많이 할수록 훌륭한 사람이 되는 경우가 많았다. 수준 있는 질문을 하는 사람이 수준 있는 인생을 살았으며, 어려움을 이겨내기 위해 질문한 사람은 역경을 이겨내며 성공을 거머쥐었다. 부자는 부자가 되는 방법을 질문했고, 정치인은 정치인이 되는 길을 질문했으며, 발명가들은 인간에게 필요한 것이 뭐냐고 질문했다. 학자들은 새로운 학설을 찾기 위해 질문하고, 예술가들은 남과 다른 작품을 만들려고 질문했다. 결국 성공하는 사람들은 질문하며 자신의 꿈을 이루었다.

우주와 영혼을 향한 질문이 없었다면 종교도 탄생할 수 없었다. 수만 년 전 질문이 없었다면 인간이 돌도끼든 돌칼이든 만들 수 있었을까? 바퀴를 만들고 글을 만들 수 있었을까? 호기심 어린 질문이 없었다면 과학과 학문의 진보도 없었을 것이다. 미래를 향한 질문과 거침없는 도전 정신이 없었다면 우리 입에 오르내리는 수많은 영웅도 범부로 끝났을 것이다. 이와 같이 질문 속에 들어 있는 우주만한 잠재력은 그래서 새로운 역사를 창조했다. 오늘날 신제품 개발자, 광고기획자, 작곡가, 미술가, 디자이너, 소설가, 시인, 발명가도 수많은 질문을 하며 한걸음 나아가고, 또 질문을 하며 조금씩 최종 목표에 도달했다.

이처럼 질문은 모든 일의 시작이다. 출발점이다. 그래서 질문이 중요하다. 창조적인 성과들은 모두 호기심 있는 질문으로 시작했다. 질문이 있어야 관찰을 하고, 관찰을 하며 또 질문을 한다. 질문을 하다 보면 그동안 보지 못한 것을 발견하게 되고, 미처 생각하지 못한 것을 상상하게 된다. 질문이 관찰을 낳고 관찰이 상상을 낳고 상상을 하다 어느 순간 번쩍 통찰의 순간이 생기면, 깜깜했던 모든 것이 불을 보듯 환해지며 새로운 역사를 창조한다. 그러니 질문은 성공의 세계로 입장하는 문이라 할 수 있다.

또한 질문은 세상을 바꾸고 사회를 행복하게 한다. 당신이 마음을 열고 진심으로 질문한다면 소통에 어려움이 없을 것이다. 소통은 가족 간이든 직원 간이든 모든 구성원에게 오해와 불신을 걷어가 좋은 관계를 만드는 기회를 만들어 준다. 질문은 당신뿐 아니라 당신이 소속된 조직에 활력과 행복을 준다. 행복한 성공은 질문으로 시작된다.

이 책은 2009년도에 출간한 《성공, 질문으로 승부하라》의 개정판이다. 처음 생각은 너무 오래된 사례나 시대에 어울리지 않은 부분을 삭제하고, 새로운 내용을 추가하여 마무리할 생각이었다. 그러나 개정 작업을 하며 대대적으로 손을 봤다. 특히 곽승종 원장이 공저자로 참여하며 4장과 5장을 거의 새로 쓰다시피 했다. 그동안 시대가 급변했다. 특히 AI 시대에는 독서를 기반으로 비판적 사고력과 창의력을 길러야 한다. 그런 이유로 자료를 수집하고 정리하여 집필하는 과정이 오래 걸렸다.

이 책은 크게 5장으로 구성하였다.

1장은 행복하게 성공해야 하는 이유와 그것을 위한 질문의 필요성을 담았다. '왜 행복한 성공인가?'라는 질문을 제기했다. 이제 행복과 성공에 새로운 관점이 필요한 시점이 되었기 때문이다. 우리가 진정 원하는 성공은 행복의 범주에서 벗어나지 않음을 이야기하고자 했다.

2장은 삶을 바꾸는 질문이다. 자기 자신에게 어떤 질문을 어떤 방법으로 해야 성공하는 삶을 살 수 있는지 여러 가지 사례를 들며 설명했다. 미래를 향해 끊임없이 긍정적인 질문을 하는 사람은 결국 성공했다. 이렇게 성공한 사람들은 성공으로 행복하기도 하거니와 성공으로 가는 모든 과정을 즐겼다. 그래야 성공을 유지하는 데도 유리

했다. 그것을 알리고자 했다

3장은 타인을 바꾸는 질문이다. 다른 사람에게 효과적인 질문을 어떻게 해야 하는지, 질문은 어떤 영향력이 있는지 다루었다. 다른 사람을 설득할 때, 부하 직원에게 동기부여를 하고 싶을 때, 다른 사람과 원활한 소통을 원할 때, 질문이 꽤 쓸모 있는 수단이라는 사실을 알 수 있을 것이다.

4장은 세상을 바꾸는 질문이다. 세상을 바꾸는 창의적인 성과를 내는 사람들은 어떻게 그런 성과를 냈는지 밝혔다. 창의력을 기르는 질문은 무엇이며, 관찰은 어떤 방법으로 해야 하는지, 비판적 사고와 사유는 어떻게 창의적인 성과로 이어지는지 다양한 사례와 함께 노하우를 살펴 보았다.

5장은 독서법을 정리했다. 단순히 정보를 얻는 독서는 무의미하다. AI 시대에는 비판적 사고력을 바탕으로 상상력과 창의력을 발휘하는 사람이 살아남을 가능성이 크다. 어떻게 독서해야 비판적 사고력을 기를 수 있는지, 아울러 독서가 어떻게 글쓰기와 책 쓰기 능력으로 발전하는지 사례를 중심으로 엮었다.

질문은 우리에게 헌걸찬 능력을 불어넣어 준다. 질문이 강력한 힘을 가진 이유다. 필자는 당신이 질문으로 원하는 행복한 성공에 큰 걸음을 내딛기를 바란다. 이 책을 끝까지 차근차근 읽어 간다면 질문의 힘을 느끼고 질문을 실생활에 적용할 수 있을 것이다. 이제 막 이 책을 집어든 당신이 책을 끝까지 다 읽고 질문의 힘을 깨닫고 질문으로 행복한 성공을 할 수 있다면, 이 책은 목적을 다한 것이다. 그것으로 족하다.

대표 저자 오정환

차 례

행복한 성공,
그 시작을 위하여

성공과 행복은 비례하는가?

성공과 행복, 가깝고도 먼 사이

○ ● ○

먼저 두 가지 질문을 던져 보겠다. 첫째는 '성공이 무엇인가?'이고, 둘째는 '행복이 무엇인가?'이다. 대부분의 사람들이 성공은 대충 알 것 같은데, 성공과 행복은 서로 무슨 관련이 있느냐며 의아할 것이다. 또는 성공하면 무조건 행복한 것 아니냐고 반문할지도 모르겠다. 물론 그럴 수 있다. 왜냐하면 성공과 행복은 아주 주관적인 느낌이기 때문이다.

어떤 사람이 성공이라고 느끼는 것을 다른 사람은 실패라고 생각하는 경우도 있고, 그 반대의 경우도 있다. 행복을 느끼는 이유도 사람마다 다르다. 어떤 사람은 권력이나 명예를 얻으면 행복하고, 어떤 사람은 소비하는 과정에서 행복을 느낀다.

행복과 성공이 주관적인 판단에 따른다 해도 확실한 것이 있다. '행복한 성공'이 '진짜 성공'이라는 사실이다. 세끼 밥도 못 먹으며 행복하다면 그것은 게으름뱅이의 자기 최면이고, 합리화일 뿐이다. 성공을 위해 가정이 깨지고, 다른 사람을 짓밟고, 다른 사람에게 상처와 피해를 준다면 행복한 성공이 아니다. 이런 사람이 행복하다고 말한다면 뻔뻔스러운 도덕 불감증 환자일 뿐이다.

책을 막 읽기 시작한 당신도 나름대로 성공의 의미를 생각할 것이다. 당신은 성공과 행복을 무엇이라 생각하는가? 또한 둘 사이에 무슨 관계가 있을 것이라 생각하는가? 다음 이야기는 우리 주변에서 흔히 볼 수 있는 사례다. 성공과 행복이 무엇인지 생각하며 읽어보자.

김영애 씨와 안재봉 씨 부부는 겉으로 보기에는 부족함이 없어 보였다. 여유로운 경제 상황, 안정된 일자리, 잘 자라주는 두 딸까지. 남들이 보기에 그들의 삶은 그저 평탄해 보였다. 하지만 속내를 들여다보면 그렇지 않았다.

김영애 씨는 집안일에 지쳐 가고 있었다. 넓은 집 청소부터 하루의 시작이 고되었고, 늦은 밤에야 돌아오면 쌓인 설거지거리가 그녀를 기다리고 있었다. 학원 두 곳을 운영하며 바쁜 일정을 소화하는 김영애 씨는 집안일까지 혼자서 책임지다 보니 몸과 마음이 점점 더 지쳐 갔다. 마음속 깊은 곳에서 '왜 나는 늘 혼자일까?'라는 생각이 반복되었고, 남편이 조금 더 일찍 집에 와 도와주기를 간절히 바라곤 했다. 하지만 안재봉 씨는 늘 늦었다.

고등학생과 중학생인 두 딸 역시 마찬가지였다. 자신들이 필요할 때만 엄마를 찾았고, 집안일에는 아무 관심이 없었다. 어쩌다 힘든 하루를 마치고 들어와도 그녀를 반겨주는 이가 없었다. 모든 것을 다 가진 듯했지만, 마음은 늘 공허함에 젖어 갔다. 무언가를 사고, 어딘가로 떠나는 여행조차 더 이상 그녀에게는 위안이 되지 않았다. '이게 다 무슨 소용인가' 하며 그녀의 한숨은 깊어만 갔다.

남편 안재봉도 억울한 마음이 없지 않았다. 그는 바쁜 일정 속에서도 오로지 가족들을 위해 일하고 있다고 생각했다. 승진을 위해 열심히 노력하는 것도 결국은 가족들을 더 나은 환경에서 살게 하기 위함이라 여겼다. '내가 성공해야지, 그래야 가족이 자랑스러워하지 않겠나'라고 생각했지만, 정작 집에서는 그의 노고를 알아주지 않는 것 같았다.

그래서 그는 아내에게 말했다.

"나만의 성공이 아니라, 모두를 위한 성공이야. 나만 좋은 게 아니잖아. 당신도 사모님 대우받으면 좋은 거 아니야?"

하지만 김영애 씨는 고개를 저었다. 남편의 말이 이해되지 않았다. '높은 자리가 가정만큼 중요한가?'라는 생각에 그녀는 남편이 조금 일찍 귀가해 집안일을 나누고 함께 시간을 보내주기를 바랐다. 그러나 그의 태도는 달라질 기미가 보이지 않았다.

그러던 어느 날 김영애 씨는 자신의 마음을 어렴풋이 알게 되었다.

'내가 필요한 건 물질적인 것들이 아니야. 진짜 필요한 건 나를 이해하고, 내 곁에 있어 주는 마음이야.'

그녀는 외로움을 가득 안고 잠자리에 들며 생각의 간격을 좁히지 못하는 가정에서 지쳐 가는 자신을 느꼈다. 안재봉 씨 역시 혼자 사무실에서 혼란스러운 마음을 잠재우며 집으로 향했다. 마음 한구석에선 그의 노력과 꿈을 알아주길 바라는 속마음도 무너져 가고 있었다. 그렇게 서로의 공허한 마음은 점점 깊어만 갔다.

이 부부는 나름대로 자기 일에 재미를 느끼며 열심히 살았지만, 가정에만 들어오면 예민해졌다. 그러니 짜증이 나고 잔소리만 늘었다. 김영애 씨가 학원에서 더 많은 돈을 벌고, 안재봉 씨가 직장에서 높은 자리로 승진한다고 한들 과연 행복했을까? 이런 것이 성공일까?

최준호 씨는 일류 대학을 졸업하고 대기업에 들어갔다. 대학 시절부터 주변에서 칭찬을 많이 받았고, 부모님도 항상 그를 자랑스러워했다. 회사에서 일하던 어느 날, 그는 활기차고 자신감 넘치는 후배 곽민경 씨를 만났다. 둘은 금세 사랑에 빠져 결혼을 했고, 결혼 후 아들과 딸 두 아이를 낳았다. 표면적으로 그들의 가정은 행복해 보였다. 하지만 시간이 지나며 삶을 대하는 서로 다른 가치관이 드러나기 시작했다.

민경 씨는 직장에서 승진과 성공을 중요시하는 야망 있는 사람이었다. 그녀는 자기 일에 열정을 다했고, 높은 자리까지 올라가기를 꿈꾸었다. 반면에 준호 씨는 승진에 관심이 없었다. 그에게 회사는 그저 돈을 벌기 위한 수단일 뿐이었다. 준호 씨는 일이 끝난 후 친구들과 어울려 음주와 유흥을 즐기는 삶에 더 매력을 느꼈다. 그는 삶을 편하게 살아가고자 했지만, 민경 씨의 눈에는 그런 그가 그저 무기력하게 비쳐졌다. 준호 씨가 친구들과 어울리는 일이 점점 더 잦아지자 민경 씨의 불만도 깊어졌다.

"당신은 왜 더 나은 사람이 되려 하지 않아?"

어느 날 민경 씨가 준호 씨에게 물었다. 그녀는 그를 바꾸고 싶었다. 자신이 원하는 목표를 향해 함께 걸어갈 수 있는 동반자로 만들고 싶었다. 하지만 준호 씨는 그녀의 이런 태도를 고깝게 여겼다.

"난 지금 충분히 만족해. 네가 내 삶에 참견할 필요는 없지."

그는 짜증을 내며 반박했다. 결국 대화는 또다시 말싸움으로 끝났다. 그들 사이엔 점점 깊은 균열이 생겼고, 어느덧 소통은 완전히 끊어졌다. 서로를 바꾸려는 시도조차 무의미하다는 걸 깨달은 민경 씨는 결국 이혼을 결심했다.

이혼 후, 준호씨는 한층 홀가분해졌다. 더는 자신의 삶에 간섭하는 사람 없이 마음껏 시간을 즐길 수 있었다. 가끔은 아이들이 보고 싶고 조금 외롭기도 했지만, 그는 여전히 자신이 내린 결정을 후회하지 않았다. '나는 이제 내가 하고 싶은 대로 살 수 있어'라고 그는 스스로를 위로하며 삶을 이어갔다. 민경 씨 역시 이혼을 후회하지 않았다. 그녀는 '꿈도 없고 야망도 없는 사람과는 함께할 수 없어'라고 되뇌며 이제는 자신의 일에 온전히 집중하게 되어 행복하다고 생각했다.

그렇게 각자 다른 길을 가며 몇 년 후 두 사람은 개인 사업을 시작했고, 사업은 큰 성공을 거두었다. 어느새 둘 다 남들이 보기에 성공한 사업가가 되었고, 수입도 넉넉해졌다. 하지만 혼자일 때마다 둘은 문득 생각에 잠기곤 했다. '그 선택이 과연 옳았을까?'라며 준호 씨는 자유로움 속에서 외로움이 점점 더 선명해지는 것을 느꼈고, 민경 씨는 원했던 성공과 독립이 이루어졌음에도 불구하고 마음 한편에서 공허함을 느꼈다. 그들의 삶은 남들이 보기엔 화려하고 여유로웠지만, 마음속 깊은 곳에서 느껴지는 외로움과 불안은 서로 다른 방식으로 두 사람을 괴롭혔다.

사람들은 돈을 많이 벌고, 높은 지위에 올라가고, 명예와 권력을 누리면 성공이라 생각한다. 물론 그렇지 못한 사람에게 그들은 부러움의 대상일 것이다. 그러나 풍요와 권력을 누리지만 행복하지 않다면 그것을 성공이라 할 수 있을까? 그 답을 찾기 위해 잠시 역사 속으로 들어가 보자. 역사 속에는 부와 권력을 누렸지만 행복을 찾지 못한 인물들이 꽤 많다.

조선 3대 임금 태종과 7대 임금 세조가 행복한 군주인지 생각해보자. 두 임금은 모두 치열한 골육상쟁 끝에 왕의 자리에 올랐다. 재위 기간 내내 강력한 왕권을 기반으로 많은 일도 했다. 먼저 태종을 보자. 태종은 왕이 되기 위해 정몽주를 죽이고, 형을 몰아내고, 동생들까지 죽였다. 왕이 되어서는 누명을 씌워 처남을 죽이고 사돈을 죽였다. 본인은 절대 권력을 누렸지만 과연 행복했을까? 태종은 성공한 사람일까?

세조는 조카 단종의 왕위를 빼앗고 죽였다. 동생을 비롯한 수많은 사람이 목숨을 잃었다. 세조는 절대 권력을 누렸을지 모르지만 평생 조카를 죽인 죄책감에 괴로워했다. 말년엔 단종의 어머니이자 형수인 현덕왕후의 혼백에 시달렸다. 현덕왕후가 자신에게 침을 뱉은 꿈을 꾸고 나서부터 피부병으로 고생했다는 이야기를 보면 왕위 찬탈에는 성공했을지 모르지만 행복한 성공과는 멀어 보인다.

줄리어스 카이사르(Julius Caesar)는 로마의 권력자로서 엄청난 권력과 부를 누렸지만, 결국 가까운 측근들에게 암살당해 인생을 마감했다. 루이 16세는 프랑스 왕으로 엄청난 부와 권력을 가졌지만, 자신의 위치와 역할이 갖는 무게 때문에 부담감에 시달렸고, 프랑스 대혁명 중

처형당했다. 권력을 가졌지만 이를 유지하기 위해 개인적 행복을 거의 누리지 못한 인물이었다. 헨리 8세는 잉글랜드 왕으로 많은 권력과 부를 누렸다. 그러나 여섯 번의 결혼과 권력 투쟁 속에서 끊임없이 개인적인 불행을 겪었다. 그가 사랑한 여성 몇을 처형하기도 했고, 말년에는 건강이 악화한 상태로 병상에서 외롭게 죽음을 맞이했다.

앞서 소개한 역사적 인물들은 부와 권력을 소유했지만, 외로움, 두려움, 개인적인 갈등 따위로 삶의 진정한 행복을 얻지 못했다. 보통 사람들이 말하는 성공, 예를 들어 돈과 명예와 권력을 쥐면 행복해야 하는데 이들의 삶은 사실 그렇지 못했다. "천석꾼은 천 가지 근심이 있고, 만석꾼은 만 가지 근심이 있다"라는 옛말이 허언이 아님을 알 수 있다. 그러면 행복이란 도대체 무엇일까?

행복지수로 바라본 행복의 의미

○ ● ○

이쯤에서 새로운 질문이 생긴다. '성공과 행복은 함께할 수 있을까, 없을까?' 하는 문제다. 2006년 영국의 신경제재단(NEF:New Economics Foundation)은 삶의 만족도, 평균수명, 생존에 필요한 면적, 에너지 소비량 등의 환경적 여건을 종합하여 세계 178개국의 행복지수를 발표하였다. 놀라운 사실은 경제대국 미국, 일본이나 사회복지가 잘된 서유럽국가들이 1위를 차지하지 못했다는 것이다. 태평양 한가운데에 보잘것없어 보이는 바투아누 공화국이 가장 행복한 나라였다.

독일의 싱크탱크인 핫 오어 쿨 연구소(Hot or Cool Institute)가 '2024 지구 행복지수 분석 보고서'를 발표했다. 지구 행복지수는 개인이 느끼는 행복도와 기대수명을 곱한 점수를 각 나라의 1인당 평균 탄소발자국으로 나눠 점수를 집계한다. 점수는 기대수명이나 행복도가 높을수록 올라가고, 탄소 배출량이 많을수록 내려간다. 삶의 질을 결정할 때 탄소 배출량을 반영하여 행복의 지속가능성을 측정한 방법이다. 이렇게 행복지수를 측정한 결과 우리나라는 전 세계 147개국 중 76번째였다.

2021년 기준 한국은 기대수명 83.7세, 행복도 6.1점, 이산화탄소 환산량(온실가스 배출량을 이산화탄소로 환산한 값) 14.39톤으로 총 38점을 기록했다. 기대수명(83세)과 행복도(6.5점)가 비슷한 스페인은 이산화탄소 환산량이 우리나라의 절반 수준(7.12톤)에 불과해 15점 높은 점수를 받으면서 7위에 올랐다. 우리나라는 동아시아권 국가에도 크게 뒤처졌다. 가까운 일본과 중국은 42.7점, 41.9점으로 각각 49위, 51위에 올랐다.

지구 행복지수를 기준으로 가장 행복한 국가에 오른 나라는 남태평양의 섬나라 바누아투(57.9점)였다. 이어 스웨덴(55.9점), 엘살바도르(54.7점), 코스타리카(54.1점) 순이었다. 연구진은 "일반적으로 탄소 배출량이 많은 국가에서 기대수명이나 행복도가 높게 나타나지만, 코스타리카처럼 1인당 탄소 배출량이 적더라도 행복지수가 높게 나타나는 국가도 있다"며 "인류는 지구를 희생하지 않아도 행복한 삶을 누릴 수 있다는 점을 보여주는 것"이라고 강조했다.

그렇다면 이런 조사에서 우리는 무엇을 배울 수 있을까? 분명한 사실은 경제력이 인간을 행복하게 만들지 않는다는 점이다. 즉, 소득과 소비, 권력, 수명 등이 행복과 성공을 담보할 수 없다는 것이다. 이런 사실에 비추어 볼 때 부자가 되고 권력을 쥐고 있어도 행복하지 않다면 성공했다고 볼 수 없다.

출세를 위해 가족을 포기하고, 부자가 되기 위해 친구를 배반하고, 권력을 잡기 위해 남을 속이고 폭행하는 것은 누구나 동의할 수 없는 행위다. 만약 이렇게 해서 원하는 것을 얻었다면, 이것은 행복한 성공이 아니다.

징기스칸을 우리는 흔히 영웅이라고 말한다. 그의 일대기를 성공적인 삶으로 묘사한다. 물론 역사적인 사실은 그가 결코 평범치 않은 인물이었다는 사실을 잘 보여준다. 시련과 역경을 이겨내고 변방에 떠돌던 유목민에 불과하던 몽골족을 역사의 중심에 우뚝 서게 했으니 영웅이라고 해도 손색이 없다.

그러나 그는 정복전쟁을 치르며 약탈과 파괴를 서슴지 않았다. 자신의 야심을 위해 수많은 사람을 죽였다. 징기스칸은 대국을 거느리며 성공했을지 모르지만 말에 짓밟히고 칼과 창에 찔린 사람들은 어떠했을까? 약탈과 파괴로 다른 나라와 백성을 정복한 것이 과연 성공이라고 할 수 있을까? 징기스칸은 행복했을까?

비윤리적인 방법으로 부와 권력을 쟁취했으나, 불행한 최후를 맞이한 역사적 인물을 유럽에서 찾아보자. 잉글랜드 왕 리처드 3세는 왕위에 오르기 위해 친족을 배신하고 여러 가지 음모를 꾸몄다. 특히 조카들인 에드워드 5세와 그의 동생 리처드가 탑에 갇혀 행방불명된 사건과 관련이 깊다는 의심을 받았다. 그는 왕위를 쟁취했으나 잔혹한 행위들로 인해 대중의 지지를 잃었다. 결국 보즈워스 전투에서 패배하며 전사하였다.

체사레 보르자(Cesare Borgia)는 교황 알렉산데르 6세의 아들로, 아버지의 권력을 빌려 엄청난 권세를 누렸다. 그는 자신의 권력을 확장하기 위해 음모를 꾸미고, 주변 영주들을 배신했으며, 폭력을 자행했다. 목표를 위해서는 가족도 가리지 않았고, 권력 유지를 위해 가혹한 행위도 저질렀다. 하지만 아버지가 죽자 그의 권력은 급격히 쇠락했고, 결국은 질병으로 고통 받다 불행하게 세상을 떠났다. 그의 권력은 일시적이었으며, 잔인함과 배신으로 얼룩진 그의 삶은 진정한 성공이나 행복과는 거리가 멀었다.

두 인물은 권력과 부를 얻기 위해 수단을 가리지 않았고, 결국은 이러한 비윤리적인 선택이 그들을 파멸로 이끄는 원인이 되었다. 그것은 성공도 아니고 행복도 아니었다. 우리가 영웅이라고 부르는 나폴레옹도 결국에는 비참한 최후를 맞았다. 영웅일지는 모르지만, 성공했다거나 행복했다고 말할 수는 없을 것이다.

행복한 성공은 과정도 행복해야 한다. 산을 정복하기 위해서는 산을 오르는 과정을 즐겨야 한다. 고진감래(苦盡甘來)라는 말도 일리는 있지만, 일하는 과정을 즐겨야 진정한 행복이라고 할 수 있다. 그래야 성공했을 때도 행복하다. 성공이 주관적이듯 행복도 주관적인 것이다. 그러나 행복하지 않은 부·소비·권력·명예는 결코 성공이라고 말할 수 없다.

행복에도 조건이 있다

돈과 행복은 반비례한다?

○ ● ○

행복지수에서 보았듯이 경제력만으로는 행복할 수 없다. 돈은 행복에 영향을 거의 미치지 못하지만, 사람들은 돈만 있으면 행복할 것이라고 착각한다. 이것은 행복을 주는 모든 조건이 완벽한데 돈만 없는 경우에는 해당될 것이다. 그런데 우리 주변에는 돈만 많은 사람이 더 많은 듯하다.

신도시 지역은 말 그대로 돈 벼락 맞은 사람이 꽤 많은 곳이다. 개발 전 논과 밭을 가지고 있던 사람들은 어느 날 갑자기 대대손손 먹고살 만큼 충분한 돈을 손에 쥐게 된다. 이후 그들의 삶은 어떻게 변할까? 보상받은 돈을 노름, 여자, 어설픈 사업으로 모두 탕진한 사람, 가족 사이에 심각한 갈등으로 괴로워하는 사람, 충분히 일할 나이인데도 빈둥거리며 지내는 사람이 많아진다. 물론 보상을 받기 전이나 후나 자신의 일을 열심히 하는 사람도 있다. 그런데 이 지역 사람들이 공통저으로 하는 말이 있다. 어렵게 살 때가 더 좋았다는 것이다. 서로 도우며 정을 나누고 산 예전이 더 행복했다고 이구동성으로 말한다.

행복경제학자들은 행복을 주는 첫 번째 항목으로 다른 사람들과 좋은 관계를 맺는 것을 뽑는다. 즉, 가족·파트너·친구들과 좋은 관계를 맺는 일보다 더 많은 행복을 약속해 주는 것은 이 세상에 없다고 한다. 두 번째 항목은 유익한 일을 한다는 자부심이다. 상황에 따라 건강과 자유가 이 자리를 차지하기도 한다. 돈과 권력은 아니다.

언론 보도에서 돈 때문에 패가망신한 사례를 살펴보자.

〈사례1. 로또 당첨으로 풍비박산 난 가족 이야기〉

경기도에서 일용직으로 일하던 A(58)씨가 로또 40억 원에 당첨됐다. 세금을 제외하고 27억 7,000만 원을 받았다. 이 같은 사연은 A씨 어머니인 B(78)씨가 양산시청 현관 앞에서 1인 시위를 한 사진이 소셜네트워크서비스(SNS)를 타고 급속하게 퍼졌다. B씨는 경기도에 살던 아들 A씨가 로또 1등에 당첨되면서 태도가 돌변, 연락을 끊고 양산으로 이사했다고 하소연했다.

A씨가 로또 당첨 뒤에 본인이 사는 부산으로 내려왔다가 여동생 등과 당첨금 분배 문제를 두고 갈등을 빚자 결국 거주지를 옮겼다는 게 B씨의 주장이다. B씨는 아들이 이혼한 뒤 손자들을 돌봤는데, 당첨금을 제대로 나눠주지 않자 강한 불만을 품게 되었다. 하지만 재판 과정에서 A씨가 복권에 당첨된 뒤 어머니와 살 집을 마련했으나, 당첨 사실을 안 여동생들이 어머니를 데려가지 말고 당첨금을 나누라는 요구를 하면서 갈등이 극심해진 것으로

드러났다.

여동생들은 계속해서 A씨에게 전화나 문자를 보내 당첨금 분할을 요구하고 수시로 협박했으며, A씨가 대응하지 않자 두 여동생과 매제 C씨는 A씨 집에 찾아가 열쇠수리공을 불러 잠금 장치를 파손하기도 했다. 결국 A씨는 두 여동생과 매제를 경찰에 고소해 수사가 진행됐고, 이들은 재판에 넘겨졌다.

재판부는 협박과 주거 침입 등을 유죄로 인정해 두 여동생에게 징역 1년에 집행 유예 3년을 선고하고, 사회봉사 200시간을 명령했다. 재판부는 "두 여동생은 가족을 상대로 범죄를 저지르고 피해자가 큰 고통을 겪었는데도 법정에서 변명으로 일관하는 등 반성의 기미가 전혀 없었지만 협박을 자백한 점 등을 고려했다"고 밝혔다. 재판부는 A씨 매제의 죄질을 가장 나쁘게 보고 징역 8개월을 선고한 후 법정 구속했다. 재판부는 "매제가 두 여동생을 대표해 경찰에 신고하고 열쇠수리공을 부르는 등 이 사건에 깊이 관여하고 주도했으면서도 A씨 집 현관문을 부술 때 현장에 없었다는 점을 내세워 범행을 부인하는 등 태도가 매우 나쁘다"고 선고 이유를 밝혔다.

〈사례2. 10억 신드롬과 부녀 자살〉

'10억 만들기' 신드롬에 빠진 부녀가 재산을 모두 탕진하자 딸은 스스로 목숨을 끊고 아버지는 딸의 자살을 방조한 혐의로 쇠고랑을 차는 사건이 발생했다. 국내 최고의 통신회사에 최연소로 합격해 승승장구하던 A씨(30)는 이혼한 아버지 B씨와 함께 서울 영등포구 양평동에서 옥탑방 생활을 시작했다. A씨는 아버지가 14년간 지방 세무공무원 생활을 했지만 빈털터리였기 때문에 모든 생계를 책임졌다. A씨는 그러나 격무에 시달리는데다 중요한 프로젝트를 책임지는 자리에서 번번이 미끄러지자 갑자기 사표를 냈다.

퇴사한 A씨는 최근 몇 년 사이 서민들의 인생 목표가 되다시피 한 '10억 원 만들기'에 골몰했고, 재취업은 관심 밖이었다. A씨는 아버지에게 "1년 이내에 10억 원을 만들지 못하면 같이 죽자"고 했고 아버지도 "그러자"고 다짐했다. 이들은 수중에 있는 전 재산인 A씨의 퇴직금 5,000만 원 중 2,500만 원을 투기성이 강한 코스닥 업체의 주식에 투자했다. 하루에도 수십 번씩 주식을 샀다가 다시 되파는 초단타 매매를 했지만, 그들에게 돌아온 것은 깡통 계좌뿐이었다. 컴퓨터 프로그램을 통한 통계분석으로 숫자를 찍어 매주 로또에도 30만 원씩 투자했지만, 당첨금이 100만 원에 불과한 3등에 3번 당첨됐을 뿐이다.

결국 통장 잔고가 '0'이 됐다. 부녀는 이날 옥탑방에서 소주잔을 기울이다가 A씨가 먼저 목숨을 끊으면 아버지 B씨가 시신을 수습하고 뒤따르기로 했다. A씨는 '이제 갈 때가 돼서 갑니다'라는 유서를 남긴 뒤 목숨을 끊었다. 아버지는 이틀 동안 딸의 시신을 옆에 두고 통한의 눈물을 흘리며 술을 마시다 혼수상태에 빠졌고, 월세를 받으러 온 집주인에게 발견돼 목숨을 건졌다.

〈사례 3. 꿈과 욕망을 분별하지 못한 직장인〉

김철용 씨(34)는 평범한 회사원이었다. 늘 바쁜 회사생활에 치이고, 월세와 대출에 시달리며 살아가다 보니 하루하루가 힘들었다. 그러던 어느 날, 김철용 씨가 회사 동료와 함께 구입한 복권이 대박을 터뜨렸다. 당첨금은 무려 수십 억 원, 김철용 씨는 이제 더는 일을 하지 않아도 된다는 생각에 하늘을 나는 듯했다. 처음 몇 달 동안은 절제하면서도 즐거운 일상을 보냈다. 새로 마련한 고급 아파트, 평생 운전해 보고 싶던 고급 승용차, 그리고 해외여행까지. 그의 삶은 어느새 모든 사람의 부러움을 샀다.

그러나 시간이 지나면서 김철용 씨는 가진 것에 만족할 수 없었다. "이대로 멈추면 내가 이룰 수 있는 건 아무것도 없어. 투자에 나서야 해"라고 결심한 김철용 씨는 자신이 투자의 귀재가 되어야 한다는 강박에 사로잡히기 시작했다. 김철용 씨는 여러 곳에서 사업 아이템을 찾고, 주식과 부동산, 심지어 암호화폐에까지 손을 대기 시작했다. 처음에는 수익을 올리는 듯했지만, 점차 투자 리스크가 커졌고, 욕심은 점점 더 큰 결정을 내리라고 유혹했다.

1년 전 김철용 씨는 유명한 투자자에게 대박이라고 소개받은 해외 부동산 개발에 큰돈을 투자했다. 그러나 몇 개월 후, 그 프로젝트가 실패하며 투자금은 물거품이 되고 말았다. 그뿐 아니라 암호화폐 폭락과 주식 시장 하락까지 겹치며 자산은 점점 줄어들었고, 불안과 초조함에 잠 못 이루는 밤이 계속되었다. 그래도 그는 포기하지 않았다. 마지막으로 있는 돈과 친구의 이름을 빌려 대출을 받아 더 큰 투자를 결행했다. 결과는 참혹했다. 이마저도 실패하면서 모든 것을 잃게 되었고, 대출까지 안고 빚더미에 앉아 버렸다. 김철용 씨는 예전 자신의 일상으로 돌아갈 수 없다는 것을 깨달았다. 남은 건 가족의 실망과 친구의 외면, 그리고 당첨된 복권이 가져온 잔인한 교훈이었다.

위의 사례가 특별하다고 생각하는가? 그렇지 않다. 우리 주변에서 흔히 일어나는 일이다. 돈과 행복의 반비례 관계는 어제오늘의 일이 아니다.

행복의 조건

○●○

행복은 무엇일까? 사람은 언제 행복을 느낄까? 사람을 행복하게 하는 조건은 무엇일까? 이런 질문은 오래전부터 철학의 주제였다. 많은 철학자가 이 주제로 고민했다. 소크라테스는 인간의 최고 목적은 행복에 도달하는 것이라고 했다. 아리스토텔레스는 《니코마코스 윤리학》에서 행복은 단순히 쾌락이나 물질적 풍요가 아니라 삶의 목적과 기능을 완성하는 상태라며 인간이 삶에서 궁극적으로 추구해야 할 최고선으로 정의했다.

기원전 3~4세기에 걸쳐 등장한 스토아학파도 행복을 말했다. 이들은 참다운 행복은 모든 욕망을 버리고 어떤 사물에도 마음이 움직이지 않을 때 얻는다고 했다. 욕망에서 해방되기 위해 이들은 금욕주의적인 생활을 강조했다. 한편 스토아학파에 반대되는 에피쿠로스학파가 있다. 이들은 '행복은 곧 쾌락'이라고 주장하여 쾌락주의라 부른다.

에피쿠로스는 기원전 4세기 중반의 사람이다. 에피쿠로스 철학의 출발점은 인간은 쾌락을 추구하는 본성을 타고 났다는 것이다. 따라서 쾌감은 선이고 혐오감은 악이라고 본다. 유년기 아이들을 보면 인간이 얼마나 감정적으로 움직이는지 잘 알 수 있다. 인간이 쾌락을 추구하는 존재라는 것은 "불은 뜨겁고, 얼음은 차갑고, 꿀은 달콤하다"는 사실만큼 명백한 것이다.

그러나 대부분의 쾌락, 예를 들어 섹스, 음식, 알코올 같은 즐거움은 오랫동안 지속되지 못한다. 그러므로 인간은 쾌락을 즐길 필요는 있지만, 쾌락이 지속적인 행복의 기초가 되기에는 완전하지 못하다는 점을 절대 잊어서는 안 된다. 즐거움을 꾸준히 즐기려면 어린아이와 같은 무분별한 탐욕을 절제할 필요가 있는 것이다. 이때 이성의 도움은 절대적이다.

현대의 심리학자들은 행복은 그냥 주어지는 것이 아니라 본인이 적극적으로 나서서 개발해야 한다고 주장한다. 가만히 앉아서 행복이 오기를 기다리는 사람은 결코 행복할 수 없다는 것이다. 독일에서 학술 전문 저널리스트로 활동하고 있는 리하르트 다비트 프레이트는 《나는 누구인가》라는 책에서 행복을 얻기 위한 원칙을 다음과 같이 정리해 놓았다.

행복을 위한 첫 번째 원칙은 활동성이다. 우리 뇌는 무엇인가 몰두할 만한 일거리에 항상 목말라 있다. 정신적으로 멈추어 서 있으면 기분도 덩달아 나빠진다. 그저 딱 하루 쉬었을 뿐인데도 일련의 뉴런들이 곧바로 사망하고, 정신을 사용하지 않으면 뇌는 위축된다. 이는 불쾌감이 지배적일 때도 통상적으로 나타나는 현상이다. 의욕상실증은 곧바로 우울증으로 연결되기 쉬운데, 이는 호르몬의 수급에서 도파민의 공급이 충분히 이루어지지 않기 때문이다. 우리는 잠시도 쉬지 않고 일을 해야만 행복에 필요한 활동성을 유지하는 것이다.

행복의 두 번째 원칙은 사회적인 삶이다. 친구나 파트너 관계 그리고 가족은 하나의 울타리를 형성하는데, 이 안에서 우리는 고양된 감정을 느낀다. 파트너와 체험을 함께 나눌 때에 행복은 더욱 증폭되는데, 아늑함을 느끼면 남성의 경우에 옥시토신이, 여성들의 경우엔 바소

프레신이라는 호르몬이 분비된다. 사회적인 결속을 긴밀하게 지닌 사람은 위급이 닥쳤을 때에 혼자가 아니다. 인생의 행복을 유지하는 데 돈과 소유물보다도 더 중요한 것은 좋은 파트너 관계를 맺는 일이다.

행복의 세 번째 원칙은 집중이다. 에피쿠로스는 제자들이 어떻게 하면 현실만을 즐길 수 있는지 가르쳐 주기 위하여 많은 시간을 할애하였다. 그는 꽃의 향기, 일정한 형상의 아름다움, 치즈 한 조각의 맛 등 특정한 즐거움에 집중하는 것이 기쁨을 증대한다고 주장하였다. 사물에 유효한 것은 인간에게도 그대로 적용될 수 있어야 한다. 그래서 누군가가 다른 사람에게 집중적으로 관심을 쏟으면 쏟을수록 그를 향한 감정과 동정심도 함께 늘어난다는 것이다. 뇌 연구의 관점에서 말하자면 적어도 당신의 마음에 든다면 이를 끝까지 파헤치고 즐기라는 뜻이다. 때때로 미래를 생각해보는 것은 의미가 있겠지만, 끊임없이 미래를 생각하는 것은 현재를 앗아가 버린다. 다가올 미래를 위해 또 다른 계획을 짜느라 눈앞의 현재를 제쳐 두고 허겁지겁 살아가기 때문이다.

행복의 네 번째 원칙은 현실적인 기대다. 행복은 기대하는 것이 무엇인가에 따라 좌우된다. 가장 빈번하게 저지르는 실수는 지나치게 큰 기대, 아니면 지나치게 작은 기대를 갖는 경우로, 이는 항상 불만족스러운 결과를 낳는다. 지나치게 큰 기대를 받는 사람은 불필요한 스트레스에 노출되고, 그 반대일 때는 도파민 분비가 줄어들므로 의욕상실과 무관심에 시달린다. 이렇게 열정이 부족한 상태는 기대를 낮추게 되는 계기가 되고, 그 결과 더 심한 의욕상실에 빠져 걷잡을 수 없는 악순환이 시작될 수도 있다.

행복의 다섯 번째 원칙은 좋은 생각이다. 좋은 생각은 행복의 원칙들 중 가장 중요한 원칙이다. 행복한 느낌이 무엇인가에 에피쿠로스와 긍정심리학은 의견을 같이하는데, 이는 우연이 아니다. 이들은 행복한 느낌을 올바른 생각과 감정이 가져다 준 당연한 결과로 보기 때문이다. 이들 주장에 따르면, 쾌락을 불러오고 불쾌감을 없애주는 것이 곧 좋은 생각이다.

심리학자들은 흔히 "정말 행복에 사로잡히신 것처럼 그렇게 행동해 보세요. 그렇게 하다 보면 그렇게 됩니다!"라고 말한다. 그러나 이것은 말처럼 쉬운 일이 아니다. 그래서 노력이 필요하다. 의식적으로 행복을 생각하고, 좋은 것을 생각하려고 노력하면, 정말 기분이 좋아진다.

행복의 여섯 번째 원칙은 행복을 찾기 위해 허둥대지 말라는 것이다. 불행을 있는 그대로 태연하게 받아들이는 일은 인생살이에 반드시 필요한 지혜다. 불행의 한가운데에는 바람직한 그 무엇이 숨겨져 있는 경우가 적지 않기 때문이다. 끔찍한 고통을 겪은 환자가 병이 든 이후에 오히려 삶을 더 진지하게 살게 되었다고 고백하는 경우가 많다. 갖가지 위기, 곤궁함 심지어는 운명의 타격도 솟아날 구멍을 어딘가에 숨겨 놓고 있게 마련이다. 때로는 위기가 닥쳤을 때, 오히려 더 나은 새로운 계기가 마련되는 경우도 있다.

문제는 위기를 전환점으로 만들 기회가 어딘가에 숨겨져 있다는 사실을 모른다는 점이다. 탈출구가 보이지 않는 상황에서 불평을 늘어놓는 일은 가장 널리 퍼져 있는 불행의 형태지만, 긍정심리학 입장에서 보면 이는 새로운 출발점에 불과하다.

행복의 일곱 번째 원칙은 일에서 기쁨을 찾는 것이다. 일은 우리가 일정한 활동성을 유지하도록 강요하는 성격을 지니며, 많은 일을 해내기 위해서는 일정한 압박을 감수해야만 한다. 물론 모든 일이 다 그렇지는 않겠지만, 대부분의 경우, 일은 가장 훌륭한 심리치료 방법이라고 할 수 있다.

실직자는 심리적인 자기치료의 가능성이 차단되어 있어서 어려움이 가중되게 마련이다. 일을 하지 않는 사람은 자기 자신을 쓸모없는 사람으로 여겨 무력증에 빠지기 일쑤이며, 도파민과 세로토닌도 적게 분출된다. 이러한 관점에서 프로이트는 '사랑하고 일을 할 수 있는 곳'에 행복도 있다고 보았다.

우리는 대부분 성공하려고 노력하지만, 행복을 찾기 위해서는 별다른 노력을 하지 않는다. 성공은 노력으로 성취할 수 있지만, 행복은 노력으로 얻지 못한다고 생각하기 때문이다. 그러나 '행복이란 무엇인가?' 하고 질문한 많은 철학자와 심리학자가 제시한 행복의 원칙은 사실 성공적인 삶을 유지하는 데에도 필수적이다. 자신의 일을 즐기고, 그 일에 집중한다면 십중팔구는 성공하지 않겠는가? 즉, 행복 원칙이 곧 성공 원칙인 것이다. 그러므로 성공을 위해 행복을 포기하는 일은 없어야 한다. 행복을 위해 미래를 향한 꿈과 노력을 포기하는 일 또한 없어야 한다. 우리는 성공과 행복이 함께하는 길을 찾아가야 한다.

행복은 성공의 토대다

○ ● ○

먼저 사례를 한번 보자.

이제 막 서른을 넘긴 김유나 씨는 작은 도시의 커피숍에서 일을 시작했다. 항상 바쁜 일상에 치여 꿈을 잊고 살았다. 한때는 미술 작가로 그림을 그리며 살아가고 싶다는 꿈을 품었지만, 현실에 맞닥뜨리면서 점점 꿈은 먼 일이 되어버리는 것 같았다. 하루는 평소처럼 손님들에게 커피를 내어주던 중, 한 중년 신사가 책을 읽는 모습을 발견했다. 책 읽는 모습에 대화를 하고 싶었지만, 남성이라 어색하기도 하고 바쁜 마음에 그녀는 하던 일을 계속했다.

그러다 우연히 그의 책상 위에 놓인 책 한 권이 눈에 들어왔다. 《마음 챙김의 힘》이라는 책이었고, 유나 씨가 늘 고민해오던 주제와 맞닿아 있었다. 쉬는 시간에 그녀는 조심스레 중년 신사에게 다가가 물었다.

"저기... 이 책, 어떤 내용인가요?"

신사는 살며시 웃으며 책을 들어보였다.

"삶이 막막해 보일 때, 작은 긍정의 힘이 어떻게 큰 변화를 가져오는지 이야기한 책입니다."

그날 이후 유나 씨는 삶의 사소한 것들에 조금씩 긍정적인 시선을 보내려 노력했다. 손님에게는 환하게 웃으며 커피를 내어주고, 피곤한 동료에게는 따뜻한 인사를 건넸다. 그녀는 긍정의 힘이 일상에 스며드는 것을 느꼈고, 얼마 지나지 않아 사람들의 반응도 달라지기 시작했다.

그러던 중 커피숍에 지역 갤러리 관계자가 찾아와 벽면을 장식할 작품을 찾고 있다는 이야기를 들었다. 그 소식을 접한 유나 씨는 용기를 내어 오래 묵혀 두었던 자신의 그림을 갤러리에 제출하기로 마음먹었다. 갤러리 관계자는 그녀의 작품을 마음에 들어 했고, 몇 주 후에는 갤러리에서 전시까지 하게 되었다. 유나 씨는 그토록 갈망하던 꿈을 다시 만나며 행복한 눈물을 흘렸다. 전시는 큰 인기를 끌었고, 유나 씨는 어느새 작가로서 새로운 삶을 살기 시작했다. 이 모든 시작은 커피숍에서 만난 한 신사에게 던진 한 마디 질문에서 비롯되었다. 그 결과, 유나 씨는 긍정적인 마음의 가치를 알게 되었고, 그 힘으로 삶을 바꾸어 나갈 수 있었다.

사람은 누구나 행복한 마음과 불행한 마음을 지닐 수 있다. 좋은 기분과 나쁜 기분을 느낄 수도 있다. 이렇게 상반된 기분이 들면 몸에서는 전혀 다른 호르몬이 분비된다. 학자들은 이런 상황을 설명하기 위해 원시시대로까지 거슬러 올라간다. 즉, 기분에 따라 호르몬 분비가 다른 것은 진화의 산물이라는 것이다.

인간의 스트레스 반응은 사냥과 채집으로 살아가던 원시시대부터 진화했을 가능성이 크다. 자연 선택이 이와 같은 반응을 형성하는 데 큰 영향을 주었을 것이다. 왜냐하면 스트레스에 효과적으로 대응하지 못한 사람은 일찍 죽는 바람에 자손을 남기지 못했을 테니까. 포식자, 자연재해, 다른 종족과 싸움 등은 선사시대 사람들이 마주한 무시무시한 위협이었을 것이다. 이러한 위협은 남녀를 불문하고 동일하게 작용했을 것이다.

스트레스를 받으면 호르몬 분비와 함께 심장박동이 빨라지고, 혈압

이 올라가고, 땀이 나고, 손이 떨리는 현상과 같은 인체 반응이 나타난다. 스트레스 호르몬은 생체 시스템의 균형을 깨뜨리고, 면역력을 떨어뜨리고, 암과 심장병을 비롯하여 모든 질병에 직·간접적인 영향을 준다. 반면에 행복하거나 긍정적인 심리 상태에서는 건강에 좋은 호르몬이 분비된다. 웃음으로 기분이 좋아지면 좋은 호르몬이 분비되어 면역력이 높아진다는 사실은 의학적으로 증명되었다. 미술, 음악과 같은 예술 활동도 긍정적인 정서로 바꿔주는 역할을 한다. 행복한 성공이 중요한 이유가 바로 여기에 있다.

우리는 주변에서 살 만하니까 죽었다는 이야기를 가끔 듣곤 한다. 그동안 고생하여 성공 문턱에 들어섰는데, 정작 몸과 마음은 엉망이 된 것이다. 성공하는 과정에서 기쁨이 없으면 누구나 이렇게 될 가능성이 있다.

우리가 기분이 좋은, 즉 긍정적인 상태가 되는 것에는 사실 많은 의미가 있다. 미국 미시건대학교의 프레드릭슨(Fredrickson, Barbara) 교수는 긍정적인 정서는 진화를 거치면서 중대한 목표를 달성하게 한다고 주장한다. 긍정적 정서는 지적·신체적·사회적 자산을 지속적으로 확충하고 형성하여 위기에 처할 때와 기회가 있을 때마다 이를 활용한다는 것이다. 긍정적인 기분이 들 때는 다른 사람들이 당신을 더 좋아하게 되고, 따라서 우정·애정·유대감이 돈독해질 가능성이 매우 높아진다. 또한 부정적 정서에 휩싸여 있을 때와 달리 정신작용이 활발해지고, 인내심과 창의력이 커진다. 그런 만큼 새로운 사상과 낯선 경험에도 마음을 열게 된다.

한 사람이 한평생을 살아가면서 항상 성공적인 상황만 있지는 않을 것이다. 성공적인 상황에서는 그것을 유지하는 것이 필요하겠지만, 어려운 상황에서는 위기관리를 잘 해야 한다. 긍정적이고 행복한 사람은 어려운 일과 역경을 만나더라도 그것을 위기라고 생각하지 않고 기회라고 생각하는 경향이 있다. 결국 행복한 성공은 더 큰 성공을 가져다 줄 가능성이 크다. 위에서 사례로 든 김유나 씨도 '사소한 것들에 조금씩 긍정적인 시선을 보내려'고 노력하자 '용기를 내어 오래 묵혀 두었던 자신의 그림을 갤러리에 제출'할 용기가 생겼다. 그러면서 오랫동안 '갈망하던 꿈'을 실현하여 '작가로서 새로운 삶을 살기 시작'한 것이다. 이러한 사실은 우리가 긍정적이고 행복한 마음을 품고 있을 때 성공할 가능성이 더 커진다는 것을 의미한다. 일단 성공한 다음에도 그 성공 상태를 지속할 토대가 된다.

평생을 살아가면서 항상 성공적인 상황만 있지는 않을 것이다. 성공적인 상황에서는 그것을 유지하는 것이 필요하겠지만 어려운 상황에서는 위기관리를 잘해야 한다. 긍정적이고 행복한 사람은 어려운 일과 역경을 만나더라도 그것을 위기라고 생각하지 않고 기회라고 생각하는 경향이 있다. 결국 행복한 성공은 더 큰 성공을 가져다 줄 가능성이 높다.

왜 질문이 필요한가?

성공과 실패의 차이는 질문에 있다

○●○

그렇다면 어떤 사람은 행복한 성공을 하고, 어떤 사람은 그렇지 못한 이유는 과연 무엇 때문일까? 이 답을 찾기 위해 필자는 많은 질문을 했다. 물론 답은 여러 가지다. 당신에게 똑같은 질문을 한다면 살아온 배경·가치관·종교·학력·가정환경에 따라 천차만별의 답을 내놓을 것이다. 물론 이 또한 틀린 말이 아니다.

직접 만나본 사람이나 책으로 만난 사람 중에 자기가 하고 싶은 일을 하며 불행하다고 느낀 사람은 단 한 사람도 없었다. 이런 사람들 중에는 자기 분야를 개척하여 일가를 이룬 사람이 많았다. 이 사람들은 스스로 행복하다고 자신 있게 말했다.

성공한 사람들을 관찰하면서 필자는 습관적으로 하는 '질문'이 다르다는 사실을 알게 되었다. 물론 '성공하는 데 웬 질문?'이라고 의아해할 사람도 많을 것이다. 하지만 필자는 자신 있게 말할 수 있다. 분명히 질문이 달랐다.

예를 들어 보겠다. '나는 왜 이 모양이지?'와 '또 다른 방법은 없을까?'는 실패했을 때 하는 흔한 질문이다. 하지만 의미는 정반대다. 질문한 사람에게 미치는 영향력이 하늘과 땅 차이다. '나는 왜 이 모양이지?' 하고 질문한 사람은 더 이상 새로운 것을 시도할 에너지를 얻지 못하지만, '또 다른 방법은 없을까?' 하고 질문한 사람은 에너지를 얻을 수 있다. 에너지가 있는 사람은 실패를 기회로 보고, 끊임없이 새롭게 시도하려고 노력한다. 그러므로 어떤 질문을 하느냐에 따라 삶의 질이 바뀐다고 보면 틀림없다. 질문의 수준이 생각의 수준을 결정한다. 질문 수준이 높으면, 삶의 수준이 높아진다. 다음 질문을 보자.

- '그렇지, 내가 하는 일이 뭐 잘되는 일이 있겠어?'
- '이젠 내가 무엇을 할 수 있겠어?'
- '왜 나는 한 번도 성공하지 못하는 거야?'
- '왜 하필 나지?'
- '왜 하필이면 내가 이렇게 된 거지?'
- '내 팔자는 왜 이러지?'

부정적인 질문은 부정적인 결과만 초래한다. 이렇게 부정적인 질문을 늘어놓으면 한 발자국도 앞으로 내딛지 못한다. 누구나 인생에서 한 번쯤은 실패를 경험할 것이다. 그럴 때 어떤 질문을 하는지에 따라 실패 후에 내딛는 발걸음이 크게 달라진다. 부정적인 질문을 하면 실패한 그 자리에 몸과 마음을 꽂아놓은 채 다른 일은 시도할 생각도 못하고 주저앉아 버린다.

그러나 긍정적인 질문을 하면 실패에서 교훈을 얻고 다시 앞으로 나아가는 데 큰 힘이 된다. 내딛는 발걸음에 희망과 에너지가 넘친다. 다음에 나오는 질문들은 모두 긍정적인 질문들이다.

- '무엇을 배웠는가?'
- '이번 실패에서 내가 얻은 것은 무엇인가?'
- '다음에 비슷한 상황이 온다면 어떻게 할까?'
- '내가 잘한 점은 무엇이었는가?'
- '내가 통제할 수 있었던 요소는 무엇인가?'
- '이 실패가 내 장기적인 목표에 어떤 도움이 될 수 있을까?'
- '이 상황을 겪으며 성장한 점은 무엇인가?'
- '다시 시작할 때 가장 중요한 한 가지는 무엇인가?'
- '다음에는 어떻게 하면 성공할 수 있을까?'
- '다른 방법은 무엇인가?'

이 질문들은 실패를 자기반성의 기회로 삼고, 행동을 구체화하는 데 유익한 도구가 된다. 이처럼 긍정적인 질문을 하는 사람은 결코 포기하지 않고 계속 뭔가를 시도한다. 끊임없이 새로운 방법으로 시도하는 사람에게는 성공이라는 선물이 주어진다. 세상 이치가 그렇다.

질문이 성공과 실패를 좌우한다 해도 과언이 아니다.

질문이 당신의 삶을 이끈다

○●○

《질문의 7가지 힘》을 쓴 도로시 리즈는 자신을 질문하기 좋아하는 사람이라고 하면서 질문 때문에 시대를 앞서갔다고 말했다. 그렇다면 도로시 리즈는 어떤 질문을 했을까?

내 인생에서 일어난 중요한 사건들은 대부분 질문을 한 결과였다. 나 스스로 대답을 구하는 질문을 할수록 결과는 점점 나아졌다. 많은 사람이 그렇듯, 처음부터 완벽한 직업을 찾은 것은 아니었다. 많은 직업을 섭렵했다. 한때는 뉴욕에서 공립학교 교사를 지내기도 했다. 가르치는 일을 아주 좋아했지만, 뭔가 부족한 것 같은 기분을 느꼈다. 내가 원하는 것만큼이 아니었고, 뭔가가 더 있을 것이라고 느꼈다. '무엇이 부족한가?' 하고 계속 질문했다.

나는 교사가 되기 전에 배우 생활을 했고, 연기를 사랑했다. 하지만 그때도 역시 충분히 만족할 수 없었다. 완벽한 직업 찾기를 계속하면서 끊임없이 '어떤 직업이 내 적성에 맞을까?' 하고 질문했다. 지금까지 해온 일들은 모두 훌륭했지만, 내 적성에는 맞지 않았다. 그래서 나는 '나는 무슨 일을 하고 싶은가?', '과거에 해본 일 중에 마음에 드는 일은 무엇인가?', '나는 어떤 일에 재능을 갖고 있는가?'라는 구체적인 질문을 하기 시작했다.

오랫동안, 때로는 힘든 질문 과정을 거친 후, 마침내 나는 가르치는 일과 연기를 좋아한다는 것을 깨달았다. 다행히 나는 양쪽 분야에 재능이 있었을 뿐 아니라 실제로 그 역할들을 즐겼다. 그 다음에는 '이 두 가지 재능을 어떻게 연결할 수 있을까?' 하고 물었다.

그래서 머리에 떠오른 직업이 전문 연사였다. 그때까지 나는 전문 연사가 되리라고 생각해 본 적이 없었지만, 지금은 다른 일을 한다는 것은 상상조차 할 수 없다. 나는 내 직업에 만족하고 내 재능을 마음껏 발휘할 수 있는 매 순간을 사랑한다.

도로시 리즈 뿐 아니라 많은 위인이 질문으로 자신의 삶을 이끌었다. 질문하고, 답을 찾기 위해 고민하지 않으면 어떻게 원하는 목표를 실현할 수 있겠는가. 《부자가 되려면 부자에게 점심을 사라》를 쓴 혼다 겐은 질문으로 부자가 된 인물이다. 어려서부터 혼다 겐은 돈 버는 법에 관심이 많아서 성공한 사업가들에게는 어떤 방법이 있는지 궁금했다. 그래서 대학 시절 여러 분야에서 성공한 사람들을 꼭 만나고 싶은 마음에 편지를 썼다. 그리고 성공한 사람을 만나면 많은 질문을 했다.

- "선생님께서는 어릴 때 어떤 생각을 하셨습니까?"
- "어떤 책이 도움이 됐습니까?"
- "어떤 사람을 만나셨습니까?"
- "인생의 목표는 무엇이었습니까?"

혼다 겐은 성공한 사람에게 질문하여 얻은 정보를 그대로 실천하며 똑같이 살기 위해 노력했다. 질문이 혼다 겐의 인생을 바꿔놓은 것이다. 질문이 어떻게 인생을 바꾸는지는 심리상담사로 일하는 한정은 씨 사례에서도 찾아볼 수 있다.

한정은 씨는 대학교 졸업 후 평범한 사무직에서 일하고 있었다. 월급은 안정적이지만 본인이 꿈꾸던 삶과는 거리가 멀다고 생각했다. 퇴근 후 지친 몸으로 집에 돌아오면 늘 자신에게 물었다.

'나는 지금 내가 하고 싶은 일을 하고 있는 걸까? 내게 진짜로 맞는 직업은 무엇일까?'

한정은 씨는 자기 계발서와 심리학 서적에서 반복적으로 제시하는 긍정적인 질문 기법을 접하고 시도해 보기로 했다. 우선 자신에게 '나는 무슨 일을 하면 진정한 성취감을 느낄까?', '어릴 때 내가 가장 좋아했던 활동은 무엇일까?', '과거에 해본 일 중에 기쁘고 보람찼던 일은 무엇인가?'와 같은 질문을 하기 시작했다. 이렇게 질문하며 대학 시절 친구들에게 진로 상담을 해주고, 새로운 목표를 향해 함께 계획을 짜던 때가 떠올랐다. 다른 사람의 성장을 돕는 과정에서 기쁨을 느낀 경험이 자신에게 큰 보람으로 다가왔다는 사실을 깨달았다.

한정은 씨는 자신에게 계속해서 '어떤 일을 하면 남에게 도움을 줄 수 있을까?', '내가 좋아하는 일과 사람을 돕는 일을 동시에 할 수 없을까?'라고 질문했다. 그러다 그녀는 심리 상담사라는 직업에 관심을 갖게 되었고, 이를 위해 다시 학업에 뛰어들기로 결심했다. 낮에는 회사에서 일하고, 밤에는 대학원에서 상담 관련 자격증을 따기 위해 공부를 시작했다. 그리고 몇 년간 준비한 끝에 한정은 씨는 마침내 상담사로 일할 기회를 얻게 되었다. 사람들의 이야기에 귀를 기울이며 그들이 자신감을 되찾고 삶의 문제를 해결하는 과정을 도왔다. 그녀는 그 과정에서 자신의 적성에 맞고 마음에 드는 일을 찾았다는 확신을 얻게 되었다.

질문은 이처럼 개인의 발전을 위해 매우 중요하다. 질문을 하며 미래의 목표와 계획을 세우고, 질문으로 그것을 성취할 수 있는 지혜를 얻을 수 있다. 게다가 질문은 자기 자신을 점검할 수 있는 기회를 주어 더욱 풍성한 삶을 살도록 이끌어 준다.

나는 누구인가?

○●○

행복한 성공을 위하여 가장 먼저 할 일은 '나는 누구인가?', '나는 어떤 사람인가?' 하고 질문하며 자신을 알아가는 것이다. 자신을 파악하는 일은 자신의 경험을 진지하게 고찰해 보는 것을 뜻한다. 그렇다면 이제 이렇게 자문해 보라. '나에게 가장 중요한 것은 무엇인가?', '내가 가장 존경하는 인물은 누구인가?', '내가 결단코 되고 싶지 않은 인물의 유형은 무엇인가?', '어떠한 여건에서든 내가 결코 양보할 수 없는 가치관은 무엇인가?' 하고 말이다.

전과자나 노숙자에게 인문학을 가르치는 일이 중요한 이유도 '나는 누구인가?' 하고 스스로 질문할 기회를 주기 때문이다. 이 질문을 던지면 자신을 점검할 수 있다. '나는 누구인가?'라는 질문이 자존감에 문제를 제기하기 때문이다. 자존감을 회복해야 비로소 멀쩡한 육체를 가지고 노숙하거나 얻어먹는 것이 부끄럽다는 사실을 깨닫게 된다.

《희망의 인문학》을 보면 얼 쇼리스(Earl Shorris)가 빈민과 노숙자에게 인문학을 가르치는 '클레멘토 코스'를 만들게 된 까닭이 나온다.

얼 쇼리스는 미국처럼 모든 것이 풍요로운 나라에서 왜 누구는 잘 살고, 누구는 못사는지 이해할 수 없었다. 이 질문에 대한 답을 찾기 위해 그는 가난한 사람들을 만났다.

한번은 살인 사건에 연루되어 8년이 넘게 복역 중인 여인을 만난 적이 있다. 나는 뜬금없이 사람들은 왜 가난하냐고 그녀에게 질문을 던졌다. 그 말에 그녀는 말했다.

"시내 중심가 사람들이 누리고 있는 정신적 삶이 우리에게는 없기 때문이죠. 극장과 연주회, 박물관, 강연회 같은 것 말입니다."

이 대답은 그가 그토록 찾아다닌 질문의 해답이 되었다. 얼 쇼리스는 가난한 이들에게 먹을거리도 중요하지만 인문학이 필요하다는 것을 깨달았다. 그리고 마침내 1995년에 성매매 여성, 노숙자, 빈민, 죄수, 알코올 중독자, 마약 중독자, 에이즈 환자 등을 대상으로 한 정규 대학 수준의 인문학 강좌 클레멘트 인문학 코스를 만들었다. 인문학 강의를 들은 사람들은 '나는 누구인가?'라고 질문하며 자기 내면을 들여다보았고, 이런 과정을 거치며 자기 정체성과 자존감을 회복하게 되었다.

다음은 나를 점검하는 질문이다. 사실 지금의 나도 모르면서 미래를 설계한다는 것은 말이 안 된다. 또한 현재 내가 가는 길이 제대로 된 길인지도 점검해 보아야 한다. 내 약점, 내가 가장 잘할 수 있는 일, 미래의 전망 등을 곰곰이 생각해보는 시간은 행복한 성공을 위해 의미가 크다.

- '나는 누구인가?'
- '나는 무엇을 잘하고, 무엇을 못하는가?'
- '내가 타고난 재능은 무엇인가?'
- '내 성격에서 약점은 무엇인가?'
- '내가 가장 하고 싶은 것은 무엇인가?'
- '나는 무얼 하려고 이 세상에 왔는가?'
- '지금 내가 하는 일의 미래 전망은 어떠한가?'
- '나에게 가장 중요한 것은 무엇인가?'
- '내가 본받고 멘토로 삼을 만한 인물은 누구인가?'
- '어떠한 여건에서든 내가 양보할 수 없는 가치관은 무엇인가?'
- '나는 지금 최선을 다하고 있는가?'
- '나는 내가 속한 조직과 사회에 어떤 공헌을 하고 있는가?'
- '나는 다른 사람들에게 어떤 인물로 기억되길 원하는가?'

당신에게는 지금 이 질문들이 필요하다. 질문 하나하나에 대한 답을 찾아보라. 질문에 대한 답을 찾아가다 보면 실패한 사람은 용기를 얻고, 절망 가운데 있다면 희망을 찾을 수 있다. 혹 당신이 돈과 명예를 위하여 열심히 돌진하는 사람이라면, 지금 이 순간 잠시 멈춰 서서 자신을 점검해 보길 바란다. '나는 그렇게 달려가는 중에 어떤 기쁨을 느끼고 있는가?', '나로 인하여 고통받고 있는 사람은 없는가?', '나는 어떤 사람으로 기억되길 원하는가?'라는 질문을 하다 보면 내면으로부터 커다란 변화가 일어날 것이다.

?

2

삶을 바꾸는 질문

1. 미래를 향해 질문하라

2. 끈질기게 질문하라

3. 긍정적으로 질문하라.

미래를 향해 질문하라

시간관의 차이가 생각의 차이를 만든다

○ ● ○

우리는 과거·현재·미래를 생각하면서 산다. 어느 누구나 마찬가지다. 과거를 생각하며 반성을 하거나 즐거움을 반추하고, 미래를 생각하며 계획을 세우고 대책을 마련한다. 과거의 회상과 미래 예측은 정상적인 사람이라면 누구나 실행하는 시간 여행인 것이다. 사람마다 시간여행을 하더라도 느끼는 감정은 크게 다르다. 특히 미래를 시간여행할 때 여행의 기술이나 능력은 큰 차이가 있다. 그 이유는 시간관의 차이일 수도 있고, 세상을 보는 안목의 부족일 수도 있다. 여기에서 삶의 격차가 나타난다.

1장에 나온 김영애·안재봉 씨 부부와 최준호·곽민경 씨 부부를 다시 생각해보자. 이들 부부 사이에 갈등이 일어난 이유는 무엇일까? 여러 가지 원인 가운데 한 가지는 시간관의 충돌이다. 김영애 씨와 최준호 씨는 '현재'에 초점을 두는 시간관을 가지고 있다. 그런 사람들은 미래를 위해 높은 지위에 오르거나 많은 돈을 저금하는 행위에 큰 의미를 두지 않는다. 지금 즐기고 행복하면 그만인 것이다. 반면에 안재봉 씨와 곽민경 씨는 '미래'에 초점을 두고 있다. 그런 사람들은 현재의 쾌락을 줄이고, 미래를 위해 준비하는 것이 마땅하다고 생각한다. '지금 즐기자'와 '내일 즐기자'의 차이가 갈등의 원인이었던 것이다.

현재에 초점을 두면 지금 당장 즐겁고 행복해야 한다. 이것이 극단으로 흐르면 미래를 전혀 생각하지 않는 쾌락주의자가 된다. 그러나 미래에 초점을 두면 현재의 즐거움보다는 미래에 주어질 보상에 더 관심을 갖게 되므로 자연히 현재의 욕구를 뒤로 미룰 수밖에 없다. 대표적으로 '고진감래'가 미래 지향적인 시간관의 전형이라고 할 수 있다. 이렇게 시간관이 다르면 세상을 바라보는 태도와 생활방식이 다를 수밖에 없다.

평생 인간의 시간관을 연구한 미국 스탠퍼드대학교 심리학과 교수인 필립 짐바르도로(Philip Zimbardo)는 존 보이드(John Boyd)와 함께 쓴 《타임 패러독스》에서 사람들이 지닌 시간관을 여섯 가지로 구분하고, 각각의 특징을 다음과 같이 정리했다.

1. 과거 긍정적 시간관

사람이 과거의 일에 영향을 받는 것은, 실제 일어난 과거의 사건이 아니라, 그 사건을 어떻게 해석하여 받아들이느냐에 따라 좌우된다. 과거 긍정적 시간관은 과거 사건의 객관적인 기록이 아니라, 과거를 생각하는 태도가 긍정적이라는 뜻이다. 과거를 긍정적으로 바라보는 태도는 실제로 경험한 긍정적인 사건 혹은 역경의 경험에서 최선을 끌어내는 긍정적 태도를 반영한다.

심리학에서는 과거에 일어난 사건 자체보다 그 사건을 받아들이는 태도가 생각이나 감정, 행동에 더 많은 영향을 미친다고 본다. 그러므로 혐오스러운 사건을 경험했지만 이를 긍정적인 방식으로 회상하는 사람은 쾌활하고 낙천적인 성향을 띤다. 이런 사람은 과거를 되새김질하며 우울증이나 화병에 걸리는 일이 적다. 또한 과거 부정적인 시간관을 가진 사람보다 더 행복하고 건강할 뿐 아니라 사회적으로 성공할 확률이 높다.

2. 과거 부정적 시간관

이런 시간관을 가진 사람은 과거에 일어난 사건에 부정적인 태도를 갖는다. 그 이유는 과거에 경험한 고통스러운 사건 때문이기도 하지만 평범한 사건을 부정적으로 재구성하는 태도가 더 큰 문제다. 같은 사건일지라도 과거 긍정적 시간관이 긍정적으로 해석하는 데 반해 과거 부정적 시간관을 가진 사람은 부정적으로 해석하려는 태도를 취한다. 또한 과거에 실패한 경험이 있으면 미래에도 실패할 것이라 생각한다.

3. 현재 숙명론적 시간관

이런 시간관을 가진 사람은 운명이 삶의 많은 부분을 좌우한다고 생각한다. 일어날 일은 반드시 일어나게 되어 있으므로 내가 뭘 하든 크게 상관이 없다고 생각한다. 이들에게는 개인의 선택이나 행동은 그리 중요하지 않다. 인간은 무력한 존재라는 믿음을 가지고 있다.

4. 현재 쾌락적 시간관

이런 시간관을 가진 사람은 현재 즐거움에 최고의 가치를 둔다. 돈이 있으면 유행하는 옷을 사고, 항상 새로운 것에 열광한다. 미래를 생각하지 않으므로 충동적이고 무절제하다. 뭔가 새로운 일을 시작하면 푹 빠지는 경향이 있으며, 흥분과 새로움, 즉흥적인 행위로 가득한 삶을 산다. 다양한 활동을 하고, 스포츠와 취미 생활을 즐긴다.

5. 미래 지향적 시간관

이런 시간관을 가진 사람은 무엇을 성취하고자 할 때 목표를 세우고, 목표를 달성할 방법을 꼼꼼히 검토한다. 미래에 치러야 할 대가와 즉각적인 만족을 놓고 세심하게 저울질하지만, 미래에 더욱 큰 보상을 받을 것이라고 생각하기 때문에 즉각적인 만족을 멀리하는 경우가 많다. 사람들이 우르르 몰려드는 유행이나 일에는 별 관심이 없다. 균형 있는 지출을 하며, 건강관리에 신경을 쓴다. 정서적으로 안정되어 있으며, 예측이 가능하다. 부자가 되거나 높은 지위에 올라갈 확률이 높다.

6. 초월적 미래 지향적 시간관

이런 시간관을 가진 사람은 종교인에게 많다. 죽음은 또 다른 시작일 뿐이며, 죽은 것은 육체일 뿐이고 영혼은 천국에 간다고 믿는다. 그러므로 현세보다는 사후가 더 중요하다. 충동을 잘 조절하며 공격적이지 않고 미래에 생길 수 있는 결과를 늘 염두에 둔다.

필립 짐바르도로와 존 보이드는 이 여섯 가지 시간관 중에서 어느 것 하나만 지나쳐서는 안 된다고 강조했다. 예를 들어 지나치게 미래 지향적인 시간관은 부자가 되고 지위가 오르는 등 자신의 목표는 성취할지 모르지만, 강한 스트레스 때문에 행복과는 멀어질 수 있다고 한다. 저자들은 그동안 연구 조사에 따라 최적의 시간관을 다음과 같이 구성했다.

- 강한 과거 긍정적 시간관
- 비교적 강한 미래 지향적 시간관
- 비교적 강한 현재 쾌락적 시간관
- 약한 과거 부정적 시간관
- 약한 현재 숙명론적 시간관

결국 이들이 제시하는 최적의 시간관은 과거 긍정적, 현재 쾌락적, 미래 지향적 시간관이 적절하게 균형을 이루는 것이다. 이런 균형 감각은 이 책에서 필자가 주장하는 '행복한 성공'에 이르는 길과도 일맥상통한다.

미래를 좌우하는 세 가지 질문

○●○

소설가 김미월의 단편소설 '중국어 수업'의 주인공 수는 인천 연안 부두 근처에 있는 조그만 대학의 한국어 학원에서 외국인에게 한국어를 가르치는 강사다. 대학 부설 어학원이지만 정식 교수는 아니고, 3개월에 한 번씩 심사하여 재임용이 결정되는 비정규직이다. 소설은 수의 현재 상태를 이렇게 표현에 놓았다.

사실 수는 자신이 진짜로 원하는 게 무엇인지 아직 모른다. 대학을 졸업하고 백수로 빈둥거릴 때는 막연히 중국에 가고 싶었다. 당시 중국은 기회의 땅이었고, 중국어는 인기 외국어로 각광받았으니까. 중국에서 어학연수를 할 때는 빨리 한국으로 돌아가고 싶었다. 자신이 중국에 흥미가 없고 중국어에도 재능이 없음을 진즉 깨달았으니까. 언제 어떻게 귀국했는지는 기억이 잘나지 않는다. 정신을 차리고 보니 그녀는 중국인을 대상으로 적성에 맞지도 않는 강사 노릇을 하고 있었다. 인천 끄트머리의, 학생들이 비자를 받기 위해 등록만 하고 다니지는 않는 허울뿐인 어학원에서, 그것도 비정규직 신분으로. 수는 자신이 진짜로 원하는 게 무엇인지는 모르지만, 지금 이 삶이 자신이 원하는 것과 거리가 멀다는 것은 안다. 이 상황을 타개하기 위해 뭘 어떻게 해야 하는지는 모르지만, 뭘 어떻게 해도 크게 달라지는 게 없으리라는 것은 안다. 그래도 바라는 게 있다면 일단 서울로 가는 것이다. 한때 한국과 중국 사이를 떠돌던 그녀의 꿈은 이제 인천과 서울 사이를 떠도는 셈이다. 하지만 말이다. 어찌어찌하여 '나중'에 요행히 서울로 돌아간다고 치자. 그다음에는?

필자는 비정규직 문제에 대한 책임이 전부 개인에게 있다고 보지 않는다. 노동 시장의 구조적인 문제, 경기 변동 같은 원인을 무시할 수가 없다. 수가 지닌 개인적인 문제는 '진짜로 원하는 게 무엇인지 아직 모른다'는 사실이다. 그리고 '뭘 어떻게 해도 크게 달라지는 게 없으리라'고 생각하는 무기력증도 문제다. 필자는 그런 수에게 미래를 좌우하는 세 가지 질문에 대한 답을 찾아보라고 권하고 싶다. 이 질문은 삶의 방향, 가치관, 목표를 결정한다. 선택과 행동에 영향을 미쳐 결과적으로 삶의 모양을 바꾼다. 다음 세 가지 질문이 사람의 미래를 바꾼다.

1. '내가 진정으로 원하는 것은 무엇인가?'
2. '나는 왜 이것을 하려고 하는가?'
3. '원하는 결과를 얻기 위해 무엇을 할 것인가?'

미래를 향한 질문은 이 세 가지 원칙 위에서 해야 한다. 이 원칙에 기초하지 않으면 어떤 성과를 내든 "성공했다"고 말할 수 없다. 의미도 없고, 보람도 없고, 행복할 수도 없기 때문이다. 목표를 달성했어도 만족감이 없고, 그저 허탈감만 느낄 뿐이다. 이 세 가지 중 가장 중요하면서도 다른 두 질문을 이끄는 것이 '내가 진정으로 원하는 것은 무엇인가?'이다. 자, 그럼 이 세 가지 질문이 무엇을 의미하는지 하나씩 살펴보자.

1. 내가 진정으로 원하는 것은 무엇인가?

이것은 자신의 꿈, 열망, 그리고 목표를 찾는 질문이다. 이 질문을 하면 무엇이 자신의 삶에 의미를 부여하는지 알 수 있다. 사람은 좋아하는 쪽으로 행동하게 마련이다. 음악을 좋아하면 음악가가 된다. 사업을 좋아하면 사업가가 되고, 정치를 좋아하면 정치가가 된다. 자신이 좋아하는 분야에 열정을 쏟는 사람이 인생을 재미있고 뜻있게 살고, 궁극적으로 성공한다.

만약 어릴 때 좋아하는 분야를 일찍 발견하여 그 분야에 집중한다면 성취는 그만큼 빠를 수밖에 없다. 조훈현, 이창호, 이세돌, 신진서처럼 바둑에서 이름을 낸 프로 기사들은 모두 어려서 자신의 재능과 관심 분야를 찾아냈다. 박태환 선수나 김연아 선수도 그렇고, 아이돌 스타 대부분도 마찬가지였다.

그런데 이미 성인이 되었다면 늦은 것일까? 그렇지 않다. 사오십대에 인생의 새로운 장을 열고 꿈을 이룬 사람들은 놀랍도록 많다. 이들은 중년에도 도전을 멈추지 않았다.

빅토르 위고(Victor Hugo)는 47세에 《노트르담 드 파리》를 발표하면서 소설가로서 인정을 받기 시작했고, 60세가 돼서야 대표작 《레미제라블》을 발표했다. 버지니아 울프(Virginia Woolf)는 40대 들어 《댈러웨이 부인》, 《등대로》 같은 작품을 쓰기 시작했다. 울프는 늦게 작가로 데뷔했지만 20세기 영문학의 선구자로 평가받는다. 소설가 박완서는 전업주부로 지내다가 마흔이 되어서야 소설 '나목'이 공모전에 당선되어 등단한 후 40년간 왕성하게 활동했다. 마블 코믹스의 전설인 스탠리(Stan Lee)는 40대 중반이 되어서야 유명한 슈퍼 히어로들인 스파이더맨, 엑스맨, 판타스틱 포 등을 창작했다.

프랑스 요리를 미국에 널리 알린 요리 연구가 줄리아 차일드(Julia Child)는 49세에 《프랑스 요리의 기술》이라는 책을 출판하면서 유명해졌다. 이 책을 계기로 요리사 경력을 쌓기 시작해 미국의 요리 프로그램에서 큰 인기를 끌었다. 맥도날드를 글로벌 브랜드로 키운 레이 크록(Ray Kroc)은 원래 종이컵과 밀크셰이크 기계 판매원이었지만, 50대에 맥도날드 형제의 작은 햄버거 가게를 인수해 패스트푸드 산업을 혁신했다. 일본의 유명 건축가인 안도 다다오는 30대 후반에 독학으로 건축을 시작했고, 40대에 주목받기 시작했다. 안토니오 스트라디바리(Antonio Stradivari)는 여든 셋에 최고의 바이올린을 만들었다.

이 외에도 많은 이들이 사오십대에 새로운 길을 걸으며 꿈을 이루었다. 그러니 나이는 문제가 아니다. '내가 진정으로 원하는 것'이 없어 희망과 계획과 도전이 없으면 그게 더 큰 문제다. 목표와 계획이 없는 삶은 강물에 몸을 맡기고 흐르는 대로 떠내려가는 것과 같다. 그것은 장애물이 나타났을 때나 예기치 못한 일이 일어났을 때, 자신을 보호하고 방어할 능력도 없이 그냥 그렇게 살아가는 것이다. 이런 사람은 성공은커녕 평범한 생활도 할 수 없다. 아마 자기 몸조차 온전히 지탱하기도 힘들 것이다. 노숙자가 되든지 빌어먹든지 둘 중 하나다.

2. 나는 왜 이것을 하려고 하는가?

꿈과 목표의 동기와 목적을 이해하는 것은 중요하다. 자신의 행동이 어떤 가치를 추구하는지 명확히 알아야 행복감이 크다. 원하는 것을 찾았다면 내가 왜 이것을 이루려고 하는지, 그것이 내게 무엇을 의미하는지 질문해야 한다. 꿈과 목표를 위해 지금 내가 하려는 일의 의미를 찾는 질문은 후회 없는 삶을 살도록 방향을 제시해 주는 질문이다. '나는 왜 이것을 하려고 하는가?'라는 질문에 대한 답을 찾기 위한 한 가지 방법으로 죽음을 생각하는 것이 있다. 죽는 순간에 내 인생이 보람 있었는지, 후회하지 않을지 생각한다면 의미 있는 인생을 살게 되기 때문이다. 《성공하는 사람들의 7가지 습관》에서 스티븐 코비는 조용한 곳으로 가서 자기 자신의 장례식 장면을 상상해 보라고 권한다. 장례식에 참석할 자녀, 형제, 조카, 사촌, 친구들이 자신에게 뭐라고 말할지 다음과 같이 질문해보라는 것이다.

- '당신은 이 사람들이 당신 자신과 당신 삶을 어떻게 이야기해 주기를 바라는가?'
- '당신은 이들이 조사에서 당신을 어떤 남편, 아내, 아버지, 혹은 어머니였다고 말해주기를 바라는가?'
- '당신은 어떤 아들, 딸, 혹은 사촌이었다고 평가해 주기를 바라는가?'
- '당신은 어떤 친구였다고 회상에 주기를 바라는가?'
- '당신이 어떤 직장 동료였다고 회상해 주기를 바라는가?'
- '당신은 그들이 당신에게서 어떤 성품을 보았기를 바라는가?'
- '당신은 자신이 지금까지 해온 공헌이나 업적 가운데 무엇을 기억해 주기 바라는가?'
- '당신은 그들의 삶에 어떤 영향과 도움을 주고 싶었는가?

당신은 어떤 답을 얻을 수 있을까? 주변의 모든 사람이 장례식에 와서 당신 죽음을 애도할 것이라고 생각하는가? 아니면 마지못해 와서 당신 영정을 보고 욕을 할 것이라고 생각하는가? 당신 자식과 조카, 후배들은 당신 삶에서 교훈을 얻고 당신 삶을 본받겠다고 다짐하리라 생각하는가? 아니면 당신과 같은 삶을 살지 않겠다고 결심하리라 생각하는가?

티베트에서 중남미 지역에 이르기까지 지역을 막론하고 대다수 종교에서 인생의 지혜를 깨달은 사람들이 우리에게 전하는 잠언이 있다. 그것은 죽음을 자신의 상담자로 삼으라는 것이다. 이런 충고는 언뜻 들으면 섬뜩하게 느껴질지도 모르지만, 실제로는 사람들을 아주 자유롭게 해준다. 죽음을 두려워하는 대신 자신에게 '내가 죽음을 앞둔 시점에서 이 선택으로 과연 기쁨을 누릴 것인가 아니면 후회를 할 것인가?'라고 질문을 던진다고 생각해 보라. 어차피 죽음을 면하기란 어려운 만큼, 차라리 우리가 살아 있는 동안 죽음을 자신의 조언자로 삼는 것도 괜찮을 것이다.

죽으면 다 끝나는데 그게 무슨 소용이냐고 생각하는 사람도 물론 있을 것이다. 당신이 그런 사람이라면 지금 당장 이 책을 덮어도 된다. 더 이상 읽을 필요가 없다. 죽으면 다 끝나는데 무슨 소용이 있겠냐고 말하는 사람은 살아 있어도 쓸모없는 사람이다. 하지만 당신 인생이 보람 있고 영향력 있는 삶이었다면 죽은 뒤에도 여전히 큰 영향력을 끼칠 것이다. 많은 사람이 당신에게서 용기를 얻고 삶의 지혜를 얻을 것이다. 우리도 이미 고인이 된 수많은 위인에게서 영향을 받지 않았는가.

3. 원하는 결과를 얻기 위해 무엇을 할 것인가?

앞의 질문에 제대로 답을 했다면 '원하는 결과를 얻기 위해 무엇을 할 것인가?'라는 질문은 당연하다. 심리학자인 셜리 테일러(Shelly Taylor)와 연구팀은 한 연구에서, 중간고사를 준비하거나 스트레스가 많은 상황에 대처해야 하는 학생들을 대상으로 미래에 일어날 일을 마음속으로 그려보는 실험을 실시했다.

그 결과, 실험을 할 때 원하는 목표를 성취하기 위해 필요한 일들에 초점을 둔 쪽이 원하는 결과에만 초점을 둔 쪽보다 수행능력이 더욱 많이 향상되었다는 사실을 발견했다. 좋은 성적을 얻거나 긴장 상황을 대처하기 위해 밟아야 하는 '과정'을 떠올려본 사람들이 좋은 성적을 얻는 상상이나 스트레스가 줄어드는 상상을 한 사람보다 더 나은 결과를 얻었다. 최종 결과보다 목표를 성취하는 과정에 초점을 둘 때 성공할 확률은 더욱 높았다.

테슬라의 CEO인 일론 머스크(Elon Musk)도 '원하는 결과를 얻기 위해 무엇을 할 것인가?'라고 질문하며 원하는 목표를 달성한 사람이었다. 머스크는 '인류가 어떻게 화성에 갈 수 있을까?', '우주여행 비용을 어떻게 획기적으로 낮출 수 있을까?'라고 질문했다. 머스크는 우주 탐사 비용을 줄이고, 지속 가능한 우주여행을 위해 재사용이 가능한 로켓을 개발하는 데 주력했다. 그리고 수많은 실패에도 불구하고 개선을 위한 노력을 반복한 결과 재사용이 가능한 로켓을 성공적으로 발사할 수 있었다. 이로써 그는 우주 탐사 비용을 획기적으로 줄일 수 있었다.

또한 그는 '어떻게 하면 전기차를 대중화할 수 있을까?'라고 질문하며 기존 내연기관 차량을 대체할 전기차를 구상했다. 아울러 그는 '어떻게 하면 전기차를 효율적이면서도 대중에게 매력적인 제품으로 만들 수 있을까?' 하고 질문했다. 그 결과, 머스크는 혁신적인 전기차를 성공적으로 출시할 수 있었다. 아울러 머스크는 태양광 에너지에도 관심을 가졌다. 그는 지속 가능한 에너지가 미래의 핵심이라고 판단했다. 그래서 '어떻게 하면 모든 사람이 태양광 에너지를 더 저렴하고, 쉽게 이용할 수 있을까?'라고 질문하며 태양광 에너지를 대중화하고자 다양한 기술 혁신을 시도했다.

머스크는 어린 시절부터 화성 탐사, 전기차, 청정 에너지 등에 관심이 많았다. 그는 질문을 하며 구체적인 목표를 설정하고, 목표를 달성할 수 있는 답을 찾으려고 끊임없이 질문하며 방법을 모색한 끝에, 우주 탐사, 전기 차, 태양광 에너지 등 여러 분야에서 혁신적인 성공을 거두었다.

자, 이제 잠시 책을 덮고 당신의 미래을 결정하는 세 가지 질문에 진지하게 답해 보라.

1. '내가 진정으로 원하는 것은 무엇인가?'
2. '나는 왜 이것을 하려고 하는가?'
3. '원하는 결과를 얻기 위해 무엇을 할 것인가?'

시간이 얼마든지 걸리더라도 답을 찾아야 한다. 그리고 〈표1〉에 적어보라. 한 가지만 적지 말고, 생각나는 대로 모두 적어보라. 이 세 가지 질문에 대한 답을 찾지 못한다면 이 책은 의미가 없다. 질문 방법만 배운다고 해서 행복한 성공이 보장되지 않기 때문이다. 실천이 중요하다. 세 가지 질문에 명확한 답을 찾았다면 지금부터 당신 삶은 재미있을 것이다. 그리고 행복한 성공을 향해 나아갈 수 있을 것이다.

〈표1〉

원하는 것은 무엇인가?(목표)	왜 하려고 하는가?	무엇을 할 것인가?

미래를 향해 질문한 사람들

○●○

운동선수들은 어려움과 장애를 극복한 사례가 많다. 2008년 베이징 올림픽 기간 중에도 많은 선수가 보여준 감동적인 사연이 세계인의 마음을 울렸다. 그 가운데 나탈리 뒤 투아(Nataile du Toit)가 있다.

투아는 남아프리카공화국 수영선수로 베이징 올림픽에 출전했다. 그런데 한쪽 다리가 없었다. 투아는 6살 때 처음 수영장을 들른 후, 이내 수영에 빠졌다. 10대 때 잘나가는 수영 유망주가 되었다. 수영은 투아에게 인생 그 자체였다.

그런데 불행히도 열일곱 살 때 교통 사고를 당했다. 몇 번의 수술을 거친 후 왼쪽다리 무릎 아래를 잘라내야 했다. 두 팔과 두 다리가 멀쩡해도 수영선수가 되려면 만만치 않은데 한쪽 다리만으로 올림픽 출전은 생각할 수조차 없었다. 이런 상황이라면 수영 선수 인생은 이제 끝났다고 생각할 수도 있으련만 투아는 다시 물속으로 들어갔다. 처음엔 25m도 헤엄치지 못했다. 적응하는 데만 몇 년이 걸렸다. 베이징 올림픽을 앞두고 하루 15km씩 훈련했다. 그리고 올림픽 수영 10km 경기에 출전했다. 25명 중 16위를 했다.

그녀가 결승선을 들어올 때 관중들은 열광적인 박수를 보냈다. 절단 장애인의 이 종목 출전은 올림픽 역사상 처음 있는 일이었다. 투아는 이미 2004년 아테네 패럴림픽에서 금메달 3개를 땄다. 대단한 일이었다. 이것만으로 충분히 가치 있는 일이었다. 하지만 투아는 수영을 계속했다. 미래를 향한 질문이 있었기 때문이다. '어떻게 하면 올림픽에 나갈 수 있을까?', '어떻게 하면 정상인과 같이 겨룰 수 있을까?'와 같은 질문을 하며 힘든 훈련을 소화했다. 그리하여 그녀는 꿈꾸던 올림픽 무대에 당당히 설 수 있었다. 투아는 신문 인터뷰에서 이렇게 말했다.

"누구나 인생에서 성공할 수 있어요. 챔피언이 되기 위해 금메달리스트가 돼야 하는 것은 아니죠. 스스로 꿈에 도달하는 사람이 진정한 챔피언이니까요. 제 꿈은 올림픽 출전이었고, 꿈을 이뤘으니 성공한 거라고 생각해요. 자기 인생에 어떤 일이 일어나건, 목표가 있고 꿈이 있다면 그걸 달성하기 위해 계속 노력해야 해요. 이런 말을 종이에 쓴 일이 있어요. '인생의 비극이란 목표를 달성하지 못한 것이 아니다. 달성할 목표가 없는 것이 진정한 인생의 비극이다. 목표 달성에 실패하는 것은 비극이 아니다. 그러나 달성할 목표가 없는 것은 치욕이다. 그러니 높은 목표를 정하고, 자기를 믿고 도전하자. 어떤 일도 가능하다'라고 말이죠."

나탈리 뒤 투아는 이어 열린 베이징 패럴림픽에서 금메달 5개, 4년 후 런던 패럴림픽에서 금메달 4개를 땄다.

미국 NBA 필라델피아 세븐티식서스(Philadelpha 76ers) 전 구단주 팻 크로스(Pat Croce)는 미래를 향한 질문을 많이 하는 사람이었다. 처음 팀을 맡기 전(1995~1996년 시즌) 식서스 팀은 18승 64패로 리그 최하위였다. 경기당 평균 관람객 수는 11,935명이었고, 시즌 내내 미국 TV 방송에 팀이 나온 것은 딱 한 번에 불과했다. 광고 수익률은 다른 팀에 비하면 거의 없는 것이나 마찬가지였다.

크로스가 맡고 나서 세븐티식서스 팀은 2000~2001년 시즌에 56승을 기록하며 동부 컨퍼런스 챔피언십을 차지했다. 한 경기 평균 관람객 수는 2만 명에 육박했고, 총 42회나 경기 장면이 TV에 생중계되었다. 크로스는 이런 놀라운 성과를 만드는 데 가장 중요한 역할을 한 것이 '비전'이라고 말했다. 팀의 목표를 찾고, 목표를 실행할 구체적인 계획을 세워 좋은 성과를 냈다는 것이다. 크로스는 이런 질문을 하며 답을 찾아냈다.

- '나는 무엇에 열정을 느끼는가?'
- '이 아이디어가 내 열의를 자극하는가?'
- '스스로 실패하지 않을 것임을 확신한다고 할 때, 내가 할 일은 무엇인가?'
- '지금 내 앞에 어떤 기회가 놓여 있는가?'
- '충족되지 않은 욕구는 무엇인가?'
- '그 욕구를 충족할 새로운 방식은 없는가?'
- '어째서 이 방식으로 해야 하는가?'
- '보다 나은 방식은 없는가?'
- '어떻게 나의 참여가 효과를 발휘하도록 만들 것인가?'
- '만약에 그렇다면?'

팻 크로스는 말했다. "훌륭한 질문 없이는 훌륭한 답이 존재할 수 없다"라고. 그는 끊임없이 '만약'이라는 물음표를 던졌다. 그 결과, 수많은 질문을 자기 자신에게 던진 끝에 '목표 찾기와 계획 수립'를 완료할 수 있었다.

다음은 우리 주변에서 흔히 볼 수 있는 한 직장인의 사례다.

살면서 한 번도 주목받지 못했던 평범한 오도현(가명) 씨는 대도시에서 작고 평범한 직장을 다니는 30대 중반의 남성이었다. 어느 날, 일상의 반복에 지치고 지루함마저 느낀 오 씨는 '학창 시절 내 꿈이 무엇이었지?' 하고 생각해 보았다. 대학교를 졸업한 후, 오 씨는 꿈이나 목표 같은 것을 생각해 본 적이 없었다. 그저 안정적인 직장에 다니고 있을 뿐, 이 일을 왜 하고 있는지조차 알지 못했다.

마음 깊은 곳을 탐색하며 답을 찾아보니, 자신이 진정으로 원하는 일은 학창 시절 꿈꾸던 바와 마찬가지로 '세상에 도움을 주는 인생을 살고 싶다'는 것이었다. 답을 찾아가는 과정에서 사람들에게 영감을 주고, 자신의 노력으로 사회에 긍정적인 영향을 미치는 사람이 되고 싶다는 열망을 깨닫게 되었다. 아울러 '자신의 존재 이유'를 깊이 생각해 보았다. 주변 사람들에게서 '착하다', '도움이 된다'는 이야기를 많이 들었지만, 그저 남의 기대에 맞추기 위한 삶은 아니라는 것을 깨닫게 되었다. '세상에 도움을 주는 삶을 살려면 어떻게 해야 할까?', '무슨 방법이 있을까?'와 같은 질문을 이어갔다.

답을 찾기 위해 교육 분야에 관심을 갖고, 스스로 교육 봉사를 시작하기로 결심했다. 낮에는 직장에서 일하고, 주말과 퇴근 후 시간에는 열악한 환경에 있는 아이들을 위해 무료 교육 프로그램을 직접 기획하고 운영하기 시작했다. 오 씨의 헌신과 열정이 점차 입소문을 타면서, 점점 더 많은 사람들이 프로그램에 관심을 보이며 지원하게 되었다. 그 결과, 작은 자원봉사로 시작했지만 주변 사람들의 도움으로 지역에서 제법 큰 규모의 비영리 교육단체로 성장시킬 수 있었다.

강영우(전 미백악관 국가장애인위원회 정책차관보, 1944~2012) 박사는 열세 살 때 아버지를 여의었다. 열네 살 때에는 축구를 하다 눈을 다쳤는데, 2년가량 수술과 치료를 받았으나 끝내 실명했다. 어머니마저 이 충격으로 돌아가셨다. 열일곱인 누나는 어린 동생들을 돌보기 위해 학교를 그만두고 봉제 공장에 취직했지만 과로로 쓰러진 후 끝내 일어나지 못했다. 모든 상황이 절망적이었다.

강 박사는 열일곱 살 때 맹인 재활원으로 가고, 열네 살 남동생은 철물점 직원이 되었으며, 아홉 살짜리 막내 여동생은 보육원으로 보내졌다. 도저히 일어서기 힘든 상황에서 강 박사는 어떻게 미국으로 건너가서 박사학위를 받고, 차관보급인 백악관 국가장애인위원으로 발탁되었을까?

강 박사는 항상 비전을 강조했다. 세계화시대에 지도자가 되려면 당연이 실력이 있어야 하는데, 가장 중요한 실력은 미래를 향해 꿈과 비전을 품는 것이라고 말했다. 자신의 꿈과 비전을 질문하고, 그것을 이루기 위해 해야 할 일이 무엇인지 질문하고, 시간관리를 잘하는 것, 그것이 진짜 실력이라는 것이었다.

언젠가 강 박사의 강의를 들은 적이 있다. 우리나라 학생들은 대학 가는 것을 인생의 목표로 삼고 공부하기 때문에 대학을 가면 목표를 달성했다고 생각해 놓기 시작한다는 것이었다. 대학은 인생의 최종 목표가 아니고, 최종 목표로 가는 중간 목표가 되어야 한다며 학생들이 비전을 품는 것은 세계화시대에 리더로 성장할 수 있는 중요한 자세라고 그는 강조했다. 강 박사는 신문과 인터뷰에서 이렇게 말했다.

"절망 속에서도 긍정적으로 생각했습니다. 깜깜한 두 눈으로 아무것도 볼 수 없었지만 새로운 미래를 꿈꾸었어요. 30년 인생 계획을 세웠지요. 첫 10년은 맹학교를 졸업하고 대학에 진학, 졸업하는 기간으로 정했어요. 다음 10년은 배우자를 만나 행복한 가정을 꾸미는 기간으로 세웠고, 나머지 10년은 신에게 영광을 돌리고 사회에 봉사하며 살겠다고 다짐했어요. 불가능해 보였지만 30년 인생 계획을 세우고 나니 살아야겠다는 동기가 가슴속에서 꿈틀댔습니다. 불가능한 생각을 긍정적으로 바꿔 도전하니 길이 보였어요. 으레 장애물이 나타나 가던 길을 막아섰지만, 무너뜨리고 다시 도전할 힘이 생겨났습니다. 살아야 할 제 인생 목표가 있었기 때문입니다."

동시대를 사는 사람이라면 그의 말을 한번 곰곰이 되씹어볼 필요가 있다.

꿈을 현실로 만드는 방법

○●○

미래를 좌우하는 세 가지 질문에서 마지막 질문인 '원하는 결과를 얻기 위해 무엇을 할 것인가?'를 좀 더 자세히 설명할 필요가 있겠다. 이것은 곧 원하는 목표를 달성하기 위한 방법이 있어야 한다는 뜻이다. 의미 있는 삶을 살고 싶다면 미래를 향해 기대에 부푼 질문을 많이 해야 한다. 미래에 대한 목표와 계획이 없다면 삶의 의미가 없는 것이다. 그러려면 '무엇이 될 것인가'와 '어떻게 할 것인가'라는 두 가지 질문이 필요하다. '무엇이 될 것인가'를 결정하면 그것을 실현할 확실한 계획, 즉 '어떻게 할 것인가'가 있어야 한다. 영국 버진그룹 CEO 리처드 브랜슨은《내가 상상하면 현실이 된다》에서 다음 같이 말했다.

"무슨 일이든 잘하고 싶으면 빈틈없이 계획을 짜서 철저히 준비해야 한다는 것은 앞으로도 영원히 변하지 않을 원칙임에 틀림없다."

우리는 어릴 때부터 "꿈을 가져라", "꿈을 꾸어라" 같은 말을 많이 들었다. 정말 막연한 말이다. 그때는 어른이 되어 '과학자가 되겠다', '군인이 되겠다', '의사가 되겠다' 정도로 생각하고 열심히 공부만 하면 다 되는 것으로 알았다. 그런데 주변을 둘러보라. 어릴 때 꿈을 이루고 사는 사람이 몇이나 되는가.

어른들은 무엇이 될 거냐고 물어보기만 했지 아무도 어떻게 하라고 방법을 가르쳐 주지 않았다. 그렇다 보니 꿈은 나이가 들면서 차츰 쪼그라들었다. 대학은 점수에 맞춰 갔다. 학교를 졸업하면 먹고살아야 하니 이젠 꿈을 꿀 여유조차도 없어졌다. 지금 살기에 바쁜가? 그래도 잠시 시간을 내보자. 그리고 '나의 꿈은 무엇인가?' 하고 진지하게 미래를 향해 질문해 보자.

성공한 사람을 다룬 자기 계발서를 읽다 보면 한결같은 주장이 있다. '간절히 원하는 것이 있으면 일단 적으라'는 것이다. 자신의 꿈을 종이 위에 적어 놓는 일은 성공을 향한 첫걸음을 떼는 것과 같다. 목표를 종이 위에 적어놓고 매일매일 보고 생각하면 몸과 마음이 목표를 향해 움직이기 시작한다고 한다. 그러면 용기도 생기고, 아이디어도 나오며 자신감도 생긴다는 것이다. 그러니까 종이는 꿈을 담아놓은 항아리인 셈이다. 꿈은 항아리 속에서 숙성하고 발효되어 간다. 꿈은 항아리에 담아 놓지 않으면 결코 숙성되지 않는다.

단지 목표를 적어두는 것만으로도 몸과 마음이 목표를 향해 움직인다는 믿기 어려운 사실을 뇌 연구 학자들은 증명하였다. 뇌는 인체를 조절하고 통제하는 기관이다. 뇌가 명령을 내리지 않으면 손가락 하나 꼼짝할 수 없다. 대소변을 보는 일도 뇌가 허락하지 않으면 할 수 없다. 뇌가 명령하지 않으면 심장도 멎고, 소화기관도 움직이지 않는다. 그래서 뇌에 문제가 생기면 전신이 마비되고, 말을 못하고, 사람을 못 알아보고, 길을 잃지 않던가.

사람의 뒤쪽 뇌는 물체, 색깔, 사람, 얼굴 표정을 알아보고 구별하며, 소리의 종류, 높낮이, 장단 따위를 구별한다. 앞쪽 뇌는 뒤쪽 뇌가 받아들인 정보를 바탕으로 감각을 조절하고, 정보를 판단하고, 기획하고, 창조하는 활동을 한다. 그러니 앞쪽 뇌가 발달한 사람은 사회적으로 중요하고 가치 있는 일을 할 수 있고, 앞쪽 뇌가 발달하지 않으면 단순한 일밖에 하지 못한다. 여기서 중요한 사실이 있다. 앞쪽 뇌에 이상이 생기면 사람은 희망과 꿈이 사라지고, 미래 계획도 세우지 못한다는 것이다. 다시 말하면 미래를 향한 꿈과 목표를 품고, 이것을 실현하기 위해 노력하는 사람은 앞쪽 뇌가 발달한다는 의미다.

신경세포와 뇌를 곧잘 전깃줄과 컴퓨터에 비유한다. 뇌 활동을 이미지화할 수 있다면 이 세포에서 저 세포로 전기가 흘러 번쩍번쩍할 것이다. '나는 누구인가?', '나는 무엇을 하려고 하는가?', '나는 무엇을 하려고 태어났는가?'와 같은 질문을 하는 순간, 앞쪽 뇌는 전기가 번쩍번쩍할 정도로 아주 강하게 활성화된다.

그렇다면 앞쪽 뇌가 발달한 앞쪽형 인간은 어떤 특징이 있을까? 앞쪽형 인간은 뒤쪽 뇌로 들어오는 시각, 청각 정보를 무시하지 않고, 자기 나름대로 해석한다. 예를 들어 수학문제를 푼다면 자기 나름대로 풀이 방법을 먼저 생각한 다음, 다른 사람의 풀이를 참고한다. 즉, '다른 사람의 의견은 그렇다 치더라도 정말 나는 어떻게 생각하는가?'라는 비판적 사고방식을 유지한다. 또한 남의 이목에 상관없이 '나는 정말 무엇을 하려고 하는가?', '나는 무엇을 할 때 가장 기쁜가?'와 같은 질문을 하며 자신이 하고 싶은 일을 찾아내고 실행한다. 이런 연구 결과를 통해 뇌 과학자들은 '일단 목표를 기록하고 나면 무의식적으로 두뇌는 목표를 달성하는 쪽으로 움직인다'는 사실을 증명한 셈이다.

강철왕이라 불리는 앤드류 카네기(Andrew Carnegie)는 세계 최고 부자였으며, 자선 사업가로도 유명하다. 특히 도서관 건립에 약 6천만 달러라는 엄청난 돈을 기부했다. 미국에 2,811개, 영어권 나라에 300개의 도서관을 건립했으며, 그 범위는 영국에서 남태평양의 피지 섬까지 이른다. 그 밖에도 카네기는 오르간을 여러 단체에 기증했다. 최초 기증처는 부친이 속한 교회였는데, 이렇게 시작한 오르간 기증은 약 8,000대에 이르렀다. 오르간은 각종 종파의 교회에서 은은하게 연주되었다.

또 코넬대학에는 교육 진흥은 물론 직원들의 급료(당시에는 급료가 형편없었다)와 연금에 보탬이 되도록 기금을 조성했다. 또한 스코틀랜드에 있는 대학 네 곳에도 신탁 재산을 아낌없이 기부했다. 그 외에 카네기 영웅 기금, 각종 예술의 전당으로 지금도 이용되는 카네기홀, 카네기 교육진흥 기금, 카네기 국제평화재단 설립을 위해 기부한 액수가 자그마치 3억 5천만 달러 이상이다. 카네기는 그야말로 행복한 성공을 한 사람이다.

그렇다면 카네기는 어떻게 이렇게 큰 부자가 되었을까? 그가 밝힌 부자가 되는 방법을 보면 '종이 위의 기적'이 증명되고 있음을 알 수 있다. 카네기가 밝힌 부자가 되는 여섯 가지 비결은 다음과 같다.

1. 원하는 돈의 액수를 명확하게 정한다.
2. 그 돈을 얻기 위해 무엇을 할 것인가를 결정한다.
3. 그 돈이 내 손에 들어오는 날짜를 분명하게 정한다.
4. 그 돈을 벌기 위한 구체적인 계획을 세우고, 즉시 행동에 들어간다.
5. 위의 4가지 원칙을 종이에 적는다.
6. 종이에 적은 것을 매일 두 차례, 아침 일어났을 때와 잠들기 전에 큰 소리로 읽는다.

앤드류 카네기는 확실한 목표와 구체적인 계획을 종이 위에 적어 놓고 아침저녁으로 읽으며 마음의 다짐을 하고, 행동하기 위한 용기와 아이디어를 얻었다. 그리고 힘들고 어려운 일을 만났을 때도 종이 위의 목표를 보며 견디었다. 그런데 여기서 한 가지 명심할 점이 있다. 이 여섯 가지 원칙을 세우기 위해서는 질문이 필요하다는 사실이다. 질문이 없으면 목표와 계획을 세울 수 없기 때문이다. 카네기는 다음과 같이 질문했다.

1. '내가 원하는 돈이 얼마인가?'
2. '왜 그만큼의 돈을 벌어야 하나?'
3. '그 돈을 얻기 위해 나는 무엇을 할 것인가?'

4. '언제까지 그 돈을 벌어야 하나?'

카네기는 돈을 벌기 위해 세부 계획을 세울 때 얼마나 많은 질문을 했을까? 계획들이 순조롭게 이뤄지지 않으면 또 얼마나 많은 질문을 했을까? 장애물을 만날 때마다, 계획을 수정해야 할 때마다 카네기는 질문을 하며 답을 찾아갔다.

성공한 사람들은 목표나 실행 계획을 써놓는 데 그치지 않았다. 카네기가 그랬듯이 그것을 크게 소리 내서 읽는다. 심지어 어떤 이는 자기가 갖고 싶은 집이 있으면 그것을 사진으로 찍어두거나 잡지에서 오려 놓거나 컴퓨터에서 찾아내서 인쇄해 놓는다. 그런 다음 사진을 들여다보며 그것을 마치 자신이 가지고 있는 것처럼 느낀다. 그리고 기필코 그것을 자신의 것으로 만들겠다고 다짐한 후, '이것을 얻으려면 나는 어떤 행동을 해야 하는가?'라고 질문한다. 간절히 원하면 간절한 행동이 나오는 법이다. 우리 뇌가 그렇게 움직이도록 명령한다고 이미 앞에서 말하지 않았는가.

여기까지 읽은 당신에게 제안한다. 먼저 상상 속에 꿈 항아리를 큰 것으로 하나씩 장만하라. 작은 항아리에는 큰 꿈을 담을 수 없다. 미래를 좌우하는 세 가지 질문에 대한 답을 얻었는가? 얻은 답을 종이 위에 쓰고, 준비한 항아리에 담아라. 그런 다음 그 꿈을 잘 보관하며 수시로 꺼내 보라.

맛있는 장은 정성이 들어가야 한다. 조급해서도 안 된다. 세월이 흘러야 장 맛이 나듯, 당신도 꿈을 꾸며 준비하라. 오랜 시간 습도와 기온을 맞춰 놓아야 좋은 장맛을 내듯, 항아리 속의 당신 꿈이 잘 숙성되도록 주변 환경을 조성하라. 책을 읽고, 질문을 많이 하고, 답을 얻고, 결단을 내리고, 포기하지 말고, 부지런히 계속 시도하라. 항아리 속 꿈이 현실이 될 것이다.

끈질기게 질문하라

끈질기게 질문한 사람들

○ ● ○

조지 스티븐슨(George Stephenson)이 증기기관차를 만든 이야기는 끈질긴 질문이 얼마나 대단한 일을 하는지 잘 보여준다. 스티븐슨은 탄광에서 일하는 기관사였다. 당시 석탄은 마차를 이용해 운반했는데, 효율이 떨어지고 비용도 많이 들었다. 스티븐슨은 '더 빠르고 강력하며 효율적인 운송 수단을 만들 수는 없을까?'라고 질문하며 이 문제를 해결하고자 했다. 질문에 답을 얻기 위해 스티븐스는 열심히 연구했다. 1814년에 드디어 증기기관를 만들었다. 증기기관을 갱도에 설치하여 수레를 끌게 했다. 덕분에 탄광에서 필요한 말이 100필에서 15필로 줄었다. 그런 스티븐스에게 새로운 질문이 생겨났다.

'증기기관으로 석탄만 옮길 게 아니라 사람과 화물도 실어 나르면 어떨까? 그러면 시간과 비용을 많이 줄일 수 있지 않을까?'

스티븐슨이 증기 기관차를 발명하는 과정에서 한 질문은 당시 산업혁명과 철도 교통의 발전을 보는 깊은 호기심과 실용적인 필요에서 비롯되었다. 처음 증기기관차를 만들었을 때는 모든 것이 부족했다. 다른 것은 몰라도 속도가 너무 느렸다. 시속 6.5km밖에 안 되니 사람이 1시간 동안 빨리 걷는 속도보다도 느렸다. 외관도 그리 근사해 보이지 않았다. 부품을 아무렇게나 조립한 탓에 조잡하고 투박해 보였다. 사람들은 모두 한마디씩 했다. 아무 쓸모없는 것이라고. 특히 철도를 경쟁자로 생각한 운하회사들의 비난이 거셌다. 그들은 철도를 비난하는 책과 신문을 찍어 사람들에게 마구 뿌렸다.

하지만 스티븐스는 좌절하지 않았다. 그는 계속 질문했다. "어떻게 하면 빠른 증기기관을 만들 수 있을까?", "어떻게 하면 증기의 힘을 바퀴에 효과적으로 전달할 수 있을까?", "어떻게 하면 증기 기관차를 실용화할 수 있는 기술적 문제를 해결할 수 있을까?"와 같은 질문을 하며 새롭게 만들어 보고, 질문하며 다시 만드는 일을 반복했다.

증기 엔진은 이미 산업용 기계로 널리 사용하고 있었지만, 이를 기차처럼 이동 가능한 운송 수단에 적용하는 것은 새로운 도전이었다. 스티븐슨은 제임스 와트의 정지된 증기 엔진을 기초로 삼아, 기차 바퀴가 미끄러지지 않고 철도 위를 안정적으로 주행할 수 있도록 증기의 힘을 바퀴에 전달하는 방법을 고민했다. 기어 시스템이나 바퀴와 레일의 마찰력을 어떻게 최소화할 수 있는지 질문하며 증기 기관차가 큰 하중을 실어 나르고, 언덕을 오르내릴 수 있는 기술적 해결책을 찾아야 했다.

스티븐슨은 증기 기관차의 속도를 높이기 위한 방법, 증기 발생의 효율성을 극대화하는 방법, 연료 소비를 최소화하면서도 충분한 출력을 내는 방법 등을 고민했다. 결국 처음으로 증기기관차를 만든 지 15년 만인 1829년에 최대 시속 47km로 달릴 수 있는 증기기관차 로켓(Rocket)을 만들었다. 로켓은 빠른 속도와 강력한 출력을 자랑하며 이후 증기 기관차의 표준 모델이 되었다.

스티븐슨은 증기 기관차뿐 아니라 증기 기관차가 안정적으로 달릴 수 있도록 레일의 재질과 구조, 배치도 고민했다. 당시의 레일은 나무나 철로 만들어졌기 때문에 무거운 증기 기관차의 무게를 견디기에는 충분하지 않았다. 그는 강철 레일과 효율적인 철도를 설계하여 이 문제를 해결했다.

요즘은 주변에서 십자형나사못을 흔히 볼 수 있다. 십자형 디자인 덕분에 드라이버가 나사머리에 쉽게 정렬되고, 드라이버가 나사 머리의 중심을 자동으로 잡아주는 효과가 있다. 이는 작업 속도를 빠르게 하고, 정확성을 높이는 장점이 있다. 또한 드라이버로 나사못을 조일 때 힘이 균일하게 분배되어 나사 머리가 손상되거나 드라이버가 나사에서 벗어나는 문제도 줄어 들었다. 이렇게 유용한 십자형나사못도 질문의 연속 과정으로 태어났다.

헨리 필립스(Henry F. Phillips)는 전자 제품을 수리하는 일을 하고 있었다. 그런데 한 가지 어려운 일이 있었다. 일자나사못은 많이 돌리고 나면 홈이 망가져 제대로 돌려 뺄 수가 없었다. 망치로 드라이버를 톡톡 치면서 돌리면 대개는 빠지지만 그렇게 해도 잘 안 되어 라디오 전체를 못 쓰게 될 때도 많았다.

필립스가 던진 질문은 '어떻게 하면 일자나사못을 잘 뺄까?'였다. 질문을 거듭하다 보니 어느 날 머릿속에 전구가 켜지듯 새로운 생각이 떠올랐다. 일자인 홈에 세로로 홈을 하나만 더 내면 되지 않겠느냐는 것이었다. 십자나사못은 드라이버가 주는 힘을 더 잘 받을 뿐만 아니라 덜 닳게 될 것은 당연한 이치였다. 게다가 한 걸음 더 나아가 드라이버도 십자드라이버로 만들어 사용하기 시작했다.

헨리 필립스는 1930년대에 십자형나사와 드라이버의 디자인을 특허 출원하였다. 필립스는 특허를 획득한 후, 이 디자인을 직접 대량 생산하기보다는 자동차 제조사와 가전제품 제조사가 사용하도록 여러 회사에 라이선스를 부여했다. 이 과정에서 제너럴 모터스가 필립스 나사를 자동차 생산 공정에 도입하게 되자 필립스 나사가 빠르게 산업 전반에 퍼지게 되었다.

세계 최고의 부자이며 투자의 귀재인 워렌 버핏(Warren Buffett)도 투자에 앞서 항상 질문을 한다. 《워렌 버핏의 가치투자 전략》을 보면 버핏이 투자 대상을 찾기 위해 얼마나 신중하게 연구를 많이 하는지 잘 나와 있다. 버핏은 타자가 타석에서 마음에 드는 공을 기다리는 것처럼 신중하게 투자 대상을 물색해야 한다고 강조했다. 그러면서 질문하고, 관찰하고, 연구하며 투자 대상을 골랐다. 버핏은 쉬지 않고 질문했다.

• '재무제표는 건전한가?'

- '이 기업은 어느 정도 가치가 있는가?'
- '이 기업의 비즈니스 모델은 올바른가?'
- '지금 이 종목의 주가가 만족스러운가?'
- '왜 사람들은 코카콜라를 마시는가?'

이런 질문을 계속했기 때문에 그는 주식시장에 영향을 미치는 사실이나 정보를 독수리처럼 한 눈에 내려다볼 수 있었다.

이석형 전 함평군수는 함평 나비 대축제를 기획하고, 성공적으로 실행한 인물이다. 이 군수의 노력과 리더십이 결합한 나비축제는 함평군의 지역 경제 활성화와 관광 산업 발전에 큰 기여를 했다.

그는 39세의 젊은 나이에 처음으로 군수가 됐다. 당시 인구 71%가 농업에 종사하던 가난한 함평은 연간 관광객이 18만 명에 불과했다. 돈벌이는 눈 씻고 찾아봐도 없는 가난한 함평에서 어찌어찌하여 군수가 되긴 됐는데, 덜컥 겁이 났다. 새벽마다 산에 올라 고민했다. 고민은 곧 질문으로 이어졌다. 이석형 군수는 함평군의 자연환경과 생태 자원을 면밀히 조사하면서 지역을 살릴 방법을 찾기 위해 '어떻게?'라는 질문을 반복한 결과, 나비 축제를 떠올릴 수 있었다.

그는 나비가 지역의 중요한 자원이 될 수 있다는 점에 주목했다. 함평은 다양한 나비들이 서식하는 지역이었고, 그는 나비를 활용해 지역을 대표할 축제를 만들고자 했다. 나비를 주제로 한 축제를 열면 지역 경제가 활성화될 뿐만 아니라 함평을 전국적으로 알릴 기회가 되겠다고 생각한 것이다.

그러나 나비 축제는 혼자서는 할 수 없는 일이었다. 모두 반대하며 미친 놈 취급을 했다. 질문에 대한 답을 얻었어도 그것을 실행할 수 없으니 아무런 의미가 없었다. 간부회의 때 나비 얘기를 꺼내면 모두 외면했다. 오랜 질문 끝에 얻어낸 답을 포기할 수 없어 입만 열면 나비 얘기를 하며 설득했다. 나비 축제의 비전을 공유하고, 축제가 지역 경제에 미치는 긍정적인 영향을 강조했다. 그 결과, 군민들은 축제 준비 과정에 적극적으로 참여하게 되었고, 이는 축제가 성공하는 데 중요한 요소가 되었다.

이석형 군수는 나비를 주제로 한 다양한 프로그램과 콘텐츠를 기획했다. 나비 전시, 나비 방사, 생태 체험 프로그램 같은 다양한 행사를 마련하고, 축제 참가자들이 나비와 자연을 직접 체험하도록 했다. 또 나비를 활용한 교육 프로그램도 마련하여 어린이들과 청소년들이 자연과 생태를 배우는 기회를 제공했다.

1999년 첫 번째 나비 축제는 대성공이었다. 20만 명이면 성공이라고 했는데, 무려 60만 명이 몰린 것이다. 함평 나비 대축제는 이석형 군수의 리더십 아래 성공적으로 자리 잡았고, 매년 많은 방문객을 끌어 모으는 대표적인 축제로 성장했다. 2006년에는 무려 171만 명이 왔다 갔다. 함평은 이제 이름 없는 가난한 시골이 아니다. 2008년에는 세계 나비 곤충 엑스포를 열며 세계 속으로 도약했다. 이석형 군수의 끈질긴 질문과 결단이 이루어낸 쾌거였다.

아인슈타인은 이렇게 말했다.

"질문을 중단하지 않는 것이 중요하다. 호기심이 꼭 필요한 것은 이

때문이다. 사람들이 영원성, 인생, 실제의 놀라운 구조를 묵상할 때마다 경외감에 빠지게 되는 것은 어쩔 수 없는 일이다. 만일 어떤 사람이 매일 이 신비로움의 아주 작은 부분이라도 이해하려고 한다면 그것으로 충분하다. 절대로 신성한 호기심을 잃지 말라."

아인슈타인은 답을 얻을 때까지 질문을 중단하지 않았기 때문에 지금 우리에게 위대한 이름을 남겼다. 볼테르는 "끈질기게 생각해서 해결되지 않는 문제는 없다"라는 말을 남겼다. 이들뿐 아니라 위대한 사람들은 답을 얻을 때까지 끈질기게 질문하는 것이 어떤 의미가 있는지 잘 알았다.

모든 문제에는 답이 있다. 같은 의미로 모든 질문에는 답이 있다. 다만 우리가 답을 찾지 못할 뿐이다. 답을 찾는 과정이 어려울 수도 있다. 그렇다 보니 도중에 포기하고 만다. 답이 저 언덕 뒤에 숨어 있으니 여기서는 답이 보이지 않는 것이다. 언덕을 넘어갈 힘이나 끈기가 없으면 답을 찾을 수가 없다. 그래서 성공한 사람들은 기본적으로 끈질기다. 쉽게 포기하는 사람들은 쉬운 일만 성취할 뿐이다.

질문에 주도적으로 답하라

○ ● ○

끈질기게 질문하여 드디어 답을 찾아냈어도 '그 다음'이 없으면 질문을 안 하느니만 못하다. 질문의 답은 '갈 길'이나 '할 일'을 알려줄 뿐 자동적으로 결과를 가져다주지는 않기 때문이다. '그 다음'이란 질문하여 얻은 답에 결단을 내리고 최선의 결과를 얻기 위해 노력하는 것이다.

끈질긴 질문으로 얻은 답을 실현하려면 주도적인 자세가 중요하다. 주도적인 자세란, 이런저런 상황이나 환경에 휘둘리지 않고 자신이 가기로 한 길을 가는 의지다. 장애물은 늘 있기 마련이다. 장애물에 걸려 넘어지더라도 다시 일어서는 사람이 결국 성공한다.

브라이언 트레이시는 "성공한 사람들은 누구든지 엄청나게 많은 실수를 저질렀지만, 그들이 성공한 비결은 포기하지 않는 고집"이라고 말했다. 환경, 여건, 상황에 구애받지 않는 주도적인 사람과 반대되는 대응적인 사람은 질문부터가 다르다. 장애물이 있을 때, 대응적인 사람은 이렇게 질문한다.

- '내가 뭘 더 할 수 있겠어?'
- '이런 상황을 누가 견딜 수 있겠어?'
- '누가 그것을 허락하겠어?'
- '이런 불경기에 누가 물건을 사겠어?'
- '그는 왜 나를 미치게 하지?'
- '이런 상황에서 누가 나를 도와주겠어?'

이런 질문은 자신감과 열정을 앗아갈 뿐이다. 그러나 주도적인 사람은 열정과 자신감을 잃지 않는다. 그들은 질문의 수준이 다르고, 결코 상황에 구애받지 않는다. 그래서 열정이 있다. 주도적인 사람들은 이렇게 질문한다.

- '뭐 좋은 방법이 없을까?'
- '그 사람을 효과적으로 설득하려면 어떻게 하면 되지?'
- '불경기에는 어떤 방법으로 고객에게 접근할까?'
- '지금 내가 할 수 있는 일은 무엇인가?'
- '내가 협조를 구할 사람은 누구인가?'

실패자는 실패할 만한 질문을 하고, 성공자는 성공할 만한 질문을 한다. 실패자처럼 질문의 초점을 문제에 맞추면 불평만 하게 된다. 문제의 원인을 비난하고 불평한다고 해서 문제가 해결되지 않는다. 성공자는 문제가 발생하면 해결 방법에 초점을 맞추고, '어떻게 해결할 것인가'와 같은 질문을 한다.

몰입하면 해결의 답이 보인다

○●○

몰입은 어떤 활동에 깊게 빠져들어 그 순간에 완전히 집중하는 상태를 말한다. 이 상태에서는 시간이나 주변 환경을 의식하지 않고, 활동 자체에서 즐거움이나 만족감을 느끼게 된다. 그래서 몰입은 잠재능력을 힘껏 발휘하여 학습, 창의성, 업무 성과 등을 높이는 데 도움이 된다. 끊임없이 질문하며 문제를 해결하려고 집중하는 상태도 몰입이다. 몰입의 유익을 자세히 알아보자.

첫째, 몰입을 하면 일의 과정을 즐길 수 있다. 칙센트 미하이는 《몰입의 경영》에서 "진정한 즐거움이란 목표를 실제로 달성하는 것보다 오히려 이 목표를 착실하게 한 걸음씩 전진하면서 느끼는 것이다"라고 말했다. 몰입 상태에서는 가만히 앉아서 주어진 문제에 집중만 해도 즐거움과 행복한 감정을 느낀다. 이런 색다른 경험은 행복을 추구하는 방법에 대한 생각을 달리하게 만든다. 결국 행복을 느끼는 기능은 나에게 있고, 외부 자극은 단지 이 기능을 활성화하는 촉매에 불과하다. 몰입을 하면 우울감이 사라진다. 즉 몰입 상태에서 느끼는 쾌감은 우울과 교차되는 감정이 아니라 감정의 기복 없이 기분 좋은 상태만 계속 유지되기에 더욱 특별한 것이다.

우리 몸에는 도파민이라는 호르몬이 있다. 이는 뇌를 각성시켜 집중과 주의를 유도하고, 쾌감을 일으키며, 삶의 의욕을 솟아나게 하여 창조성을 발휘하게 하는 신경 전달 물질이다. 도파민이 관여하는 집중, 쾌감, 의욕, 창조성 등은 몰입 체험 때 나타나는 특징이다.

사람들은 등산을 할 때 정상만을 보고 오른다. 정상을 밟는 기쁨은 물론 크다. 그러나 산을 오르는 과정도 즐거워야 한다. 산을 즐겁게 오르려면 자연의 아름다움을 느끼며 정상에 올라야 한다. 우리는 산 정상만 보고 오르다 결국 내려올 때 꽃을 보는 게 아닐까. 어쩌면 이것만도 다행일 수 있다. 혹여 우리는 다른 봉우리를 쳐다보며 산을 내려오는 것은 아닐까. 지나치게 결과에만 집착하면 과정 내내 지겨울 수밖에 없다.

둘째, 몰입은 주도적인 사람으로 만들어 준다. 불가능해 보이는 일에서 희망과 가능성을 찾게 해준다. 이것이 바로 집중의 힘이다. 일에 집중하면 전혀 예상치 못한 해결책을 발견하기도 한다. 이것은 몰입을 해본 사람만 안다. 똑같이 어려운 상황에 놓여 있더라도 몰입하는 사람은 해결 방법을 찾아내어 문제를 성공적으로 마무리한다.

셋째, 몰입은 가치 있는 일을 정하고, 집중하게 한다. 몰입하는 사람은 다른 일은 관심 밖이다. 가장 소중하고 가치 있는 일이라 생각할 때 그 일에 집중한다. 알렉산더 플레밍(Alexander Fleming)은 세균학 연구에 몰입하며 인류 건강에 큰 기여를 했다. 플레밍은 1928년, 실험 중 우연히 페니실리움 균이 박테리아를 죽이는 것을 발견했다. 우연한 이 발견은 곧 항생제 페니실린의 개발로 이어졌다. 플레밍은 자신이 발견한 항생제가 세균 감염을 치료한다는 사실을 깨닫고, 이것이 인류에게 큰 가치가 있음을 알았다. 그 후 그는 페니실린의 효능과 가능성을 탐구하기 위해 더 깊이 연구했다. 그 결과, 페니실린은 수백만 명의 목숨을 구하는 의약품이 되었다.

제임스 왓슨(James Watson)과 프랜시스 크릭(Francis Crick)은 생명의 비밀을 풀기 위해 DNA 구조 연구에 몰입했다. 두 사람은 DNA가 생물학의 핵심이라는 사실을 믿고 몰입한 끝에, 1953년 이중 나선 구조를 발견하여 유전 정보가 어떻게 저장되고 전달되는지를 밝혔다. 현대 생명과학의 기초를 세우는 혁신적인 발견이었다. 이후 이 발견은 생명과학 분야에서 이룩한 많은 연구의 든든한 기반이 되었다.

끊임없이 질문하는 것은 포기하지 않고 새로운 방식으로 계속 시도

한다는 의미다. 흔히 일이 어렵고 잘 안 풀리거나 생각대로 되지 않을 때, 자기는 소질이 없다고 생각한다. 적성에 맞지 않는다고 말한다. 자기는 아무리 해도 안 되니 다른 일을 찾아보는 것이 좋겠다고 생각한다. 그래서 다른 일을 찾았는데 그것도 만만치 않다. 그러면 또 다른 일을 찾는다. 우리가 다른 일을 찾을 때는 지금 하고 있는 일의 성패와 상관없이 하고자 하는 일이 더 가치 있는 일인지, 아니면 그것을 하면 더 즐겁고 행복한지를 따져보아야 한다.

피터 드러커는 《프로페셔널의 조건》에서 '성과를 올리는 인간형'은 따로 존재하는 것이 아니라 '끊임없이 노력하는' 사람만이 성과를 낼 수 있다고 했다. 성과를 올리는 사람 중에는 외향적인 사람, 내향적인 사람, 사교성이 없는 사람, 심지어는 병적일 만큼 수줍음을 심하게 타는 사람도 있다. 괴짜가 있는가 하면, 애처로울 정도로 꼼꼼한 순응주의자도 있다. 뚱뚱한 사람이 있는가 하면, 홀쭉한 사람도 있다. 늘 걱정이 끊이지 않는 사람이 있는가 하면, 만사에 천하태평인 사람도 있다. 매력이 넘치고 포근함이 넘치는 사람이 있는가 하면, 냉동 고등어처럼 차가운 성격을 가진 사람도 있다.

그들 가운데는 리더라고 부르기에 적합한 유형의 사람들도 몇몇 있다. 반면에 여러 사람들 가운데에 파묻혀 있으면 전혀 주의를 끌지 못할 특색 없는 사람도 있다. 학자풍의 사람, 진지한 학생 같은 사람, 제대로 공부하지 않은 사람도 있다. 다양한 분야에 관심을 가진 사람도 있고, 자신의 좁은 영역 밖에 있는 것은 아무것도 모르거나 관심조차 기울이지 않는 사람도 있다. 자기중심적인 사람이 있는가 하면, 넓은 가슴과 포용력을 지닌 사람도 있다. 자신이 하는 일 밖에 모르는 사람이 있는가 하면, 바깥일에 주로 관심을 두는 사람도 있다. 이런 다양한 유형의 사람들 중 성과를 올리는 모든 사람들이 공통적으로 갖고 있는 것이 있다. 자신의 능력과 존재를 성과로 연결하기 위해 끊임없이 노력하는 실행 능력을 가졌다는 것이다.

3
긍정적으로 질문하라

질문이 생각을 바꾼다

○ ● ○

우리나라는 자살 문제가 심각하다. 자살률은 인구 10만 명당 약 23.5명(2022년 기준), 하루 자살자가 평균 35.4명으로, 2시간마다 3명이 자살로 삶을 마감하는 셈이다. 이는 OECD 평균 11.1명보다 세 배가 넘는 수치다. 그중 10대부터 30대까지 젊은 층에서 자살은 주요 사망 원인으로 꼽힌다. 경쟁이 치열한 교육 환경, 취업난, 직장 내 스트레스 같은 문제가 큰 이유다. 특히 성과 중심의 사회 구조에서 큰 압박을 느끼며 받는 스트레스가 극단적인 선택을 강요한다. 우울증, 불안증 같은 정신 건강 문제도 자살의 중요한 요인이다. 경제적 어려움과 고립감으로 노인층의 자살률도 높다.

살다 보면 누구나 피할 수 없는 문제를 만나기도 한다. 자신의 힘으로는 도저히 감당할 수 없는 상황과 맞닥뜨릴 때는 '앞으로 희망이 없는데 더 살아서 무엇하나?'와 같은 질문을 하게 마련이다. 이와 같은 질문은 고통·절망감·무기력을 나타낸다. 자살하는 사람들이 하는 질문은 대개 다음과 같다.

- '내가 없어지면 더 나아질까?'
- '이렇게 살아가는 게 무슨 의미가 있을까?'
- '왜 나만 이렇게 힘들까?'
- '이 고통에서 벗어날 방법은 없을까?'
- '아무도 나를 이해하지 못하는데, 나는 왜 살아야 할까?'
- '내가 정말 필요한 존재일까?'

이런 질문은 자살을 생각하는 사람이 얼마나 깊은 고통과 절망 속에 있는지 잘 보여준다. 이런 질문을 계속하다 보면 자신의 부재가 오히려 가족이나 주변 사람들에게 더 나은 결과를 가져올 것이라는 확신이 생기고, 삶의 목적과 의미를 찾지 못해 무기력감에 빠지며, 자신을 가치 없는 존재라고 느끼게 된다. 다른 사람들은 행복해 보이는데, 자신만이 고통 속에 있다는 생각에 괴로워하게 된다. 이들은 정신적, 감정적 고통이 너무 커서 거기에서 벗어나고자 하는 마음이 절박하다. 주변의 무관심이나 이해 부족으로 깊은 외로움과 소외감을 느낄 때가 많다.

'왜 나만 이렇게 힘들까?', '왜 나는 이 모양인가?', '왜 내 인생은 자꾸 꼬이기만 할까?'와 같은 질문은 백 퍼센트 부정적인 답만 얻는다. 그래서 '왜'가 들어가는 질문은 가능한 한 안 하는 게 좋다. 질문이 사

람을 점점 수렁으로 빠뜨리기 때문이다. '왜'가 들어가는 질문을 생각
나는 대로 한 번 나열해 보자.

- '왜 하필 나지?'
- '왜 이런 일이 나한테 일어나는 거야?'
- '왜 나만 이럴까?'
- '왜 나는 되는 일이 없을까?'
- '왜 내가 그래야만 하지?'
- '왜 나를 괴롭히지?'

이런 질문에서 나오는 답은 점점 더 자신을 힘들게 한다. 좋지 않은
상황과 불가능한 이유만 떠오른다. 남을 원망하게 되고, 운과 사주팔
자 타령으로 세월을 보내게 된다. 피해의식과 불안심리로 불면증과
우울증에 시달리기도 한다.

부정적인 질문은 희망을 싹둑 잘라버린다. 나쁜 상황을 더 크게 확
대한다. 소설가 공지영의 산문집 《네가 어떤 삶을 살든 나는 너를 응
원할 것이다》를 보면 "칭찬은 속삭임처럼 듣고, 부정적인 말은 천둥
처럼 듣는다"는 말이 나온다. 이처럼 부정적인 상황은 본래 더 크게
보이는 법이다.

이런 사람도 있을 것이다. 처음에는 '무슨 좋은 방법이 없을까?' 하
고 문제를 해결하기 위한 질문을 한다. 그러나 상황이 어려울수록 답
이 쉽게 나오지 않는다. 이때부터 걱정을 한다. 걱정을 해도 도저히 풀

릴 것 같지 않으면 실망을 하고 결국 포기를 한다. 걱정이 너무 커서 이길 수 없다고 느끼면 도피를 하는데, 그때 선택하는 극단적인 방법이 자살이다. 지금은 어렵고 힘들어도 앞날에 눈곱만큼이라도 희망이 보이면 자살은 하지 않았을 텐데 말이다.

그래서 자신감을 불러일으키는 긍정적인 질문이 필요한 것이다. 자신감을 심어주는 질문은 곧 문제 해결이 가능한 질문이다. 앤서니 라빈스는 "위기의 순간에 의욕을 불어넣는 긍정적인 질문은 인생에서 가장 힘들었을 때 나를 구해준 결정적인 기술이다"라고 했다. 그러면서 자신이 겪은 일을 다음과 같이 언급했다.

나의 동료 한 명이 내가 하는 세미나를 따로 하면서, 글자 하나하나까지 모두 내가 개발했는데도 자신도 그것을 사용할 권리가 있다고 주장했던 순간을 잊을 수가 없다. 나는 충동적으로 '아니, 그 사람이 그런 짓을 하다니? 어떻게 인간이 그럴 수 있어' 하고 질문했다. 그러나 곧 이런 질문이 끊임없는 분노로 몰아갈 뿐이라는 것을 깨닫고, 그냥 잊고 내 삶을 즐겁게 보내기로 했다.

그러나 '어떻게 그 사람이 내게 이럴 수 있지?' 하는 질문을 할 때마다 내가 부정적인 상태에 빠지는 것은 어쩔 수 없었다. 내 감정 상태를 바꾸는 가장 빠른 길은 새로운 질문을 하는 것이었다. 그래서 나는 '내가 이 사람을 존경할 만한 부분이 있다면 무엇일까?' 하는 질문을 했다. 그러자 바로 머릿속에서 '아무 것도 없어!' 하고 소리를 질렀다.

그러나 나는 '그래도 꼭 찾아내야 한다면 어떤 부분을 존경할 수 있을까?' 하고 다시 질문했다. 그러자 '그는 그냥 수동적으로 앉아만 있는 사람이 아니지. 그는 어쨌든 내가 가르친 것을 활용하고 있잖아?' 하는 답이 떠올랐다. 이 대답은 나를 웃게 했고, 내 감정 상태를 변화시켰다. 또 여러 대안을 검토할 수 있는 마음의 여유가 생겨서 나는 다시 기분이 좋아졌다.

이처럼 질문 방식을 바꾸면 생각하는 틀이 바뀐다. 부정적인 질문은 부정적인 사고방식을 고착화하여 부정적인 인간으로 만들고, 긍정적인 질문은 사고방식을 긍정적으로 만들어 긍정적인 인간이 되도록 만든다. 모든 부정적인 상황을 질문으로 돌려놓을 수도 있다. 질문을 바꾸며 상황을 재해석할 수 있기 때문이다. 이어지는 사례에서 부정적인 상황을 어떻게 긍정적으로 해석하는지 알아보자.

서울대학교 지구환경과학부 이상묵 교수는 목 아랫부분부터 발가락 끝까지 아무런 감각을 느끼지 못한다. 지난 2006년 미국 캘리포니아 공과대학(칼텍)과 공동으로 진행한 미국 야외 지질조사 프로젝트를 수행하던 중 차량이 뒤집어지는 사고로 전신마비가 됐다. 목 아래로는 주사를 맞아도 통증이 없다. 잠자는 사이 누군가 와서 두 다리를 잘라가도 알지 못한다. 교수로 학자로 잘나가던 이 교수는 한순간에 전신마비가 됐다. 만약 그 때 이 교수가 '난 이제 끝났군. 이제 내가 뭘 할 수 있겠어?'라고 질문했다면 어떻게 됐을까?

그러나 이상묵 교수는 긍정적이었다. 이 교수는 '무엇을 할 수 있을까?'라고 질문했다. 사고 6개월 만에 교단에 서서 학생들을 가르칠 수 있는 힘은 이런 긍정적인 질문에서 나왔다. 비록 사고를 당해 장애를 입었지만, 다시 재기해 활동하는 데 필요한 부분은 하늘이 가져가지 않았다고 생각했다. 횡격막만으로 정상인처럼 이야기할 수 있는 것만 해도 큰 행운이라고 생각한 것이다. 이 교수는 남들과 다른 길로 가는 것을 두려워하지 않았다. 그 덕에 지금도 예전과 마찬가지로 자기는 하늘이 내린 행운을 누리고 있다고 생각한다.

이 교수가 쓴 《0.1그램의 희망》을 보면, 그가 사고 당시부터 지금까지 어떤 심리적인 변화를 거쳤는지 잘 나와 있다. 처음에는 부정적인 질문을 남발했다.

'이거 각본대로 맞아? 어떻게 지금까지 잘 오다가 나를 무대에서 끌어내리는 거야? 이럴 거였으면 애당초 이 길을 걸어오지 않았지. 아니 말렸어야지. 다 걸어오게끔 해 놓고 중간에 이렇게 하차시키는 것이 원래 계획이었어?'

이렇게 하늘을 원망하는 질문을 했다. 그러나 몇 개월 동안 재활치료를 받으며 질문의 수준을 높였다. '앞으로 어떻게 살아가면 될까?', '나는 남을 위해 어떤 봉사를 할 수 있을까?', '이 기회가 나에게 무슨 의미가 있을까?', '어떻게 하면 이 위기를 이겨내고 다시 학교로 돌아가 학생들을 가르칠 수 있을까?'라고. 이상묵 교수는 이렇게 스스로 물음을 던지고 답을 구했다. 책에서 이 교수는 "하늘이 모든 것을 가져가시고, 희망이라는 단 하나를 남겨 주셨다"라고 말했다.

이 교수는 사고 후 부정적인 질문으로 부정적인 답을 얻었다면 실망과 좌절에서 헤어 나오지 못했을 것이다. 하지만 그는 '0.1그램의 희망'을 갖고 늘 긍정적인 마음을 잃지 않았다. 그리고 '무엇을 할 수 있을까?'라고 질문하며 답을 찾아 나갔다. 이상묵 교수는 자신에게 하는 긍정적인 질문이 인생을 어떻게 바꿔놓는지 잘 보여준 대표적인 사례라 할 수 있다.

자, 이제 위에서 말한 부정적인 질문을 긍정적인 질문으로 바꿔보자. 고통·절망감·무기력을 불러일으키며 자살이라는 극단적 선택을 하도록 만드는 질문을 어떻게 바꾸는 게 좋을까?

- '내가 없어지면 더 나아질까?' → '내 삶에 변화를 주기 위해 무엇을 할까?'
- '이렇게 살아가는 게 무슨 의미가 있을까?' → '내 삶에서 의미 있는 순간이나 사람은 누구일까?'
- '왜 나만 이렇게 힘들까?' → '이 힘든 경험에서 내가 배울 것은 무엇일까?'
- '이 고통에서 벗어날 방법은 없을까?' → '내가 도움을 요청할 사람은 누구일까? 방법은 무엇일까?'
- '아무도 나를 이해하지 못하는데 나는 왜 살아야 할까?' → '나를 이해해줄 사람은 누구일까? 아니면 내가 내 자신을 더 이해할 방법은 무엇일까?'
- '내가 정말 필요한 존재일까?' → '내가 지금까지 다른 사람에게 준 기쁨이나 도움은 무엇이었을까?'

이렇게 질문을 바꾸면 부정적인 상황을 긍정적인 시각으로 바라보게 된다. 희망과 자존감을 키울 수 있는 계기를 만들어 준다. 질문을 더 긍정적이고 건설적인 방식으로 바꾸기 위해서는, 질문의 초점을 '왜'에서 '어떻게'와 '무엇'으로 전환하는 것이 좋다.

- '왜 하필 나지?' → '이 상황에서 내가 무엇을 배울까?'
- '왜 이런 일이 나한테 일어나는 거야?' → '이 일이 내 삶에 어떤 변화를 가져올까?'
- '왜 나만 이럴까?' → '나와 같은 상황을 겪은 다른 사람은 어떻게 해결했을까?'
- '왜 나는 되는 일이 없을까?' → '어떻게 하면 내가 원하는 방향으로 나아갈까?'
- '왜 내가 그래야만 하지?' → '내가 이 상황에서 얻을 수 있는 가치는 무엇인가?'
- '왜 나를 괴롭히지?' → '이 문제를 해결하거나 나를 보호하기 위해 내가 해야 할 일은 무엇인가?'

질문을 바꾸면 자신의 내면에 있는 힘과 가능성을 인식하고, 외부의 상황에 대응할 능력을 갖추도록 자신감을 얻는다. 질문을 바꾸면 마음의 방향이 전환되어 긍정적이고 현실적인 해결책을 찾을 수 있다.

긍정심리학에서 배워라

○●○

긍정심리학을 개척한 마틴 셀리그먼(Martin E.P. seligman)은 우리가 왜 긍정적으로 살아야 하는지, 어떻게 하면 긍정적인 사람으로 바뀔 수 있는지 평생 연구한 학자다. 셀리그먼은 긍정적인 사람이 질병 저항력도 높고, 행복하며, 장수한다는 사실을 자신의 책《학습된 낙관주의》와《긍정심리학》에서 설명하였다.

사람들은 다른 사람에게 비난을 받거나 책임 추궁을 당하면 본능적으로 자기 방어를 한다. 이런저런 상황을 말하며 불가피했다느니 본의 아니게 그렇게 되었다느니 하는 변명을 늘어놓기 마련이다. 그러나 본인이 자신을 공격하면 반박하지 못하고 이를 기정사실화하며 무기력하게 무너져 버린다. 예를 들어 "그렇지. 당신 주제에 무엇을 할 수 있겠어. 당신이 할 수 있는 것은 아무 것도 없"라고 다른 사람이 당신을 공격한다면, 당신은 "내가 뭐 어때서?" 하고 반발하든지 자기 변명을 늘어놓기라도 할 것이다. 그러나 똑같은 내용으로 당신이 스스로 자신을 공격한다면 모든 것을 순순히 인정하고 만다. 당신 스스로 자신을 '무능력한 바보'로 인정해버린다.

그런데 마틴 셀리그먼은 자기 자신의 공격을 효과적으로 반박한다면 무기력증, 우울증, 자살 따위로부터 벗어날 수 있다고 말했다. 그는 "자신에게 반박하기는 불행한 사건(나쁜 일), 잘못된 신념, 잘못된 결과, 반박, 활기라는 5단계를 거친다"라며 불행한 사건이 잘못된 신념을 낳고, 잘못된 신념이 잘못된 결과를 초래하므로 하나하나 반박하라고 주장했다.

불행한 사건(나쁜 일)은 누구에게나 흔히 일어나는 일이다. 영업하는 사람이 일주일 내내 고객을 만나고 상품 설명을 하면서 열심히 일했는데, 결과가 안 좋을 수도 있다. 열심히 시험공부를 했는데, 기대한 만큼 점수가 안 나오기도 한다. 남들보다 열심히 일했는데, 승진에서 탈락하는 경우도 있다. 그밖에도 맞선만 보면 퇴짜, 이력서만 내면 불합격 등 우리는 살아가며 너무 자주 나쁜 일과 마주한다.

이런 경우 어떻게 생각하는가? 나쁜 일을 어떻게 해석하는가? '역시 나는 능력이 없어!', '그렇지 뭐. 내가 하는 일이 잘되는 게 있겠어!', '역시 나는 머리가 나쁜 것 같아' 등과 같이 잘못된 믿음을 가지게 될 때가 많다. 이러한 믿음이 생기면 결과는 최악이 된다. 이렇게 불행한 사건과 잘못된 신념이 결합하면 기분 좋을 까닭이 없다. '슬프다', '걱정이다', '큰일이네'와 같은 감정 상태가 된다.

이런 감정 상태에서 좋은 결과가 나올 리 없다. '영업활동을 포기했다', '더 이상 구직활동을 안하기로 했다', '승진은 포기하고, 되는 대로 살기로 했다'와 같이 모두 나쁜 결과가 일어난다. 이처럼 잘못된 신념은 항상 잘못된 결과를 낳는다. 우리생활에서 흔히 일어나는 일로 구체적인 예를 들어 보겠다.

〔사례1〕

- **불행한 사건:** 골프 연습장에서 열심히 연습했는데, 필드에 나가도 타수가 좀처럼 줄지 않는다. 함께 배운 친구가 운동신경이 둔하다며 약을 올린다.
- **잘못된 신념:** 맞아. 난 학교 다닐 때도 체육이 가장 싫었지. 운동신경도 안 좋으면서 괜히 골프를 해서 망신만 당하고 있네. 이쯤에서 골프는 그만두자. 나 같은 놈이 골프를 왜 해?

· **나쁜 결과:** 골프 연습을 더 이상 하지 않는다. 골프 뿐 아니라 운동은 아예 하지 않는다.

〔사례2〕

· **불행한 사건:** 몇 달 동안 면접을 봤지만, 매번 최종 합격 통보를 받지 못했다.

· **잘못된 신념:** 내가 외모가 뛰어나지 않아서 그래. 이 사회는 결국 외모를 보지. 내가 좋은 외모를 타고나지 못한 게 잘못이야.

· **나쁜 결과:** 자존감이 떨어진다. 겉모습으로 사람을 판단하는 이 사회가 너무 불공평하다. 이런 세상에서 살기가 싫어진다.

〔사례3〕

· **불행한 사건:** 밖에 나갔다 왔더니 아이들이 컴퓨터 게임만 하고 있다.

· **잘못된 신념:** 애들이 뭐가 되려고 저러나. 내가 보기엔 공부하고는 벽을 쌓은 놈들이야. 서방 복 없으면 자식 복도 없다는데, 내가 꼭 그 꼴이군.

· **나쁜 결과:** 화를 많이 낸다. 지 애비 닮아서 공부하기를 싫어하고 내 말은 지긋지긋하게 안 듣는다고 막 퍼붓는다.

〔사례4〕

· **불행한 사건:** 열심히 준비했던 프로젝트가 발표에서 좋은 평가를 받지 못했다.

· **잘못된 신념:** 내가 발표를 못했기 때문이야. 나는 타고나기를 부족하게 태어났어. 아무리 노력해도 내 능력은 한계가 있는 것 같다.

· **나쁜 결과:** 무기력해진다. 더는 시도할 힘이 나지 않는다.

〔사례5〕

· **불행한 사건:** 친구들이 모임에서 자주 부르지 않는 것을 보니 나를 따돌리는 것처럼 느껴진다.

· **잘못된 신념:** 나는 사람들에게 매력적이지 않고, 재미없는 사람이야. 게다가 성격도 이상해.

· **나쁜 결과:** 외로움을 느낀다. 친구들이 나를 무시하고 있다는 생각에 점점 사람들과 거리를 두고 싶어진다. 사회적 관계가 무의미해 보인다.

위의 사례에서 보듯 신념이 부정적이면 결과도 부정적이다. 부정적이고 잘못된 신념은 자신을 공격하고 비판한다. 마틴 셀리그먼은 이런 상황에서 긍정적인 결과를 얻기 위한 방법으로 두 가지를 제시했다. 첫째는 '주의 돌리기'고, 둘째는 '반박하기'다. 나쁜 생각은 늘 꼬리에 꼬리를 물고 이어진다. 나쁜 생각이나 비관적인 생각이 들 때, 주의를 다른 곳을 돌리는 방법은 효과가 크다. 마틴 셀리그만이 제시하는 방법은 다음과 같다.

'주의 돌리기'는 나쁜 일이 생기면 그것에 관해 숙고할 시간을 나중에 잡아두는 방법으로 일단 주의를 다른 곳으로 돌려놓는 것이다. 이를테면 '이 문제는 지금 생각하지 말고 오늘 저녁 여섯 시에 하자'처럼 근심거리가 생겨서 그것에 관한 생각을 멈추기가 어려울 때는 '그만! 나중(몇 날 몇 시)에 잘 생각해보자'라는 식으로 스스로 다짐하는 것이다. 나아가 근심거리가 생긴 바로 순간, 그것을 종이에 적어 두자. 근심거리를 적어 두기와 그것에 관해 생각할 시간을 잡아두기를 병행하면 꽤 높은 효과를 볼 수 있다.

다음은 자신에게 '반박하기'다. 자기 자신이 스스로에게 하는 근거 없는 비난을 효과적으로 반박하기 위해서는 다음 네 가지 질문이 필요하다.

1. 그것이 사실인가?(증거)

잘못된 신념이나 부정적인 신념에 반박하기 위해서는 먼저 그것이 잘못됐다는 것을 알리는 증거를 찾아내야 한다. 골프 타수가 줄어들지 않는 것과 학교 다닐 때 체육시간을 싫어한 것이 도대체 무슨 상관이란 말인가? 아이들이 공부 안 하는 것과 남편과는 도대체 무슨 연관이 있다는 말인가?

우리는 잘못되고 부정적이 신념이 생기면 습관적으로 이것을 점점 확고히 하는 증거들을 찾으려고 한다. 긍정적인 것보다는 부정적인 것이 구체적으로 다가오는 이유는 무엇 때문일까? 이것은 그야말로 어두운 길이다. 이런 경우, 잘못된 신념의 잘못된 증거를 찾기 위해 '내가 하는 이런 생각들이 진짜 사실인가?'라고 질문해야 한다.

2. 다르게 볼 여지는 없나?(대안)

우리가 맞닥뜨리는 불행한 사건(나쁜 일)은 한 가지 원인만 있는 것이 아니다. 취직이 안 되는 이유도 여러 가지가 있다. 불경기, 신규 채용인원 감소, 졸업한 학교, 전공, 나이, 지원자 수, 지원한 학생들의 수준, 채용담당의 안목 부족, 회사의 불공정 채용 등이다.

비관주의자들은 이러한 원인 가운데 가장 나쁜 것에 집착한다. 수많은 원인 가운데 군이 해로운 것에 집착할 필요가 있을까? 이럴 때는 유리한 원인을 찾아내 반박해 보자. 예를 들어 '외모가 출중하지는 못해도 나는 실력이 누구보다 떨어지지 않는데. 내가 탈락한 것은 순전히 그 회사가 인재를 못 알아보기 때문이야!'라고 생각하는 것이다.

3. 그래서 어떻다는 것인가?(함축)

레이디 가가(Lady Gaga)는 어린 시절부터 개성 있는 외모와 성격으로 인해 따돌림을 당했다. "외모가 특이하다"는 비난을 자주 받았다. 하지만 그녀는 이러한 비판을 자신의 독창성을 강화하는 계기로 삼았고, "내가 누구인지 보여줄 거야"라며 자신을 긍정적으로 바라보기 시작했다. 결국, 독창적인 패션과 예술적 감각으로 전 세계적에서 사랑받는 아티스트가 되었고, 자신의 정체성을 강력하게 지켜가며 활동하고 있다. 레이디 가가는 "나를 보는 다른 사람들의 부정적인 시각에 신경 쓰지 않겠다"라는 태도를 가지고 음악과 스타일로 자신을 표현하였다.

오프라 윈프리는 "사생아다", "가난하다", "뚱뚱하다", "미혼모다"와 같은 부정적인 말을 들을 때마다 이렇게 질문했다. '그래서? 그게 뭐 어쨌다고? 성폭행 당한 것이 내 책임은 아니지 않은가? 미혼모라고 해서 내가 능력이 부족한 게 아니지 않은가? 도대체 그런 것들이 내가 살아가는 데 무슨 장애가 된다는 것인가?'라고.

4. 이것이 어디에 쓸모가 있나?(유용성)

자기의 신념이 때로는 옳을 수도 있다. 원래부터 발표 능력이 부족할 수도 있다. 아무리 노력해도 한계는 있는 법이다. 그렇다고 지나간 일에 집착하여 고민하고 걱정해봤자 그게 무슨 소용이 있겠는가? 이때 '지금 이것을 생각하는 것이 나한테 도움이 되는가?' 하고 질문해 보라. 그래도 도움이 안 된다면 앞에서 언급한 '주의 돌리기' 기법을 사용해 보라. 또 다른 방법은 자신의 현재 상황을 바꾸기 위한 모든 방법을 찾아보는 것이다. 설령 자신의 신념이 맞더라도 '혹시 상황이 바뀔 수는 없는가?', '상황을 바꾸기 위해 내가 할 일은 무엇인가?' 하고 질문하라.

이렇게 부정적 신념에 반박을 하고나면 활기가 생길 것이다. 의기소침했거나 기분이 나빴더라도 반박을 하고 나면 기분이 좋아져서 자신감을 가지고 뭔가를 시작할 수 있다. 이제는 나쁜 일이 생길 때마다 자동적으로 생기는 잘못된 신념을 반박하는 습관을 가져야 한다. 걱정하는 사람들, 비관주의자들, 우울증에 빠진 사람들에게《질문의 7가지 힘》을 쓴 도로시 리즈는 다음과 같이 질문하라고 권했다. 마틴 셀리그먼이 주장하는 '자신에게 반박하기'와 비슷하다.

1. '내가 이런 걱정을 하는 것이 타당한가? 걱정할 만한 현실적인 이유가 있는가?'
2. '이것은 내가 걱정하든 안 하든 어차피 일어날 일이 아닌가?'
3. '걱정만 하는 대신 일어날 결과에 대비할 방법은 무엇인가?'

4. '과거에 너무 사로잡혀 있는 것은 아닌가? 현재의 문제를 마주하
   거나 즉각적인 행동을 취하기를 회피하고 있는 것은 아닌가?'
5. '이 문제는 많은 시간을 고민할 가치가 있는가? 집중해야 하는 더
   중요한 문제는 없는가?'
6. '이 문제를 전화위복으로 만들 방법이 있는가?'
7. '도움을 청할 사람이 있는가?'

앤서니 라빈스도 문제 해결을 위한 긍정적인 질문을 다음 다섯 가
지로 요약해 알려주었다.

1. '이 문제의 좋은 점은 무엇인가?
2. '아직 완전하지 않은 부분은 어느 곳인가?'
3. '이 일을 내가 원하는 방향으로 해결하기 위해서는 무엇을 할 수
   있을까?'
4. '이 일을 내가 원하는 방향으로 해결하기 위해서 무엇을 포기할
   까?'
5. '이 일을 내가 원하는 방향으로 해결하기 위해서 필요한 일을 하
   는 동안, 어떻게 하면 그 과정을 즐길 수 있을까?'

이렇게 긍정적으로 질문하면 긍정적인 답을 얻을 수 있다. 우리가
얻는 답은 우리가 하는 질문에 달려 있다. 성공한 사람은 어떠한 큰 장
애물을 만나더라도 긍정적인 질문을 많이 했다. 그리고 긍정적인 답

을 얻었다. 모든 것이 질문에 달려 있다. 지금 힘이 드는가? 그렇다면 이렇게 질문해 보라. '지금 이 순간 당신이 진정으로 행복해 하는 것은 무엇인가?', '당신이 진정으로 감사하다고 생각하는 것은 무엇인가?'라고. 시간을 갖고, 눈을 감고, 조용히 이 질문에 대한 답을 찾아보라. 다시 힘이 날 것이다. 의욕이, 자신감이 솟구쳐 오를 것이다.

학자들의 연구 결과는 우리에게 긍정적으로 살아야 하는 이유를 과학적인 데이터로 알려준다. 미국 예일대학교의 베카 레비 교수는 나이 드는 것을 긍정적으로 생각하는 사람들이 부정적으로 생각하는 사람들보다 평균 7.6년 더 산다고 주장했다. 미네소타 로체스터에 있는 메이오클리닉에 근무하는 심리학자들은 40년 동안 진료를 받아온 환자 839명을 대상으로 낙관주의가 인간의 수명에 어떤 영향을 미치는지 연구했다. 그리고 이 환자들 중 사망한 200명을 조사해더니 낙관주의자가 비관주의자보다 19% 더 오래 산 것으로 나타났다.

2019년에 실시한 미국 국립보건원과 보스턴대학교의 공동 연구 결과에서도 비슷한 결과가 나왔다. 여성 70,000명과 남성 1,400명을 대상으로 한 오랜 연구 끝에 낙관적인 사람들은 비관적인 사람들보다 평균 11%~15% 더 오래 살며, 85세 이상까지 장수할 확률이 약 50% 더 높은 것으로 나타났다. 연구팀은 낙관적인 성향이 스트레스 대처 능력을 높이고, 더 건강한 생활습관을 유도하기 때문이라고 설명했다.

영국에서는 유방암에 걸린 여성 69명을 추적해 조사한 결과, 재발을 경험하지 않은 여성들은 암과 싸워 이기려는 자세를 가진 경우가 많았다고 한다. 반면에 사망했거나 재발을 경험한 여성들은 처음 암

진단을 받았을 때 무기력하게 체념하는 반응을 보인 경우가 많았다고 한다.

전문가에 따르면, 뇌와 면역체계를 연결하는 것은 신경이 아니라 호르몬이라고 한다. 호르몬은 혈관을 타고 떠다니면서 정서적 상태를 몸 여기저기로 보내는 화학적 전달자다. 어떤 사람이 우울할 때면 뇌 상태에 변화가 생긴다는 것은 이미 알려진 사실이다. 미국 심리학회는 노인 약 100,000명을 대상으로 한 연구에서 낙관주의적인 사람들은 삶의 질이 높고, 건강을 유지하는 데 더 성공적이며, 특히 면역력이 높아질 가능성이 크다는 결과를 발표했다. 이는 긍정적인 태도가 면역 체계의 반응을 개선해 질병에 저항력을 높이기 때문으로 분석된다. 이러한 연구는 낙관주의가 단순히 기분에 그치지 않고, 스트레스 관리, 면역 기능 향상, 건강한 생활습관 유지에 영향을 미쳐 수명 연장과 관련이 있다는 것을 보여준다.

그러니 우리는 하늘이 무너지는 상황에 초점을 맞추지 말고, 솟아날 구멍에 초점을 맞춰야 한다. 질문이 이것을 가능하게 한다. 질문은 상황을 다른 각도에서 보도록 유도한다. 질문을 바꾸면 감정 상태를 바꿀 수 있고, 죽을 수밖에 없다고 생각하는 절망 속에서도 희망을 찾을 수 있다.

행복한 성공을 하고 싶은가? 그렇다면 질문을 하면 된다. 먼저 미래를 좌우하는 세 가지 질문을 하라. 그리고 답을 얻으라. 답이 쉽지 않을 수도 있다. 지나온 과거나 현 상황을 생각하면 절망적일 수도 있다. 그럴지라도 과거를 긍정적으로 바라보라. 과거에 당신이 고아였던,

전과자였던, 공부를 제대로 하지 않았던, 알코올 중독자였던, 노숙자였던, 노름꾼이었던 모두 지나간 일이다. 그것이 당신의 미래를 좌우할 수는 없다. 또한 현 상황을 지나치게 의식하지 말라. 현재가 어렵고 힘들다고 해서 당신의 미래도 그러리라는 법은 없다. 성공한 사람들은 과거나 현재에 구애받지 않고 움직였다.

이제 진정으로 당신이 원하는 미래상을 상상하고, 종이에 적어보라. 연필과 종이를 꺼내들고 눈을 감은 후 당신의 꿈을 상상하라. 과거는 잊고, 현 상황도 생각하지 마라. 그저 당신이 하고 싶은 그것, 당신이 되고 싶은 그것, 갖고 싶은 그것, 그것만 생각하라. 거기에 모든 생각을 집중하라. 종이 위에 열 가지든 백 가지든 생각나는 대로 적어보라. 순서도 필요없다. 그냥 생각나는 대로 적으면 된다.

그리고 큰소리로 읽어라. 용기가 생길 것이다. 희망이 보일 것이다. 이제 당신은 성공으로 가는 길목에 접어들었다. 계속 앞으로 나아가라. 길 중간중간에 작은 성공들이 나타날 것이다. 작은 성공은 더 큰 성공을 불러올 것이다. 길 끝에서 큰 성공이 기다리고 있다. 포기만 하지 않으면 된다. 당신은 계속 나아가기만 하면 된다.

3

타인을 바꾸는 질문

질문이 다른 사람 인생을 바꾼다

당신이 하는 질문이 다른 사람 인생을 송두리째 바꿀 수도 있다. 정말 대단한 일 아닌가? 또한 좌절에 빠진 사람이 당신의 질문을 받고 새로운 용기를 얻으면 얼마나 보람된 일이겠는가. 자신도 모르던 잠재력을 당신의 질문으로 깨닫고, 생각지도 못한 큰 성과를 이뤄낸다면 이것 또한 보람 있는 일 아니겠는가.

이런 일을 당신도 할 수 있다. 질문하면 된다. 당신이 준비하고 계획적인 질문을 하던, 그냥 무심코 질문을 하던 질문을 받는 사람은 답을 하기 위해 생각할 것이다. 상대방은 당신의 질문에 답을 하는 과정에서 새로운 사실을 깨닫기도 하고, 용기를 얻기도 하며, 자신이 가야 할 길을 발견하기도 한다.

질문은 다른 사람을 설득하는 데에도 쓰임새가 있다. 또한 불편하고 어색한 사람과 의사소통을 하기 위한 방법으로 활용할 수도 있다. 처음 보는 사람이라도 당신이 용기를 내어 질문한다면 친해질 수 있다. 좋은 질문은 다른 사람에게 생각을 전달하는 좋은 방법이다. 또한 질문은 갈등을 해결하는 좋은 기술이기도 하다.

기적을 만든 질문들

○●○

조선 개국의 일등 공신은 뭐니 뭐니 해도 삼봉 정도전(1342~1398)이다. 삼봉은 고려 충혜왕 3년(1342년)에 태어나 공민왕 11년에 과거에 합격했다. 열아홉 살 때다. 공민왕의 총애를 받으며 잘나가던 삼봉은 우왕 1년(1375년)에 귀양을 갔다. 서른네 살 때다. 친명파였던 삼봉이 원나라 사신을 접대하라는 어명을 거역했기 때문이다.

한창 세력을 뻗어가고 있는 명나라를 협공하기 위해 고려를 방문한 원나라 사신을 친명파였던 삼봉은 접대할 수 없었다. 삼봉은 "내가 사신의 목을 베든지 체포하여 명나라로 보내겠다"고 밝혀 친원파의 미움을 샀다. 유배 간 곳은 지금의 전남 나주 땅이었다. 귀양지에서 농부들과 농사를 지으며 함께 어울려 살 때 그는 한 농부에게서 이런 질문을 받았다.

"불의를 돌아보지 않고 한없이 욕심을 채우려다, 겉으로는 겸손한 체하다 헛된 이름을 훔치고, … 재상이 되어서 제 마음대로 고집을 세우고… 악행이 많아 죄에 걸린 것인가?"

삼봉은 부끄러워 고개를 들지 못했다. 그 당시 정치 현실을 비판하는 농부의 질문을 받고 삼봉은 나라와 백성을 위해 바른 정치를 하겠다는 뜻을 굳혔다. 무지렁이 농부의 질문으로 삼봉은 자신이 갈 길을 생각한 것이다. 그 후 9년간의 유배생활에서 풀려난 뒤에도 삼봉은 벼슬을 얻지 못했다. 삼봉은 우왕 9년(1383년) 함경도 함주에 있는 이성계를 찾아갔다. 당시 이성계는 왜구 토벌로 이름이 알려진데다 지역에서 큰 세력을 거느리고 있었다. 고려조는 지방 호족들이 사병을 양성하고 있었으므로 이성계가 거느린 사병의 규모는 대단했다. 정도전이 이성계에게 질문했다.

"이 정도의 군대라면 무슨 일인들 성공하지 못하겠습니까?"

'무슨 일'이 무엇인지는 이심전심이었을 것이다. 둘의 만남은 정도전의 혁명 이념과 이성계의 혁명 무력의 만남이자 결합이었다. 이듬해인 우왕 10년(1384년), 다시 벼슬길에 오른 정도전은 이성계의 후원으로 승승장구한다. 이성계는 정도전의 질문에 크게 고무됐고, 그로부터 9년 후(1392년) 정도전을 비롯한 신진 사대부들과 함께 조선을 창업하게 된다. 질문이 얼마나 역동적인 영향력이 있는지 역사로 알 수 있는 대목이다. 이와 같이 다른 사람을 향해 무심코 던진 질문이라도 영향력이 있다.

뇌성마비 장애인인 김경민 씨는 "한 번 해볼래?" 하는 피아노 교습소 원장 지성숙 씨 질문으로 피아노를 시작했다. 90년대 중반 지성숙 원장은 안산의 주택가에서 피아노 교습소를 하고 있었다. 그런데 지 원장이 쇼팽 곡을 연주할 때마다, 추리닝을 입은 아이가 자전거를 타고 문밖을 왔다갔다했다. 그 아이는 창문 밖에서 교습소를 들여다봤고, 교습소 안에 있는 거울에 비친 아이 모습이 지 원장의 눈에 자주 들어왔다.

어느 날 옆에서 구경하던 소년에게 지 원장이 "한 번 해볼래?" 하고 물었다. 질문일 수도 있고, 그냥 말 걸기일 수도 있는 이 간단한 질문이 김경민 씨 인생을 바꿔 놓았다. 이제는 당당히 독주회를 할 만큼 피아노를 잘 치지만, 그는 오그라든 손가락에 연필을 끼워 손가락을 폈고, 6개월 후에야 기적적으로 피아노를 칠 수 있었다. 하루 열 시간 넘게 연습하며 독주회를 준비했고, 전국을 다니며 연주회를 하는 꿈을 꾸었다. 불가능할 것 같은 이 기적을 일궈낸 데는 "한 번 해볼래?" 하는 지 원장의 질문이 있었기에 가능했다. 이처럼 우리가 누군가에 좋은 질문을 던지면, 질문은 좋은 결과로 답을 한다. 현재 김경민 씨는 세계 유일의 뇌성마비 피아니스트로서 활발히 활동하고 있다.

남궁정부는 구두장이다. 수제화가 인기를 끌던 1970~1980년대에는 웃돈을 받아가며 여기저기 스카우트되던 구두 장인이었다. 그러나 세월은 냉정했다. 1990년대 들어 수제화 시대가 가버렸고, 구두장이는 생계를 걱정할 정도로 곤궁해졌다. 1995년 11월 어느 날, 그는 서울 지하철 1호선을 타려고 기다리다 인파에 밀려 선로로 떨어졌다. 열차가 그를 덮쳤다. 굉음과 요란한 불빛을 던지며 달려오는 전철을 보며 그는 기절해 버렸다. 깨어나 보니 병원이었다. 요행히 죽지는 않았다고 생각하고 조금씩 눈을 올려보는데, 팔이 너덜너덜하게 찢겨져 어깨에 붙어 있었다. 평생 구두장이로 살았던 사내가 인생을 잃은 것이다.

그리고 입원 사흘째 되던 날 아침, '살아야겠다'는 말을 머릿속에서 수백 번 외친 후 그는 일어났다. 만류하는 가족들을 뿌리치고 면도기를 사서 왼손으로 수염을 깎았다. 그리고 담배를 뻑뻑 피워대며 병원을 쏘다녔다. 생의 의지를 다시 불태우며 '좌절하지 않겠다'고 다짐을 했다.

그러고 나서 "후유증이 있을 수 있으니 다시 수술해서 나머지 팔을 더 잘 잘라내자"는 의사 말에 곧이곧대로 몇 센티미터 남은 팔까지 잘라내고 퇴원했다. 열흘 만이었다. 삶의 계획은 전혀 없었다. 의수를 만들러 간 의료보조기상 사장이 선언했다.

"남은 팔이 너무 짧아서 물건을 잡을 수 있는 기능성 의수는 어렵겠습니다."

기가 막혔다. 수술을 왜 또 했나 했지만, 그다음 말이 그를 사로잡았다.

"성한 팔이 있으면 그 팔만 쓰려고 하니까 더 어려워요."

'옳거니 나는 왼팔이 있지 않은가. 오른팔이 없는 게 아니라 오른팔만 없는 거지.'

이런저런 얘기를 나누다가 구두장이였다는 말이 나왔고, 보조기상 사장이 툭 내뱉었다.

"장애인 신발 한 번 만들어보지 그래요?"

그의 인생 2장은 그렇게 질문으로 새롭게 막이 올랐다. 1장이 끝난 게 55세였고, 2장은 금방 시작됐다. 중간 휴식도 없는 숨가쁜 무대였다. 마음을 잡고 처음 시작한 것이 젓가락질과 글씨 연습이었다. 피나는 노력을 했다. 익숙해지면서 가죽 자르기를 다시 시작했다. 처남집 차고에 '세창정형제화연구소'라고 간판을 걸어놓고 손님을 기다렸지만, 손님은 없었다. 그는 하나뿐인 직원이 말리는데도 날카로운 재단용 칼을 들고 가죽을 자르다가 허벅지를 쑤셔 가게를 피바다로 만든 적도 있었다.

"참을 인자 세 번이면 왜 살인도 면할 수 있는지 그때 알았어요. 그만큼 그 고통을 참는 게 어려웠지."

이제는 쌈도 싸먹고, 가죽 재단용 칼도 무소불위로 휘두르게 된 외팔이 선생이 웃는다. 팔 없는 구두장이에게 단골 가죽상도 외상은 주지 않았다. 돈이 꾸역꾸역 들어갔다. 아내는 식당일을 하며 그 돈을 메웠다. 그러다 가게를 연 지 6개월이 지난 1996년 11월. 한쪽 다리가 8센티미터 짧은 사십 대 손님이 뒷굽을 높여 수선해 준 구두를 신고 찾아왔다.

"길이는 좋은데, 발이 자꾸 앞으로 미끄러져요."

팔 없는 장인이 만든 구두를 신어줘서 고맙고, 자꾸 미끄러지는 구두를 신어준 게 또 미안하고 고마웠다. 이후 그의 몸에 꼭 맞는 구두를 맞추느라 세월이 갔지만, 남궁정부는 "남에게 꼭 필요한 사람이 될 수 있다는 걸 알았다"고 한다. 이후 날 때부터 소아마비였던 소녀, 그래서 결혼식 때 꼭 제대로 걸어서 웨딩마치를 하는 게 소원이었던 여자에게 구두를 맞춰 주었다. 발이 기형적으로 커서 태어나 단 한 번도 신발을 신어본 적이 없는 사내에게 신발을 만들어주어 구두닦이에게 "구두 닦아달라"고 당당하게 발을 내밀게 해준 일도 있었다.

그러던 어느 날 가게가 문을 닫을 정도로 곤궁해졌을 때, 단골손님들이 찾아와 십시일반으로 모은 3천만 원짜리 통장을 내밀었다고 했다. "당신 없으면 우리가 걷지를 못하니, 당신은 꼭 돈을 벌어라" 하며 막무가내로 통장을 내밀었다고 한다.

그가 만든 모든 신발은 광대무변한 우주 속에 오직 한 켤레밖에 없는 신발들이었다. 손바닥에 한 켤레가 오롯이 들어가는 작은 신발도 있었고, 겉보기에는 신발 형태로 보이지 않는 자루 같은 신발도 있었다. 왼팔로 만든 우주에 단 하나뿐인 신발이 지금까지 자그마치 5만 켤레다.

이처럼 질문은 기적을 낳는다. 이성계는 정도전의 질문으로 개국의 꿈을 키우며 마침내 조선 500년의 역사를 열었고, 지성숙 원장의 질문으로 뇌성마비 소년 김경민은 새로운 미래에 도전할 수 있었다. 남궁 정부 씨는 한 팔을 잃고 방향을 잃었을 때, 의료보조기상의 그냥 툭 던진 질문에 인생의 2장을 시작할 수 있었다. 질문은 다른 사람에게 동기를 주기도 하고, 새로운 인생길을 열어주기도 하며, 능력을 최고로 발휘할 기회를 주기도 하고, 일의 성과를 높일 수 있도록 자극을 주기도 한다.

다른 사람을 바꾸려면 어떻게 질문해야 할까?

○ ● ○

질문은 위의 사례처럼 놀라운 결과를 가져온다. 그러나 모든 질문이 그런 것은 아니다. 어떤 질문은 상대방을 곤란하게 만들거나 기분 나쁘게 하기도 한다. 질문을 잘못하면 오히려 강한 반발에 부딪칠 수도 있다. 따라서 질문할 때는 요령이 있어야 한다. 신문하듯이 하는 질문, 꼬치꼬치 캐묻는 질문, 엉뚱한 질문, 대답하기 곤란한 질문 등은 좋지 않다.

이미 2,500여 년 전에 소크라테스는 다른 사람을 만나기 전에 질문을 준비하라고 했다. 어떻게 준비하라고 했을까? 상대방이 마음을 열고 대화하도록 질문을 준비하라고 했다. 그래야 자연스럽게 대화를 이어갈 수 있기 때문이다.

필자의 지인 중 고등학생 아들을 미국으로 유학 보낸 사람이 있다. 미국에서 아들 성적표가 오면 한동안 아들 자랑을 한다. 자랑할 만한 자식이 있을 때 하는 자랑은 자연스러운 일이다. 하지만 대놓고 아들만 자랑하는 것은 민망한 일이다. 이런 사람에게는 질문을 먼저 하면 좋다. 말꼬를 트는 질문, 마음을 여는 질문을 던지는 것이다. 이런 경우, 나는 "아드님, 공부 잘하죠?"라고 묻는다. 그러면 기다렸다는 듯이 자랑을 하는데, 들어보면 꽤 좋은 성적을 받아서 부러울 정도다. 이어서 "아드님은 장래에 무엇을 하고 싶답니까?"라고 질문하면 한참 또 자랑을 이어간다. 대화 도중 내가 하는 일은 질문하고 나서 "좋으시겠어요., "얼마나 좋으세요", "부러워요" 하며 맞장구치는 일이다.

이처럼 질문은 상대방이 자랑하도록 멍석을 갈아주는 것과 같다. 상대방에게 신뢰를 얻으려면 칭찬과 같이 마음을 여는 질문이 필요하다.

한여름 오후, 작은 시골 마을 카페에서 두 남자가 대화를 나누고 있었다. 한 남자는 사업가였고, 다른 한 남자는 오랜 친구이자 공학자였다. 카페 창문 너머로 햇살이 따스하게 들어오고, 둘은 오랜만의 만남에 반가워하며 잡담을 나누고 있었다.

"요즘 사업은 어때?" 하고 사업가가 물었다. 공학자가 고개를 저으며 "별로야"라며 "요새 컴퓨터 부품을 많이 만드는데, 아무도 디자인에 신경을 안 써. 그냥 기능만 넣으면 된다고 생각하는 거지. 그런데 사람들이 집에 들여놓고 싶어질 만큼 예쁜 컴퓨터가 어디 있어?"라고 답했다. 잠시 생각에 잠겼던 사업가가 "그럼, 왜 직접 한번 만들어보지? 사람들이 매일 보는 물건이라면 더 좋게 만들 수 있잖아. 디자인이나 사용 편의성 같은 걸 신경 써서 말이야"라며 공학자의 눈을 바라보았다.

그 말에 공학자가 고개를 저으며 말했다.

"세상에, 예쁜 컴퓨터라니. 사람들이 컴퓨터를 집에 둔다는 생각을 누가 해?"

그러자 사업가가 얼굴에 미소를 띠며 말했다.

"너도 방금 비슷한 말을 하지 했잖아? 집에 둬도 될 만큼 예쁜 컴퓨터가 없다며? 그게 바로 시작이 될 수 있지 않을까?"

둘 사이에 잠시 침묵이 흘렀다. 공학자는 사업가의 말을 곱씹으며 자신이 만든 컴퓨터 설계도를 떠올렸다. 사실 그는 컴퓨터의 기능을 더 강화하는 데만 집중했을 뿐, 사람들이 예쁜 컴퓨터를 좋아할지 어떨지 한 번도 생각해 본 적이 없었다.

"예쁜 컴퓨터가 정말 필요할까?"라고 공학자가 사업가에게 반신반의하며 되물었다. 그 말에 사업가가 "그걸 어떻게 알겠어? 직접 해보지 않으면 모르지. 세상에 없던 걸 만들어서 사람들에게 보여줘 봐. 네가 생각하는 가치를 담아서"라고 답했다.

이후 공학자는 사업가의 말이 계속 머릿속을 맴돌았다.

'사람들이 좋아할 만한 컴퓨터라….'

그는 그동안 컴퓨터가 얼마나 멋질 수 있는지 한 번도 깊이 고민해 본 적이 없었다. 하지만 사업가의 말이 그의 머릿속에 새로운 영감을 불어넣어 주었다.

몇 달 후, 그는 자신의 작은 차고에서 컴퓨터를 만들기 시작했다. 그리고 그 과정에서 기능뿐 아니라 디자인과 사용 편의성을 강조하기 시작했다. 그는 끊임없이 사업가 친구의 질문을 떠올리며 어떻게 하면 사람들이 '와, 이 컴퓨터 정말 예쁘네'라고 말할지 고민했다. 컴퓨터가 완성되었을 때, 그는 사업가 친구에게 자랑스럽게 말했다.

"이거 봐. 네 질문이 나를 이곳까지 끌고 왔어."

사업가 친구의 질문 하나로 그는 새로운 길을 걷기 시작했고, 결과적으로 그 컴퓨터는 세상에 큰 변화를 일으켰다.

위 사례의 주인공이 바로 우리가 잘 아는 애플의 전 CEO 스티브 잡스다. 스티브 잡스는 젊은 시절 애플의 공동 창립자인 스티브 워즈니악과 함께 처음으로 애플 컴퓨터를 설계했다. 당시 지인들은 잡스에게 "왜 컴퓨터는 이렇게 못생겼죠?"라고 질문했고, 그는 이 질문에 강하게 공감하여 디자인을 사용자 중심으로 개선하기로 결심했다. 이 질문을 계기로 미적 감각과 사용자 경험을 중요시한 디자인 철학은 잡스와 애플의 상징이 되었고, 결국 애플이 세계적인 회사로 성장하는 데 중요한 계기를 만들어 주었다.

이때 사업가 친구의 질문은 스티브 잡스가 생각을 바꾸는 데 크게 기여했다. 이처럼 질문으로 사람을 바꾸려면 질문의 방식이나 내용이 무엇보다 중요하다. 다른 사람에게 좋은 영향력을 끼치는 효과적인 질문을 하려면 다음과 같은 전략이 필요하다.

1. 가능성과 해결책을 탐색하는 질문을 하라

열린 질문은 닫힌 질문(예/아니오로 답할 수 있는 질문)보다 상대방에게 깊은 생각을 유도하여 답을 하도록 한다. 다음과 같은 질문은 부정적인 면이나 문제점보다는 가능성과 해결책을 탐색하도록 만든다. 당연히 창의적이고 다양한 아이디어를 이끌어낼 수 있다.

- "지금 직면하고 있는 가장 큰 도전은 무엇인가요? 도전을 어떻게 극복하려고 하나요?"
- "새로운 기술이 당신 삶에 어떻게 영향을 미쳤나요?"
- "미래의 목표는 무엇이며, 그 목표를 이루기 위해 어떤 계획을 세우고 있나요?"
- "이 프로젝트를 어떻게 개선할 수 있을까?"
- "이 상황에서 가장 중요한 것은 무엇인가?"

2. 성찰을 돕는 질문을 하라

개인의 동기와 열정을 높이기 위해서는 스스로 자기 성찰을 돕는 질문이 중요하다. 아래에서 예로 든 질문들은 상대방의 내적 동기를 강화한다. 아울러 자기 이해를 더욱 깊게 하고, 내면의 강점과 개선점을 발견하는 계기를 마련해 준다.

- "이 일을 시작한 동기가 무엇인가요?"
- "당신이 가장 잘할 수 있는 부분은 무엇인가요?"
- "가장 자랑스러운 순간은 언제였으며, 그 순간은 당신에게 어떤 의미가 있었을까요?"
- "가장 힘들었던 시기는 언제였으며, 그 경험에서 당신이 배운 것은 무엇인가요?"
- "당신이 반복적으로 하는 실수나 패턴이 있나요? 그렇다면 그 이유는 무엇일까요?"
- "현재 당신 삶에서 가장 감사한 것은 무엇이며, 그것을 어떻게 소중히 여기고 있나요?"
- "당신이 다른 사람들과 관계를 맺을 때 가장 중요하게 여기는 가치는 무엇이며, 이를 잘 실천하고 있나요?"

3. 명확하고 구체적인 질문을 하라

막연하거나 일반적인 질문보다는 명확하고 구체적인 질문이 더 효과가 있다. 예를 들어, "이번 주에 어떤 목표를 달성할 수 있을까?"는 "어떻게 더 잘할 수 있을까?"보다 구체적이기 때문에 더 명확한 답을 유도할 수가 있다. 다음은 그러한 질문의 몇 가지 사례이다. 이 질문들은 상대방이 자신의 경험과 생각을 구체적으로 답변하도록 도와준다.

- "지난주에 진행한 프로젝트에서 가장 어려웠던 부분은 무엇이었으며, 이를 어떻게 해결했나요?"

- "올해 설정한 목표를 달성하기 위해 구체적으로 어떤 단계를 밟았나요?"
- "최근 읽은 책 중 가장 인상 깊은 교훈이나 내용은 무엇인가요?"
- "지난 한 달 동안 당신이 참여한 업무 중 가장 성과가 좋은 것은 무엇이고, 그 이유는 무엇인가요?"
- "최근에 새로운 기술을 배운 경험이 있다면, 그 과정에서 어떤 자료나 도구가 가장 유용했나요?"

4. 미래 지향적인 질문을 하라

질문은 과거의 실수를 묻기보다는 미래의 발전을 모색하도록 해야 한다. "앞으로 어떻게 하면 더 좋은 결과를 얻을 수 있을까?"와 같은 질문은 미래의 행동을 계획하고 준비하는 데 도움을 준다. 아래의 다음과 같은 질문들이 미래 지향적인 질문이다. 이 질문들은 상대방이 과거의 실수를 분석하고, 교훈을 얻어 미래에 더 나은 결정을 내리도록 도와준다.

- "과거에 겪은 경험에서 어떤 중요한 교훈을 얻었나요?"
- "이전에 시도한 프로젝트나 목표가 장애물로 실패했다면, 이를 극복하기 위해 다음에는 어떤 전략을 사용할 건가요?"
- "이전의 실수에서 배운 것을 바탕으로, 앞으로 비슷한 상황이 발생한다면 어떻게 대처할 것인가요? 구체적인 행동 계획이 있다면 알려주세요."

- "다음번에는 어떤 새로운 접근법을 시도할 계획인가요?"
- "실수를 하며 배운 교훈 중 가장 가치 있다고 생각하는 것은 무엇입니까? 그 교훈을 미래의 어떤 목표를 달성하는 데 활용할 것인가요?"

5. 공감형 질문을 사용하라

질문은 설득의 도구도 될 수 있다. "이 방법이 당신에게 어떤 이익을 줄 수 있을까요?"나 "이 문제를 해결하기 위해 함께 고려해야 할 점은 무엇일까요?"라는 질문은 상대방을 설득하고, 공감을 이끌어내는 데 효과적이다. 상대방을 설득할 때 공감을 이끌어내기 위해서는 상대방 처지와 감정을 이해하고, 당신도 같은 관점에서 생각하고 있다는 느낌을 주는 질문이 좋다. 다음 질문을 보자.

- "이 주제를 처음 들었을 때, 어떤 생각이나 감정이 드셨나요? 왜 그렇게 느끼셨는지 공유해 주실 수 있을까요?"
- "이 상황에서 가장 우려되는 점은 무엇인가요? 그런 우려를 해결할 방법이 있다고 생각하시나요?"
- "만약 같은 처지에 있다면 어떤 선택을 하셨을 것 같나요? 그 이유는 무엇인가요?"
- "이 문제를 다루는 과정에서 당신이 중요하다고 생각하는 부분은 무엇인가요? 그 부분을 중점적으로 다뤄보는 것이 도움이 될까요?"
- "당신이 가장 공감했던 비슷한 상황이나 사례가 있습니까? 그것

이 어떤 점에서 비슷하고, 어떤 교훈을 주었나요?"

6. 도전적인 질문으로 사고를 확장하라

새로운 아이디어나 혁신을 촉진하려면 기존 틀에서 벗어난 질문이 필요하다. "만약 제한이 없다면, 어떤 방법을 시도해볼 수 있을까?", "이 문제를 전혀 다른 관점에서 본다면 어떤 해결책이 나올까?"와 같은 질문은 창의적인 사고를 자극한다. 다음 질문들은 고정된 사고를 깨고, 새로운 아이디어를 찾아내는 데 도움을 준다.

- "이 문제를 전혀 다른 관점에서 본다면 어떤 해결책이 나올까요?"
- "만약 전문가가 아닌 어린아이라면 이 문제를 어떻게 해결할까요?"
- "이 아이디어가 전혀 제한이 없는 상황에서 실행된다면 어떤 모습이 될까요? 그때 필요한 요소는 무엇일까요?"
- "현재 있는 해결책에서 가장 불편하거나 비효율적인 부분은 무엇인가요? 이를 완전히 제거한다면 어떤 새로운 가능성이 생길까요?"
- "만약 시간이 10년 전이나 10년 후라면, 이 문제를 해결하기 위한 접근 방식이 어떻게 달라질까요?"
- "우리의 경쟁자나 다른 업계에서는 이 문제를 어떻게 다룰 것 같나요? 그들이 사용하는 방식을 차용한다면 어떤 변화가 생길까요?"

이러한 질문들은 단순한 정보 수집의 도구가 아니라, 성과를 높이고 사람들을 동기부여하며 더 나은 방향으로 이끄는 강력한 도구가 된다. 유능한 리더들은 이렇게 질문하는 방식으로 조직원의 동기를 자극하고, 창의적인 생각을 이끌어 냈다. 우격다짐으로 강요하지 않고, 질문을 사용하여 공감하고 설득했으며, 스스로 성찰할 기회를 주었을 뿐만 아니라, 자신의 능력을 최고 수준에서 발휘하도록 도왔다.

질문한 후에는 경청하라

○●○

질문을 받은 상대방이 답변을 할 때는 귀를 기울여 경청해야 한다. 질문해 놓고 제대로 듣지 않으면 질문의 의미도 없어지거니와 상대방은 당신의 인격을 의심하게 된다. 그러나 경청은 생각처럼 쉽지 않다. 어떤 사람의 이야기는 듣고만 있어도 시간가는 줄 모를 때도 있지만, 어떤 사람 이야기는 지루해서 단 5분도 집중하기 힘든 경우도 있다.

경청을 하려면 먼저 듣는 자세가 중요하다. 먼저 마음을 열고 들어야 한다. 그냥 듣기만 하면 된다. 말 실수를 지적할 필요도 없다. 내 생각과 다르다고 비판할 필요도 없다. 조신영, 박현찬이 쓴《경청》은 경청의 기본 자세를 이렇게 표현해 놓았다.

"악기나 종은 그 속이 비어 있기 때문에 공명이 이루어져 좋은 소리가 난다. 사람도 상대의 말을 왜곡하지 않고 있는 그대로 받아들이기 위해서는 먼저 빈 마음이 필요하다. 텅 빈 마음이란 나의 편견과 고집을 잠시 접어 두라는 의미다."

경청을 이보다 더 잘 표현한 말이 있을까. 경청은 단순히 듣는 것을 넘어 상대방의 감정과 의도를 이해하는 적극적인 과정이다. 경청하기 위해 필요한 자세는 다음과 같다

열린 마음으로 공감하기: 상대방의 말을 들을 때는 자신의 판단이나 선입견을 잠시 내려놓자. 열린 마음으로 다가가면 상대방의 의견과 감정을 있는 그대로 받아들일 수 있다. 단순히 말의 내용만 듣는 것이 아니라, 상대방의 감정을 이해하려고 노력하며 의도와 맥락을 파악하자. 기쁨, 슬픔, 걱정을 공감해야 진정한 경청을 할 수 있다.

눈맞춤과 비언어적 신호: 상대방과 눈을 맞추는 것은 경청한다는 신호다. 고개를 끄덕이거나 얼굴 표정으로 관심을 보이는 것도 상대방에게 신뢰와 편안함을 준다. 몸짓과 자세도 마찬가지다. 몸을 상대방 쪽으로 기울이고 열린 자세를 유지함으로써 주의 깊게 듣고 있음을 보여줄 수 있다. 팔짱을 끼거나 몸을 뒤로 젖히는 방어적인 자세는 피해야 한다.

질문하기와 말 끊지 않기: 상대방의 말을 주의 깊게 듣고, 중요한 부분에서는 확인하거나 질문함으로써 관심을 표현할 수 있다. 예를 들어, "그 부분이 어떻게 느껴졌나요?"나 "그때 어떤 생각이 드셨나요?"와 같은 질문을 하면 더 깊은 대화를 나눌 수 있다. 상대방이 말을 마칠

때까지 끼어들지 않고 기다리자. 상대방에게 생각하고 대답할 여유를 줘야 한다. 질문을 하고 나서 상대방이 머뭇거린다고 바로 자신의 이야기를 시작한다면 질문은 하나 마나다. 끼어들지 않으면 상대방은 편안하게 자신의 이야기를 할 수 있다고 느끼게 된다. 비록 해결책을 아는 경우라도 마찬가지다. 질문을 받은 상대방이 스스로 답을 찾아 말할 때까지 기다려 주자.

반응을 보이되 의견이나 해결책 제시 미루기: 상대방의 이야기를 이해했다고 표현하는 "그랬군요", "정말 흥미로운 이야기네요"와 같은 맞장구는 대화를 부드럽게 이어지도록 한다. 말을 듣는 동안에는 문제를 바로 해결하려는 충동을 억제하고, 상대방의 생각과 감정에 집중하는 것이 좋다. 조언을 하기 전에 그들의 이야기를 충분히 들어주는 것이 먼저다.

대니얼 골먼은 《사회지능》에서 공감을 이끄는 세 가지 비결로 '상대방에게 주의를 기울이는 것', '서로에게 좋은 감정을 갖는 것', '말이 필요 없을 정도로 조화와 일체성을 만드는 것'을 꼽았다.

이 가운데 '상대방에게 주의를 기울이는 것'이 핵심 요소다. 두 사람이 서로 배려하고 양보할 때, 그들은 서로가 서로에게 관심을 기울인다는 느낌을 받는다. 쌍방향으로 이루어지는 이러한 주의력은 커다란 감정의 공유를 일으킨다.

그다음은 '서로에게 좋은 감정을 갖는 것'인데, 단순히 겉치레로 편하게 해주는 것과 진심 어린 신뢰감을 자아내는 것의 차이는 바로 여기서 드러난다. 서로에게 좋은 감정은 주로 목소리 톤과 얼굴 표정으로 나타난다. 긍정적인 느낌을 만들어 가는 과정에서는 비언어적인 것이 실제 말하는 내용보다 더 중요할 수 있다.

마지막은 '조화와 일체성'이다. 사람들은 주로 말의 빠르기와 적절성, 그리고 몸짓과 같은 비언적인 통로로 서로 조화를 이룬다. 공감 관계로 맺어진 사람들은 자신들의 감정을 자유롭게 표현하는 가운데 생기가 넘쳐난다. 부르고 화답하는 자연스러우면서도 즉각적인 상호작용은 마치 세심하게 안무된 춤동작과 같다. 시선을 마주치고, 의자를 당겨 서로 가까이 다가가고, 심지어 보통 대화할 때보다 얼굴도 서로에게 바싹 들이민다. 할 말이 없을 때도 그들은 편하다

공감이 없는 상태에서 던지는 질문은 질책이 될 수도 있고, 책임 추궁이 될 수도 있다. 묻고 답하는 과정이 껄끄럽고, 썰렁하다. 그런 질문은 절대 영향력을 가질 수가 없다.

질문은 최고의 설득 기술이다

상대방 스스로 깨닫게 하라

○●○

설득은 상대방의 마음을 내 마음과 똑같이 만들어, 내 생각대로 상대방을 움직이는 일이다. 그래서 사람들은 설득 기술에 관심이 많다. 정치인, 사업가, 교육자, 영업인, 자영업자뿐 아니라 많은 직종과 직책에서 설득 기술은 매우 유용한 수단이다.

우리는 종종 주변에서 "○○은 지긋지긋하게 말을 안 들어", "○○은 말귀를 못 알아먹는다"와 같은 푸념을 듣곤 한다. 이럴 때, '눈치 없음', '불성실', '무책임' 같은 태도는 인격의 문제라기보다는 의사소통에 문제가 있을 가능성이 크다. 의사소통이란 쌍방향이기 때문에 결국 말귀가 어두운 사람이나 말귀가 어둡다고 푸념하는 사람이나 모두 문제라고 할 수 있다.

거짓으로 속이고, 강제로 지시하는 방법은 사실 어느 한쪽에 일방적으로 이익일 때가 많다. 그러나 설득은 상생의 기술이다. 설득은 쌍방이 좋다고 동의해야 완성되기 때문이다. 설득력이 부족하면 설득하려는 사람이나 설득하려는 대상 모두에게 손해다.

사람들은 자신의 생각과 같은 정보나 의견은 쉽게 받아들이지만, 자기 생각과 다르면 잘 받아들이지 않는다. 심지어 강하게 반박하기도 한다. 그러므로 상대방의 생각이나 믿음이 잘못됐다고 직설적으로 말해서는 안 된다. 상대방 스스로 자기의 믿음을 깨고 나올 수 있도록 유도해야 한다. 이것이 바로 설득이다.

또한 상대방은 자신이 설득 당했다는 사실을 몰라야 한다. 대부분의 사람은 자기 스스로 결정하기를 원하지, 다른 사람 말을 듣고 결정하는 것은 원치 않기 때문이다. 이런 점에서 질문은 최고의 설득 기술이다. 질문을 활용하여 설득하는 방법은 상대방이 자존심을 다치지 않고 스스로 결정하도록 도와준다.

동기부여는 상대방이 스스로 움직이도록 하는 것이다. 질문은 다른 사람에게 동기를 부여하는 힘이 있다. 질문은 사람들에게 깊이 생각하고, 목표나 열정을 깨닫도록 한다. 회사에서 부하 직원에게 질문을 활용하여 동기를 부여하고 성과를 높인 대표적인 사례로 인텔의 전 CEO였던 앤디 그로브(Andy Grove)를 들 수 있다.

앤디 그로브는 인텔에서 OKR(Objectives and Key Results) 시스템을 도입하는 과정에서 직원들에게 동기를 부여하는 효과적인 질문을 했다. OKR은 목표 설정과 성과 관리를 위한 도구로서 명확하고 측정 가능한 목표를 설정하고, 그 목표를 달성하기 위한 주요 결과를 추적하여 도전적인 목표를 달성하도록 유도하는 시스템이다. 그로브는 직원들에게 "현재 하는 일에서 정말 중요한 것이 무엇인가?", "이 목표를 달성하기 위해 구체적으로 무엇을 해야 하는가?"와 같은 질문을 자주 던졌다. 이러한 질문은 직원들이 스스로 우선순위를 재정비하고, 목표에 맞는 행동을 취하도록 동기를 부여했다.

질문을 계기로 직원들은 더 큰 목표를 설정하고, 이를 달성하기 위해 필요한 구체적인 행동 계획을 수립하게 되었다. 그 결과, 인텔은 시장에서 경쟁 우위를 확보하고 혁신을 주도하는 기업으로 성장할 수 있었다.

전 포드자동차 사장인 도널드 피터슨(Donald petersen)은 직원에게 "당신은 어떻게 생각하십니까?"라는 질문을 끈질기게 한 것으로 유명하다. 하루는 피터슨이 자동차 디자이너인 잭 텔낵(Jack Telnact)에게 "당신은 지금 디자인하고 있는 자동차가 만족스럽다고 생각하십니까?" 하고 질문했다. 그러자 잭 텔낵은 "사실은 그렇지 않습니다"라고 대답했다. 이때 피터슨은 매우 중요한 질문을 던졌다.

"그러면 경영진이 원하는 것을 완전히 무시하고, 당신이 개인적으로 갖고 싶은 차를 하나 설계해 보는 것은 어떻습니까?"

잭 텔낵은 그 말을 받아들여 1983년에 포드 선더버드를 만들었다. 선더보드는 포드 자동차의 수익을 대폭 올리는 계기가 되었고, 후속작인 토러스와 세이블의 롤 모델이 되었다. 피터슨의 질문이 잭 텔낵에게 잠재능력을 발휘하여 최고의 디자인을 할 수 있도록 동기를 부여한 것이다.

앤디 그로브와 도널드 피터슨 사례는 리더가 지시하는 대신 질문을 하면 직원들이 스스로 목표를 설정하고 달성하도록 동기를 부여한다는 사실을 보여준다. 이처럼 질문은 직원들에게 책임감을 심어주고, 그들이 더 적극적으로 업무에 임하게 하여 궁극적으로 회사의 성과를 높이는 데 기여한다. 그렇다면 상대방에게 동기를 부여하는 질문으로는 어떤 것이 있을까?

- "가장 큰 목표는 무엇이며, 그것을 달성하면 어떤 기분일까요?"
- "어떤 일이 당신을 가장 열정적으로 만드나요? 그리고 그 열정은 어떻게 활용할 수 있을까요?"
- "현재의 선택이 5년 후 당신에게 어떤 영향을 미칠까요?"
- "어떤 장애물이 당신을 멈추게 하고, 이를 극복하기 위해 무엇을 할 수 있을까요?"
- "당신에게 가장 중요한 가치는 무엇이며, 그것을 위해 어떤 일을 할 준비가 되었나요?"
- "만약 실패하지 않는다면 무엇을 시도해보고 싶나요?"
- 어린 시절의 당신은 현재의 자신에게 어떤 조언을 해주고 싶나요?
- "이 일을 완수하면 어떤 긍정적인 변화가 올까요?"

이런 질문은 상대방으로 하여금 자신의 목표를 명확하게 인식하고, 그것을 이루었을 때의 성취감을 상상하도록 한다. 결국 내면에 있는 동기를 자극하여 자신이 원하는 방향으로 나아가도록 돕는다.

질문이 설득과 동기부여의 도구라 해도 질문 이전에 챙겨야 할 것이 있다. 바로 신뢰다. 아무리 좋은 조건, 아무리 탁월한 질문 기술을 발휘해도 상대방에게 신뢰를 얻지 못하면 마음을 움직일 수 없다. 신뢰를 얻는 수많은 방법이 그동안 지혜로운 사람들로부터 전승되어 왔다. 이것을 정리하면 크게 네 가지다. 질문이 '신뢰 얻기'에도 얼마나 쓰임새가 있는지 알아보자.

설득의 전제 조건, 신뢰를 얻어라

○●○

신뢰는 인간관계를 지탱하는 가장 중요한 기반이다. 업무, 가정, 사회생활 어디서든 신뢰는 갈등을 줄이고, 협력을 가능하게 하며, 서로를 이해하고, 존중할 수 있게 만든다. 그러나 신뢰는 저절로 생기는 것이 아니다. 의도적으로 노력해야 쌓아갈 수 있으며, 그 과정에서 우리의 태도와 행동은 결정적인 역할을 한다.

그렇다면 사람들에게 진정한 신뢰를 얻기 위해 우리는 무엇을 해야 할까? 신뢰를 얻는 네 가지 핵심 방법에서 이를 구체적으로 살펴보자.

다른 사람에게 신뢰를 얻는 첫 번째 방법은 '칭찬'이다. 칭찬을 받는 사람은 칭찬하는 사람을 좋아하게 마련이다. 당신이 진심으로 칭찬하면, 칭찬을 받은 사람은 마음이 열리고, 마음이 열리면 믿음이 생기고, 당신이 하는 모든 말을 믿지 않을 수 없다.

당신이 직원들의 사기를 높이고 생산성을 개선해야 할 책임이 있는 관리자라면 어떻게 하겠는가? 지시, 경고, 상벌의 수단만으로는 문제를 해결하거나 큰 성과를 거둘 수 없다. 일종의 '엉덩이 걷어차기' 방법으로는 분명히 한계가 있다.

이럴 때 직원들의 작은 성과를 발견하고, 이를 진심으로 칭찬하면 좋다. 예를 들어 한 직원이 작업 속도를 조금만 올려도 "오늘은 평소보다 더 빠르게 처리하셨네요. 덕분에 팀 전체가 여유가 생겼어요!"라고 칭찬하면 더 열심히 일하게 된다. 칭찬은 단순한 말 이상으로 작용해 직원들이 스스로 인정받는다고 느끼게 한다.

아무리 둘러봐도 칭찬거리가 없는 사람이 있을 수 있다. 그러나 이 세상 모든 현상에는 양면성이 있다. 단점이 있으면 장점이 있게 마련이다. 관점을 바꾸면 단점이 칭찬거리가 되기도 한다. 고집이 센 사람은 자기 주관이 뚜렷하다고 칭찬하면 된다. 키가 작은 사람은 아담하다고 칭찬하고, 뚱뚱하면 믿음직스럽다고 칭찬하면 된다. 촌스러우면 소탈하다고 하고, 지저분하면 털털한 사람이 성격이 좋다고 칭찬하면 된다.

중요한 것은 사물을 보는 태도다. 마음이 바뀌면 칭찬거리가 쌓인다. 칭찬이 쌓이면 신뢰도 함께 쌓인다. 칭찬할 때 질문법을 사용하면 효과를 높일 수 있다. 질문은 내가 직접 칭찬하는 것보다 상대방이 스스로 자랑하게 하는 기법이다. 사람이라면 누구나 자랑하고 싶어 한다. 상대방이 자랑하게 하는 데 질문은 좋은 방법이다. 가령, "이번에 아드님이 좋은 성적으로 대학에 갔다면서요. 어떻게 공부했어요?"라는 질문은 상대방을 칭찬하고 축하하면서 상대방에게 자랑할 기회를 선물한다.

집이나 사무실을 방문했을 때 상장이나 감사패들이 진열되어 있는 경우가 있다. 이때 이렇게 질문해 보라. "아이가 공부를 잘하나 봐요. 혹시 아이를 가르치는 특별한 방법이 있나요?", "사장님께서는 훌륭한 일을 많이 하시나 봐요. 무슨 일하시는지 여쭤 봐도 될까요?"라고 말이다. 이런 방식으로 칭찬을 하며 자연스레 긍정적인 관심을 표현하면 상대방은 더 진정성을 느끼게 된다. 다음은 칭찬할 때 유용한 질문들이다. 이런 질문들은 상대방의 성과나 장점을 알고 있다는 사실을 자연스럽게 보여주어 상대방에게 자부심을 느끼도록 만든다.

- "어떻게 이렇게 멋진 아이디어를 생각해 내셨어요?"
- "정말 잘해 내셨네요! 특별히 준비하신 게 있으신가요?"
- "이 부분이 특히 인상 깊었어요. 비결이 있을까요?"
- "이런 결과를 내기까지 얼마나 노력하셨나요?"
- "어떻게 이렇게 꾸준히 좋은 결과를 내시는 거죠?"
- "이 부분에서 특히 빛나셨던 것 같아요. 어떻게 하신 건지 듣고 싶어요."

신뢰를 얻는 두 번째 방법은 '험담하지 않기'다. 인간에게 있는 나쁜 습성 중 하나가 험담하는 것이다. 칭찬보다 험담에 더 큰 재미를 느끼는 사람도 있다. 이들은 종종 스트레스 해소용으로 험담을 즐기기도 한다. 재미있는 점은 험담도 중독된다는 사실이다. 입만 떼면 남을 험담하는 사람은 이미 중독된 것이나 다름없다.

　험담을 하면 속은 조금 시원할지 모르지만, 신뢰를 얻을 수는 없다. 함께 험담을 즐기는 사람조차도 '혹시 저 사람이 다른 데서는 내 욕을 하지 않을까?' 하고 의심하여 서로 경계하는 사이가 된다. 이런 관계는 신뢰가 없다. 혹시 다른 사람이 당신 앞에서 험담을 시작하거든 질문으로 화제를 돌리기 바란다. 칭찬거리로 화제를 바꾼다면 더욱 좋다. 특히 험담하는 사람의 칭찬거리를 질문하라. 그러면 자기 자랑을 시작한다. 당신은 그것을 그냥 들어주기만 하면 된다.

　필자 주변에 다른 사람 험담하기를 아주 좋아하는 사람이 있다. 그것 때문에 동네 사람들한테 인심을 잃고 외톨이처럼 사는데도 그 버릇을 고치지 못한다. 한 번은 우연한 기회에 서로 대화할 기회가 생겼는데, 시간이 조금 지나자 다른 사람 흉을 보기 시작했다. 흉이라는 게 어떻게 보면 별것 아니지만, 당하는 사람 입장에서 보면 아주 기분이 나쁘다. 그래서 흉을 보는 중간에 말을 끊고 "어떻게 그렇게 많은 재산을 모으실 수 있었어요?" 하고 질문했다. 그러자 다른 사람 흉보는 것을 접고, 자기가 젊었을 때 어떻게 일을 했으며, 어떤 고생을 했는지 자랑을 하기 시작했다.

　이제 다른 사람이 당신 앞에서 험담을 시작하면 "맞아 나도 그렇게 생각해!"와 같이 맞장구를 치지 말고, 자리를 피하라. 그리고 혹여 피하지 못할 상황이라면 이를 긍정적으로 전환할 수 있는 다음과 같은 질문으로 화제를 바꿔라.

- "어떻게 그렇게 멋진 경력을 쌓으셨나요?"
- "가장 힘들었던 일을 어떻게 극복하셨는지 듣고 싶어요."
- "요즘 특별히 재미있게 하시는 일이나 취미가 있으세요?"
- "제가 궁금한 게 있는데, 성공 비결이 뭐라고 생각하세요?"
- "요즘은 어떤 좋은 일들이 있으신가요? 이야기를 듣고 싶네요."

신뢰를 얻는 세 번째 방법은 '배려'다. 배려는 상대방의 입장에서 생각하기다. 사람은 자기중심적이라 내 손가락의 상처를 가장 아프게 느낀다. 자신이 처한 상황이 가장 중요하다고 생각하기 때문에 다른 사람이 자신의 처지를 배려해 주면 그 사람을 신뢰하게 된다.

물론 때로는 배려를 이용하려는 사람도 있다. 배려에 따른 합당한 결과가 나오지 않으면 배신감을 느낄 때도 있다. 그래도 배려하라. 세상에는 배려할 때 고마워하는 사람이 더 많다. 그릇을 키워야 더 큰 미래를 담을 수 있다. 다음은 테레사 수녀는 다음과 같이 말했다.

"사람들은 비합리적이고, 비논리적이고, 자기중심적일 때가 많습니다. 그렇더라도 그들을 용서하십시오. 당신은 친절한데, 사람들은 당신이 이기적인 다른 동기를 가지고 있을지 모른다고 비난할 수 있습니다. 그렇더라도 친절을 베푸십시오. 당신은 거짓 친구들과 진실한 친구들을 이겨서 성공할지 모릅니다. 그렇더라도 성공하십시오. 당신은 정직하고 솔직한데, 사람들이 당신을 속일 수 있습니다. 그렇더라도 정직하고 솔직해 지십시오. 당신이 몇 년간 쌓아올린 것을 누군가 하룻밤에 무너뜨릴 수 있습니다. 그렇더라도 쌓아 올리십시오. 당신이 평온함과 행복을 찾는데 사람들이 시기할 수도 있습니다. 그렇더라도 행복해지십시오. 당신이 오늘 하는 선행을 사람들이 내일 잊어버릴 수 있습니다. 그렇더라도 선행을 베푸십시오. 세상에 당신이 갖고 있는 가장 좋은 것을 주십시오. 당신은 결국 그것이 당신과 그들 사이의 문제가 아니라 당신과 하느님 사이의 문제라는 사실을 알게 될 것입니다."

보통 사람이 이렇게 실천하기란 사실 쉽지 않다. 마찬가지로 충분히 배려를 받았을 때 그것을 배반하기도 쉽지 않다. 그러므로 배려로 상처받는 일이 그렇게 흔치는 않을 것이다. 데일 카네기는 "다른 사람을 움직일 수 있는 유일한 방법은 그들이 원하는 것에 관해 이야기하고 그것을 어떻게 하면 얻을 수 있는지 보여주는 것이다. 이것을 잊고서는 사람을 움직일 수 없다"라고 말했다. 성공의 비결은 다른 사람의 생각을 이해하고, 상대의 처지에서 사람을 바라볼 줄 아는 능력이라고 할 수 있다.

다른 사람을 배려하려면 질문을 해야 한다. 어떤 문제가 있는지, 어떤 상황에 처해 있는지 알아야 배려해 줄 수 있기 때문이다. 그러므로 다른 사람을 이해하기 위해 질문해야 한다. 먼저 조심스럽게 물어보라. 겸손하게 무엇을 도와주면 좋겠냐고 질문해 보라. 함께 문제를 해결해 보지 않겠느냐고 의견을 물어보라. 당신이 무엇을 하고 안 하고를 떠나 이런 질문은 상대에게 힘을 주고, 위로가 되고, 따뜻함을 느끼게 한다. 상대를 배려하고 진심 어린 관심을 표현하기 위해 적합한 질문으로는 다음과 같은 것이 있다. 이러한 질문으로 당신은 상대의 감정과 필요에 공감하며 조심스럽고 진정성 있게 관심을 표현할 수가 있다.

- "무슨 일이 있었는지 이야기해 줄 수 있을까요?"
- "제가 도와드릴 수 있는 게 있을까요?"
- "요즘 어떻게 지내세요? 요즘 많이 힘들었죠?"
- "지금 가장 필요한 게 무엇일까요?"
- "이 문제의 해결 방법을 함께 생각해볼까요?"
- "이 상황에서 어떤 점이 가장 어려우신가요?"

신뢰를 얻는 네 번째 방법은 성실성이다. 성실성을 나타내는 지표는 여러 가지다. 약속을 잘 지키는지, 거짓말하지 않는지, 친절한지, 예의 바른지, 맡은 일은 잘하는지 등으로 성실성은 가늠할 수가 있다.

칭찬을 잘하고 남을 잘 배려하지만 맡은 일을 엉망으로 처리한다면 성실하다고 평가받을 수 없다. "사람은 좋은데, 하는 일은 영 형편없네"라고 말할 것이다. 일처리를 잘하지만 교만하다면 "잘난 척만 한다"는 말을 들을 것이다. 성실하면 말 없이도 다른 사람을 설득할 수 있지만, 성실하지 않으면 많은 군더더기를 붙여도 설득하기가 힘들다.

마이크로소프트(Microsoft)의 CEO 사티아 나델라(Satya Nadella)는 성실성과 진정성을 바탕으로 회사를 재편하며 회사 안팎에서 깊은 신뢰를 얻은 인물이다. 나델라는 마이크로소프트의 CEO로 취임하면서 회사를 클라우드 중심으로 혁신하고, 포용성과 다양성을 회사의 주요 가치로 삼겠다는 목표를 세웠다. 그는 이 약속을 성실하게 지켰고, 마이크로소프트는 클라우드 서비스와 AI 기술 분야에서 급성장하며 시장에서 큰 성공을 거두었다.

나델라는 소통과 배려의 아이콘으로도 유명하다. 그는 "성공보다 타인을 배려하는 리더십이 중요하다"고 강조하며 직원들에게 친절과 협업의 가치를 실천하라고 강조했다. 회사 내에서 그는 겸손하고 성실한 리더로 인정받고, 수평적·개방적 리더십으로 직원들이 자발적으로 능력을 발휘하도록 환경을 조성했다. 나델라는 성실성 덕분에 회사와 업계, 그리고 고객들에게 신뢰를 얻었다. 특히 그가 추진한 회사의 문화적 전환과 '성장 마인드셋'의 도입은 조직 내에 자연스럽게 변화를 가져오는 계기가 되었다. 그의 말과 행동은 일관성이 있어 신뢰를 더했고, 이러한 신뢰는 마이크로소프트가 경쟁사들보다 높은 충성도를 얻는 데 큰 역할을 했다.

칭찬, 험담 안 하기, 배려, 성실성이 합쳐지면 신뢰도는 최고점까지 올라간다. 이런 사람의 말 한마디는 어느 누구의 말보다 설득력이 있다. 설득력은 기교로 상대를 속이거나 홀리는 것이 아니다. 신뢰 요소가 전혀 없는 사람은 한두 번 정도야 어떻게 상대를 속이겠지만, 지속적으로 속일 수는 없다.

소통의 마스터 키, 질문

가정과 사회에서 소통을 강조하는 이유

○●○

현대인들은 소통의 부재 시대를 살고 있다. 부부간에 말이 안 통한다고 하고, 부모와 자식, 시어머니와 며느리, 사장과 직원, 여당과 야당, 정치인과 국민 사이에 말이 통하지 않는다고 호소한다. 그런데 정작 소통의 부재는 얼굴을 맞대고 사는 사람들 사이에서 생긴다.

부부가 소통이 안 되면 가정폭력이나 이혼으로 이어질 수 있다. 부모가 자녀와 소통이 안 되면 아이는 가출을 생각할지도 모른다. 소통 부재로 벌어지는 가족 간 폭행이나 폭언 사건은 인터넷 검색만으로도 수많은 사건을 찾을 수 있다. 가족이 대화로 감정과 생각을 솔직하게 나누면 가족 구성원 간의 신뢰가 깊어진다. 신뢰는 안정감과 유대감을 형성하여 가족 관계의 질을 높이고, 행복한 가정을 만들어 준다. 따라서 소통은 가족의 행복을 위해 중요한 요소이다.

직장에서 리더는 부하직원과 의사소통이 안 되면 리더십을 발휘할 수 없다. 부하직원은 상사와 소통이 안 되면 다음 인사 때 회사를 그만두던지 아니면 다른 부서로 발령이 날지 모른다. 회사가 좋은 성과를 내려면 각자의 역할과 목표가 명확해야 하는데, 이를 위해 직원 간의 원활한 소통은 필수다. 소통이 안 되면 목표와 역할에 혼동이 생기고, 업무에 중복이나 누락이 발생할 수 있다. 또한 회사는 낮은 성과로 파산으로까지 이어질 수도 있다. 프로젝트 진행 중 어려움이나 장애물이 있을 때도 이를 공유하고 함께 해결 방안을 모색하면 빠르고 정확한 해결이 가능하다.

창의성 면에서도 소통은 중요하다. 각기 다른 배경과 관점을 가진 사람들이 모여 아이디어를 공유하고 발전시키면, 보다 혁신적이고 창의적인 해결책을 찾을 수 있다. 소통이 원활할 때 팀원들은 더 자유롭게 아이디어를 제안하고 협업할 수 있어 기업의 경쟁력을 높인다. 아울러 정기적이고 투명한 소통은 팀원 간에 신뢰를 형성하며, 신뢰가 깊어질수록 협업의 질도 향상된다. 신뢰를 바탕으로 팀원들은 서로를 지지하고, 공통의 목표를 향해 함께 노력하기 때문이다.

이런 효과를 간파한 구글은 직원들끼리 대화를 촉진하기 위해 노력하고 있다. 제프 콜빈이 《인간은 과소평가되었다》에서 소개한 구글의 노력을 자세히 살펴보자.

구글은 무엇보다 직원들의 뛰어난 지적 능력을 높이 사는 기업으로 유명하다. 구글은 한때 명문학교를 졸업한 대학 수학능력 시험(SAT)점수가 만점이거나 만점에 가까운 사람들만 뽑았다. 인력 채용 면접에서는 시애틀에 있는 모든 창문을 닦는다고 하면 비용을 얼마나 청구해야 하는지, 혹은 스쿨버스에 골프공이 몇 개나 들어갈지 같은 정답이 없는 질문을 던져서 지원자가 어떻게 생각하는지를 알아보았다.

그런데 이런 구글조차도 인간적인 상호작용 기술은 기업의 핵심가치다. 구글은 이제 명문대 출신이나 시험 성적이 놀라울 정도로 높은 사람들만 골라서 뽑지 않는다. 대신 "지원자들이 다양한 상황에서 팀으로 활동하면서 어떻게 다양한 능력을 키웠는지 묻는다"고 구글 회장 에릭 슈미트(Eric Emerson Schmidt)가 밝힌 바 있다. 또한 구글은 입사 지원자들의 '협력적인 본성'을 중요하게 여긴다.

물론 구글에 입사하려면 여전히 아주 똑똑해야 한다. 하지만 아무리 지적 능력이 뛰어나도 타인과의 소통에 능숙하지 못하면 기회를 얻지 못한다. 그리고 지원자 중 1퍼센트만이 통과할 수 있는 바늘 구멍을 통과해서 구글에 들어갔더라도 점심을 먹기 위해 식당 앞에서 기다리는 줄이나 고등학교의 카페테리아처럼 생긴 긴 테이블 등의 전략으로 회사가 늘 신경을 쓰기 때문에 다른 직원들과 반드시 상호작용해야 한다. 그럼 구글이 왜 이러는 것일까? 우리는 이미 답을 알고 있다. 직원들 간의 원활한 상호작용이 창의성으로 연결되기 때문이다.

픽사 디즈니애니메이션의 에드 캣멀(Ed Catmul) 사장은 '모든 사람은 창의성을 발휘할 잠재력이 있으며, 이런 잠재력을 표출하도록 이끌어주는 게 경영자의 고귀한 임무'라고 확신한 사람이다. 그는 스티브 잡스와 함께 픽사를 설립한 후, 세계 최초로 장편 3D 컴퓨터 애니메이션 '토이 스토리'를 만들고, 이어서 '몬스터 주식회사', '월-E', '라푼젤', '겨울왕국' 같은 작품을 제작하여 큰 성공을 거둔 인물이다.

그는 수많은 사람이 참여하는 애니메이션 제작에 상호간 의사소통이 없으면 창의적 결과를 기대할 수 없다고 믿었다. 이를 뒷받침하는 것이 바로 '브레인 트러스트 시스템(Brain Trust System)'이다. 픽사 직원들이 평범한 작품에 안주하지 않고 탁월한 작품을 제작한 동력을 우리는 브레인 트러스트에서 찾을 수 있다. 브레인 트러스트 시스템에 관해서는 에드 캣멀 쓴《창의성을 지휘하라》에 잘 나타나 있다.

브레인 트러스트의 근간은 간단하다. 영리하고 열정적인 직원들을 한 방에 모은 후, 문제들을 파악하고 해결하라고 맡기고, 서로 솔직하게 의견을 얘기하도록 장려하는 것이다. 하지만 직원들의 솔직한 의견 개진을 가로막는 요소를 모두 파악해 제거하는 것은 불가능하다. 자신의 발언 때문에 바보나 나쁜 사람처럼 보일지도 모른다는 불안감, 남의 기분을 상하게 하거나, 남에게 위축되거나 보복 당할지 모른다는 공포들이 그들의 솔직한 발언을 가로막는다. 경영자가 솔직하게 얘기할 환경을 조성했다고 생각해도, 직원들이 발언 수위를 조절하는 이유는 여러 가지다. 경영자는 이런 이유들을 직시하고, 정면으로 대처해야 한다.

브레인 트러스트 회의에서는 때때로 과격한 표현이 오가지만, 어느 누구도 개인적인 감정의 골이 깊어지지는 않는다. 브레인 트러스트 회의에서 오가는 말은 모두 문제 해결을 위한 것임을 알기 때문이다. 구성원 간의 신뢰와 상호

존중 덕분에 브레인 트러스트는 뛰어난 문제 해결 능력을 발휘했다.

브레인 트러스트 회의 참석자들이 꼼꼼이 들여다보는 대상은 작품이지 감독이 아니다. 이는 대다수가 간과하지만 결정적으로 중요한 원리이다. 또한 아이디어 제공자는 아이디어 그 자체가 아니다. 아이디어 제공자가 아이디어를 자신과 동일시하면, 아이디어가 비판받을 때 자신이 공격받는 것 같은 기분이 든다. 건전한 피드백 시스템을 구축하려면 이런 등식에서 역학관계를 제거해야 한다. 다시 말해 문제를 지적할 때는 사람이 아니라 문제 자체에 초점을 맞춰야 한다. 궁극적으로 픽사는 브레인 트러스트 회의를 거쳐 수많은 히트 작품을 만들어 낼 수 있었다.

소통을 가로막는 것은 무엇인가?

○●○

소통은 구성원 사이에 친밀도를 높여 조직을 튼튼하게 한다. 소통이 원활한 가족은 행복하다. 회사와 직원 간 소통이 잘 되면 충성심이 올라가고 좋은 성과를 낸다. 그러므로 가정과 직장의 의사소통은 행복한 성공을 위하여 매우 중요하다. 그런데 우리 사회는 정작 소통이 안 된다고 한다. 왜 그럴까?

소통을 가로막는 첫 번째 이유는 마음대로 추측하기 때문이다. 왜 서로 다른 말을 할까? 자기를 내세우기 때문이다. 내 고집, 내 가치관

내 생각을 내세우다 보면 소통이 잘 되지 않는다. 내 머리와 마음을 비우고 상대방의 말에 귀를 기울일 때 소통은 자연스럽게 이루어진다.

한번은 강의를 할 때 한 젊은 여성이 내게 상담을 청한 적이 있다. 결혼 후 6년 정도 분가해서 살다가 얼마 전 시어머니와 함께 살게 됐다는 이 여성은 시어머니의 철저한 시간관념으로 답답해 죽을 지경이라고 했다. 예를 들어 "어미야! 10분 있다가 밥하도록 해라", "어미야! 10분 있으면 애들 올 시간이니 나가봐라" 하는 식이었다. 말씀 안 하셔도 알아서 할 텐데, 꼭 그렇게 말씀하셔서 죽겠다고 하소연했다. 일종의 노파심이라고 이해하면 좋을 텐데 이 여성은 시어머니가 주도권을 쥐고 집안의 모든 것을 통제하려 든다고 했다. 노파심인지 통제 욕구인지는 대화를 해보면 알 텐데, 대화가 없으니 오해와 갈등이 생긴 듯했다.

상대방의 정확한 의도를 모르고 "아마 이래서 그러는 걸 거야" 하고 상상하기 시작하면 좋은 의도보다는 자꾸 안 좋은 쪽으로만 생각하게 된다. 문제는 추측이 사실이라고 믿어버리는 데 있다.

나는 그 여성에게 시어머니와 대화 중에 이렇게 넌지시 질문을 던져보라고 했다.

"어머니. 제가 알아서 잘 할 텐데, 왜 10분 전이니 이것 해라 저것 해라 말씀하세요?"

일단 이렇게 질문으로 대화를 시도하는 것이 중요하다. 질문하여 시어머니 뜻을 알게 되면 머릿속에서 떠오르는 잡다한 생각들이 없어질 것이라고 말해줬다.

멕시코 남부지역에서 전승되어 내려오는 톨텍 인디언의 지혜에 '함부로 추측하지 마라'라는 말이 있다. 우리는 다른 사람의 행동이나 생각을 자신과 관련하여 추측한 뒤 그들을 비난하고, 말로써 그들에게 감정의 독을 퍼붓는다. 다른 사람의 생각을 함부로 넘겨짚으면 늘 말썽이 생기는 것은 바로 이 때문이다. 추측을 하면 오해를 낳고, 이를 항상 자신과 관련하여 받아들이게 된다. 그래서 결국 아무것도 아닌 일을 커다란 사건으로 확대하고 만다.

마음대로 추측하여 관계를 그르치지 않으려면 질문을 해야 한다. 질문을 하면 상대방이 왜 그런 말을 하는지, 왜 그런 행동을 하는지 알게 되고, 추측으로 인한 쓸데없는 오해를 없앨 수 있다. 앞에서 상담을 청한 그 여성은 그 후 시어머니에게 질문을 하고 났더니 오해가 사라지고, 시어머니를 이해하게 됐다고 필자에게 말했다. 정말 간단하지 않은가? 질문이 답이다.

추측으로 벌어지는 사고는 기업에서도 종종 일어나는 일이다.

한 회사의 마케팅 부서에서 신제품 론칭 캠페인을 준비하는 과정에서 있었던 일이다. 이 팀은 여러 프로젝트를 진행 중이었고, 일정이 촉박했기 때문에 모든 팀원이 바쁘게 각자 일을 맡아 처리하였다. 마케팅 매니저는 론칭 일정과 관련된 몇 가지 내용을 광고팀 담당자에게 전달했는데, 전달 방식에 모호한 부분이 있었다.

마케팅 매니저는 "론칭 전날까지 꼭 준비해 주세요"라고만 짧게 요청했는데, 광고팀 담당자는 이 말을 듣고 단순히 배너 디자인과 광고 문구 초안만 준비하면 되는 것으로 이해했다. 사실 매니저는 론칭 전날까지 광고 시연과 실제 제작물의 완료까지 준비가 되어야 한다고 생각했지만, 이를 명확히 설명하지 않은 상태였다.

며칠 후 매니저가 준비 사항을 확인하려고 했을 때, 광고팀 담당자는 "디자인과 문구 초안 준비는 거의 끝났다"라고 답했지만, 매니저는 그 말을 듣고 시연 준비까지 모두 완료한 상태라고 추측해 버렸다. 그러나 막상 론칭 전날이 되자 시연을 위한 준비가 전혀 되어 있지 않았고, 최종 제작물도 미완성이었다. 이로 인해 론칭 일정은 뒤로 밀리게 되었고, 회사는 손해를 입었을 뿐만 아니라 부서 간 갈등도 커졌다. 광고팀은 "매니저가 구체적으로 요구하지 않았다"라고 항변했고, 매니저는 "당연히 모든 준비가 된 줄 알았다"라고 억울해 했다. 만약 매니저가 광고팀에게 구체적으로 질문하고 확인하여 서로의 기대와 작업 범위를 명확히 알았더라면 어땠을까? 불필요한 오해가 생기지 않고 작업을 차질 없이 진행할 수 있었을 것이다.

자신의 생각을 상대도 잘 알 것이라고 마음대로 추측하고는 자신이 바라는 바를 상대에게 말하지 않는 경우가 종종 있다. 상대방이 자신을 아주 잘 아니까, 당연히 알아서 잘해줄 것이라고 기대하는 것이다. 그러나 막상 상대방이 자신이 원하는 대로 해주지 않으면, 즉 자신이 원하는 대로 행동하지 않으면, 마음의 상처를 입고 이렇게 생각한다.

'아니, 어떻게 사람이 이럴 수 있지? 당연히 알아서 해주어야 하는 거 아냐?'

다시 말하면 우리가 무엇을 원하는지 다른 사람이 안다고 추측하기 때문에 일이 생긴다. 이런 문제를 예방하려면 추측하지 말고 질문해야 한다. 질문은 완전하게 의사소통을 할 수 있는 유일한 방법이다. 상대방의 답변을 들으면 더는 추측하여 오해할 필요가 없어진다.

다음은 추측을 줄이고 오해를 없애기 위해 상대방에게 할 수 있는 질문들이다. 이 질문을 사용하면 상대방의 의도를 정확히 이해하고 대화할 수 있다.

- "이 상황에서 어떤 부분이 가장 중요하다고 생각하세요?"
- "이렇게 말씀하신 특별한 이유가 있으신가요?"
- "혹시 제가 잘 이해하고 있는지 확인하고 싶은데, 이 부분이 어떤 의미인지 설명해주실 수 있을까요?"
- "이 상황에서 제가 어떻게 하면 좋을까요?"
- "어떤 방식으로 도와드리면 좋을까요?"
- "이 일에서 가장 신경 쓰이는 부분은 무엇인가요?"
- "저는 이 부분을 이렇게 생각했는데, 어떻게 생각하시나요?"

소통을 가로막는 두 번째 이유는 선입견 때문이다. 홍창기(가명) 씨는 운전을 업으로 하는 모든 사람에게 안 좋은 선입견이 있었다. 그가 택시, 버스, 트럭처럼 운전을 하는 사람들에게 좋지 않은 선입견을 갖게 된 원인은 이들에게 불이익을 당한 경험이 있기 때문이었다.

그는 10여 년 전 운전을 하던 중에 택시와 접촉사고가 있었다. 분명히 택시가 잘못했는데도 택시 기사는 오히려 큰 목소리로 욕을 하며 자기는 잘못이 없다고 우기더란다. 그뿐 아니라 지나가던 택시들까지 모두 멈추어 서서 사고 현장으로 오더니 잘못한 택시 기사의 편을 들었다고 한다.

홍창기 씨처럼 특정 직업이나 인물을 안 좋게 보는 사람들이 종종 있다. 경찰을 안 좋게 보는 사람도 있고, 신문기자는 모두 사기꾼이라고 생각하는 사람도 있다. 이런 나쁜 선입견을 지니면 좋은 관계를 맺을 수가 없다. 의사소통에 장애가 되는 감정 상태로는 공포와 불안, 독선과 분노, 초조함, 혐오, 실망, 비난과 시기심, 협박, 거부 등이 있다. 우리는 과거의 경험으로 인해 특정한 누군가한테 이러한 감정 상태를 느낄 수 있다. 홍창기 씨처럼 택시기사와 안 좋은 경험이 있으면 혐오하는 감정이 생기고, 얼굴이 험상 궂은 사람에게 공포와 불안을 느낄 수 있다. 선입견으로 느끼는 감정이 소통을 가로막는 장애물이 되는 것이다.

다음과 같이 선입견이 의사소통을 방해하는 경우를 비즈니스 상황에서도 흔히 볼 수 있다.

한 회사에서 IT팀과 영업팀은 서로 협업이 필요했지만, 오래전 발생한 몇 가지 사건으로 인해 두 부서 간에는 부정적인 선입견이 생겨났다. 예전 한 프로젝트에서 IT 부서는 영업팀에게 충분한 지원을 해주지 못했는데, 영업팀은 이를 문제 해결 의지가 없는 태도로 받아들였다. 이후로 영업팀은 IT팀을 신뢰하지 않게 되었고, IT팀은 영업팀이 지나치게 요구만 많고 책임을 지지 않는다고 생각하게 되었다.

몇 년 후, 새로운 프로젝트에서 영업팀이 IT팀에 중요한 데이터 시스템 개발을 요청했지만, IT팀은 이 일이 실질적으로 얼마나 중요한지 묻거나 깊이 이해하려 하지 않았다. 그저 "또 영업팀이 무리한 요구를 하고 있구나"라는 선입견이 있었기 때문이다. 반면 영업팀은 IT팀이 제때 지원해 주지 않자 "역시나 또 도움받기 어렵다"는 부정적인 생각에 불만이 쌓여갔다.

결국 두 부서는 서로의 요구사항과 우선순위를 오해하게 되었고, 프로젝트는 지연되었다. 양쪽 모두가 "왜 저쪽 부서는 늘 이렇게 비협조적이지?"라며 불만을 표했고, 이를 계기로 서로의 선입견은 더 강화되었다.

이 상황에서 만약 두 부서가 선입견을 걷어내고 각자의 입장을 진지하게 들어보려 했다면 상황은 크게 달라졌을 것이다. 이런 경우에는 다음과 같은 질문이 선입견을 줄이고, 상대방의 처지를 이해하는 데 도움이 된다.

- "이 프로젝트에서 중요한 부분은 무엇인가요?"
- "이 작업이 필요한 이유가 무엇인지 설명해 주실 수 있을까요?"
- "저희 쪽에서 우려하는 것은 이런 부분들입니다. 이 문제를 어떻게 생각하는지 의견을 주시겠어요?"
- "이 프로젝트에서 성공적인 결과를 위해 각자 어떻게 협력할 수 있을지 함께 논의해 볼까요?"

이처럼 상호 간에 입장을 존중하고, 구체적인 질문을 활용하여 소통하려는 자세를 가진다면 선입견을 줄이고 효과적인 협업이 가능할 것이다.

소통을 가로막는 세 번째 이유는 나쁜 말버릇 때문이다. 나쁜 말버릇은 상대방과 쌓은 신뢰를 무너뜨리고 대화를 단절시키는 원인이 된다. 대표적인 나쁜 말버릇으로는 다음과 같은 것이 있다.

상대방 말을 중간에 자르는 습관: 상대방의 말이 끝나기도 전에 자신의 의견을 말하거나 끼어드는 행동은 상대방이 무시당했다고 느끼게 하며, 대화 흐름을 방해한다. 상대의 말을 끝까지 경청한 후 반응해야 좋은 대화를 이어갈 수 있다.

비난이나 평가하는 말투: "네가 틀렸어", "왜 그렇게밖에 생각 못 해?"와 같이 비난이나 평가하는 말투는 상대방을 방어적으로 만들거나 대화를 피하게 만든다. "그것도 못해", "그것도 몰라", "그것도 없어"와 같은 말은 지식, 능력, 보유라는 세 가지 척도에서 상대방을 의심하고, 상대방의 정체성이나 자기 확신을 흔드는 위험한 말이다.

지나친 훈수와 충고: 원하지 않는 충고나 가르치려 드는 태도는 상대방을 불편하게 만든다. "이래야 했지", "내가 너라면…" 같은 말은 상대를 존중하지 않는 인상을 준다. 먼저 공감하고, 조심스럽게 충고나 조언이 필요한지 물어보면 좋은 관계를 이어갈 수 있다.

습관적으로 부정적인 언어 사용 : 불평을 하거나 비관적인 말을 하는 습관은 대화 분위기를 나쁘게 만든다. "어차피 안 될 거야", "이건 무의미해", "해보나 마나야" 같은 표현이 대표적이다. 문제를 지적하더라도 해결책을 함께 고민하는 태도를 갖는 게 중요하다.

반복적인 자기중심적 대화 : 상대방의 이야기에 관심을 두지 않고 자기 얘기만 하는 경우다. 그러면 상대방은 소외감을 느끼고, 대화는 일방적으로 흘러가게 된다. 상대의 이야기에 질문을 던지며 대화를 이끌어 가면 이런 대화 습관에서 벗어날 수 있다.

비꼬거나 조롱하는 말투 : 상대방의 의견을 조롱하거나 비꼬는 태도는 갈등을 유발한다. "그걸 몰라서 물어?"와 같은 말은 상대방의 자존심을 상하게 할 수 있다. 모처럼 마음을 잡고 집안 청소를 하는데 "웬일로 이런 걸 다", "네가 웬일이냐? 이런 걸 다하고"와 같이 비아냥대면 어떻게 될까? 상대방은 기분이 상해 열심히 하려는 마음이 싹 날아갈 것이다.

무반응 또는 무관심한 태도 : 말에 제대로 반응하지 않거나 관심이 없는 듯한 태도는 대화를 단절시킨다. 고개를 끄덕이지 않거나 눈을 피하는 등의 행동도 마찬가지다.

이외에도 "내가 그럴 줄 알았어", "도대체 왜 그랬어?", "너 바보 아니니?", "너 그것밖에 안 돼?", "어휴…" 하고 한숨을 쉬는 것 같은 말투나 태도도 소통을 가로막는 나쁜 말버릇이다. 이러한 말버릇을 깨닫고 고치면 건강하고 원활한 소통이 가능하다. 상대방을 이해하고 존중하는 태도야 말로 원활한 소통의 핵심이다.

소통의 기본 원칙

○●○

먼저 다음 사례를 보고 이야기를 끌어가 보자.

김준호 씨(가명)는 회사에 입사한 지 3개월 차였다. 그는 업무에는 어느 정도 적응했지만, 동료들과의 관계는 여전히 어색했다. 특히 담당 팀장인 정 팀장과는 제대로 대화 한 번 나눠본 적이 없었다. 준호 씨는 정 팀장이 업무 지시를 내릴 때마다 긴장했고, 그가 무뚝뚝한 표정으로 지나칠 때마다 왠지 모르게 주눅이 들었다. '팀장님이랑은 대체 어떻게 대화를 시작해야 할까?'라고 준호는 혼잣말로 중얼거리는 것이 전부였다.

그러다 우연히 회사 게시판에 붙은 공지 하나를 보았다. '직원 산악회 회원 모집'이라는 제목이었다. 준호 씨는 정 팀장이 점심시간에 등산 관련 앱을 보며 누군가와 이야기를 나누던 모습이 떠올랐다. 주저 끝에 산악회 회원 모집에 참여 신청을 했다.

첫 모임 당일, 회사 동료들과 함께 산으로 향하는 버스 안에서 그는 정 팀장과 나란히 앉게 되었다. 어색한 침묵이 흐르는 가운데, 준호 씨가 용기를 내서 말을 걸었다.

"팀장님, 등산 자주 다니세요?"

정 팀장은 살짝 놀란 듯했지만, 곧 미소를 지으며 답했다.

"네, 어릴 때부터 좋아했어요. 자연 속을 걸으면 머리가 맑아지거든요. 준호 씨도 등산 좋아해요?"

"저는 사실 오늘이 처음이에요."

준호 씨는 머쓱한 표정으로 답한 후 웃으며 덧붙였다.

"팀장님이 좋아하신다고 해서 관심이 생겨서요."

그 한마디에 정 팀장은 크게 웃으며 말했다.

"그렇다면 오늘 제대로 안내해 드려야겠네요. 초보자라니 쉬운 코스를 골라보죠!"

산을 오르며 준호 씨는 정 팀장이 하는 이야기에 귀를 기울였다. 정 팀장은 산에 도전했던 경험들을 풀어 놓았다. 준호 씨는 고개를 끄덕이며 물었다.

"정말 대단하네요. 그때 기분이 어떠셨어요?"

정 팀장은 대화를 이어가며 자신이 느꼈던 성취감과 자연의 아름다움을 설명했다. 준호 씨는 정 팀장의 손짓과 고갯짓을 자연스럽게 따라하며 적극적으로 공감을 표했다.

"팀장님 말씀 듣고 나니까, 저도 앞으로 등산을 자주 다녀보고 싶어졌어요. 오늘 첫 등산인데 벌써 마음이 편안해지는 것 같아요."

준호 씨의 진심 어린 반응에 정 팀장은 흐뭇한 표정을 지었다.

모임 후 준호 씨와 정 팀장은 회사에서 더 자주 대화를 나누게 되었다. 준호 씨는 등산과 관련된 새로운 질문을 하며 대화를 이어갔고, 정 팀장은 그때마다 자신만의 등산 팁을 알려주었다.

하루는 정 팀장이 준호 씨에게 다가와 말했다.

"준호 씨, 요즘 부쩍 많이 성장한 것 같아요. 등산처럼 꾸준히 노력하고 있다는 게 느껴져요. 다음 프로젝트는 준호 씨에게 맡기고 싶은데, 어떻게 생각해요?"

준호 씨는 깜짝 놀랐지만, 자신감을 얻은 표정으로 고개를 끄덕였다.

"감사합니다, 팀장님. 믿어주신 만큼 열심히 해보겠습니다."

이후 준호 씨와 정 팀장은 시간이 지날수록 더 가까워졌다. 단순히 상사와 부하 직원의 관계를 넘어, 서로를 이해하고 배려하는 동료가 되었다. 준호 씨는 정 팀장과 함께 등산을 하며 소통의 첫걸음을 내디뎠고, 진심 어린 대화와 공감으로 관계를 돈독하게 만들 수 있었다.

당신은 상대방과 대화를 나눌 때 어색하거나 불편하다고 느낀 적이 있는가? 혹은 가까운 사이인데도 서로의 마음을 이해하지 못해 답답함을 느낀 경험이 있는가? 소통은 인간관계의 기본이며, 개인의 행복과 사회적 성공을 좌우하는 중요한 요소다. 그러나 많은 사람들이 준호 씨처럼 효과적으로 소통하는 방법을 알아차리지 못해 갈등이 생기거나 관계가 소원해진다.

여기서 소통의 중요성을 바탕으로, 사람들과 더 잘 소통하기 위해 필요한 기본 원칙을 소개하려고 한다. 특히 공통점을 찾는 법, 상대방에게 진심으로 관심을 보이는 태도, 그리고 자신감을 갖고 대화에 임하는 방법을 구체적으로 알아보자. 이러한 원칙을 실천하면 관계의 질을 높이고, 서로를 더 깊이 이해하며, 풍요로운 인간관계를 만들어 갈 수 있다.

소통을 잘하는 첫 번째 원칙은 나와 상대방 사이에 공통점을 알아 내는 것이다. 남자들은 군대 이야기를 많이 한다. 이는 대한민국 남자 라면 거의 군 복무를 해서 누굴 만나더라도 공통점이 되기 때문이다. 공통점을 찾아내면 그만큼 대화의 물꼬를 트기가 쉽고, 친밀감은 커 진다.

그러면 공통점은 어떻게 알아낼 수 있을까? 간단하다. 질문하면 된 다. 말투를 들어보고 출신 지역이 비슷할 것 같으면 고향이 어디냐고 물어보자. 이것은 공통점을 찾는 아주 자연스러운 과정이다. 그렇다고 해서 아무거나 다 질문한다면 실례가 될 수도 있다. 예를 들어 "결혼하 셨어요?"라는 질문의 경우, 아직 미혼인 사람이라면 '어! 내가 결혼한 사람처럼 나이 들어 보이나?'라는 생각에 기분이 상할 수도 있다.

이런 질문만 피한다면 질문은 공통점을 알아내는 가장 좋은 방법이 다. 처음 만나는 사람이든 자주 만나는 사람이든 질문은 유용하다. 다 음은 공통점을 알아내는 기본적인 질문들이다.

- "고향이 어디세요?"
- "혹시 이곳은 자주 오세요?"
- "취미가 어떻게 되세요?"
- "어떤 일 하세요?"
- "요즘 즐겨보는 영화나 책 있으세요?"

- "주말에는 주로 뭐하고 지내세요?"
- "음식은 어떤 걸 좋아하세요?"
- "아이가 중학생인가 봐요? 어느 학원이 좋은가요? 저도 중학생 딸이 있어서 신경이 많이 쓰여요."
- "교회 다니세요? 저는 ○○교회 다니는데, 고객님은 어느 교회 다니세요?"

질문하면 상대방과 대화할 공통점이 늘어난다. 고향, 출신 학교, 현재 사는 지역, 결혼 여부, 아이 문제, 좋아하는 음식, 음악, 운동 등 서로 공통점을 알면 자연스럽게 대화를 이어갈 수가 있다.

공통점을 의식적으로 만드는 미러링(mirroring)이라는 방법도 있는데, 이것은 공감과 친밀감을 일으키는 좋은 대화 방법이다. 앞에서 언급한 '공감을 이끄는 세 가지 비결'인 '말이 필요 없을 정도로 조화와 일체성을 만드는 것'과 같은 의미다. 예를 들어 대화를 하며 상대방의 자세, 손짓 등을 따라하고, 시선을 마주치고, 말의 속도나 크기를 같이하는 것 등이 있다. 신경언어를 연구하는 사람들에 따르면, 이러한 '따라하기'는 무의적으로 상대방에게 호감을 주어 신뢰를 쌓고 원활한 소통에 도움을 준다고 한다. 미러링 방법에 대해 자세히 알아보자.

- 몸짓과 자세 따라하기: 상대방이 팔짱을 끼거나 고개를 기울이면 비슷하게 행동한다.
- 표정 모방: 상대방이 웃을 때 함께 웃거나 슬퍼 보일 때 진지한 표

정을 짓는다.

- 속도와 리듬 맞추기: 상대방의 말하는 속도나 목소리의 강약에 맞춰 비슷하게 조정한다.
- 상대방과 같은 단어와 표현 사용: 상대방이 특정 단어나 표현을 반복해서 사용하면 대화할 때 같은 표현을 사용한다.
- 질문과 답변의 패턴 맞추기: 상대방의 질문 스타일(예: 열려 있는 질문 or 닫힌 질문)을 모방하여 소통한다.
- 공감 표현: 상대방의 감정이나 의견을 되돌려주며 "그게 정말 힘들었겠네요"와 같이 공감을 표현한다.
- 감정 읽기와 반영: 상대방의 감정을 파악한 후 비슷한 감정을 반영한다. 예를 들어 상대방이 스트레스를 호소한다면 "그런 상황이면 정말 지칠 것 같아요"라고 맞장구친다.

대화를 할 때 미러링을 활용하면 상대방은 자신이 이해받고 있다고 느끼며 편안함을 느낀다. 특히 처음 만난 사람과 나누는 대화에서 신뢰감을 빨리 쌓는 데 유용하다. 주의할 점도 있다. 너무 과도한 미러링은 어색함을 초래할 수 있다. 자연스럽게 반응해야 하며, 상대방이 느낄 정도로 티를 내면 역효과가 나기도 한다. 단순히 흉내 내기만 하는 것이 아니라 상대방을 향한 진심 어린 관심이 바탕이 되어야 한다. 미러링은 의도적이면서도 자연스럽게 사용할 때 가장 효과가 크다.

소통하기를 원하는 사람이 있는데, 아직 뚜렷한 공통점이 없다면 공통점을 만들면 된다. 상대가 등산을 좋아하는 사람이라면 앞서 나온 김준호 씨처럼 함께 등산을 하는 것이다. 상대가 낚시를 좋아하는 사람이라면 함께 낚시를 하면 되고, 골프, 음악, 독서, 요리 등의 취미활동을 하는 사람이라면 같은 활동을 하는 것도 좋은 방법이다.

소통을 잘하는 두 번째 원칙은 상대방에게 진심으로 관심을 보이는 것이다. 소통을 원하는 사람은 전혀 모르는 사람이 아니다. 부부 사이, 부모와 자식 사이, 상사와 직원 사이, 동료 사이처럼 늘 얼굴을 맞대고 함께 생활하거나 일하는 사람이다. 자주 만나지 않는 사람이라면 소통이 안 된다고 무엇이 문제가 되겠는가. 그러나 가까이 있는 사람과 소통이 안 되면 우선 불편하고 어색하다. 상대방에게 진심 어린 관심을 보인다면 불편하고 어색한 관계가 풀리고 소통하는 관계로 발전할 것이다. 이때 질문은 관심을 보이는 좋은 방법이다.

그런데 질문을 잘해야 한다. 관심을 보이려고 한 질문이 괜한 오해를 살 수도 있기 때문이다. 명절 때 노총각, 노처녀들이 가장 듣고 싶지 않은 말이 "언제 결혼할 거니?"라고 한다. 관심을 나타내기 위한 말이지만 듣는 사람은 불편하고 부담스러운 말이다. 부부 싸움으로 눈가에 시퍼렇게 멍이 든 사람에게 "왜 그렇게 됐어?", "어제 밤에 싸웠어?"라고 물으면 대답하기도 곤란하고 짜증부터 날 것이다.

이런 사람의 경우, 묻지 않고 가만히 놔두면 스스로 이야기를 하는 경우가 많다. "도대체 왜 그랬어?"와 같은 질문도 마찬가지다. 심문하는 듯한 질문은 하지 않는 것이 낫다. 상대방에게 진심으로 관심을 표현하면서도 부담스럽지 않게 다가가고 싶다면 다음과 같이 질문해 보자.

- "요즘 신경 쓰는 일이 있으세요?"
- "최근에 특별히 기뻤던 일이나 성취한 일이 있나요?"
- "오늘 하루는 어떠셨어요?"
- "이번 주는 어떻게 지내셨어요?"
- "요즘 어떤 목표를 두고 계세요?"
- "스트레스를 풀 때는 주로 어떻게 하세요?"
- "혹시 요즘 배우고 있거나 도전 중인 것이 있나요?"
- "최근에 특별히 좋았던 경험이나 새로운 깨달음이 있나요?"

이러한 질문은 상대방이 마음을 열고 자신의 이야기를 편안하게 나누도록 도와준다. 진정성 있는 관심을 전달하는 데도 효과가 있다.

소통을 잘하는 세 번째 원칙은 자신감이다. 자신감은 처음 만나는 사람이나 자기보다 윗사람과 소통하려고 할 때 필요하다. 아이와 함께 버스나 기차를 탔는데, 같이 앉을 자리가 없고, 앞뒤로 한자리씩만 남아 있다면 그야말로 난처할 것이다. 그렇다고 먼 여행길에 어린아이를 낯선 사람 옆에 앉힐 수는 없지 않은가. 이럴 때는 양해를 구하는 질문을 하면 된다. "제가 애와 같이 가야 하는데, 죄송하지만 자리를 옮겨주실 수 있을까요?"와 같은 질문을 하면 간단히 해결된다. 그러기 위해서는 자신감이 필수다.

어떤 모임에서 처음 보는 사람에게 질문하려면 용기가 필요하다. 누가 먼저 나에게 질문해 주면 좋을 텐데, 아무도 해주지 않으면 어색하고 불편하다. 그럴 때는 먼저 질문하는 용기가 필요하다. "무슨 일을 하시나요?", "어떤 계기로 그런 일을 시작하셨나요?" 등은 처음 보는 사람에게 하기 적당한 질문이다. 다만 말하기 곤란한 질문은 피해야 한다. 예를 들어 "몇 살이신가요?", "결혼은 하셨나요?", "무슨 차를 타시나요?"와 같은 질문들 말이다.

자신감은 특히 잘 모르는 것을 질문할 때 필요하다. 대부분은 자기 관심 분야 이야기를 즐겁게 생각한다. 예를 들어 난에 대한 궁금증을 질문한다고 해서 난 전문가가 당신을 무식하다고 여기겠는가? 오히려 즐거운 마음으로 기꺼이 설명할 것이다.

결국 소통의 기본 원칙은 진실한 마음으로, 고집을 버리고, 마음을 활짝 열고서 상대방을 맞이하는 것이다. 내 마음을 굳게 걸어 잠그면 절대 소통할 수가 없다. 먼저 내 마음을 열어야 다른 사람의 마음도 열수 있다.

4

세상을 바꾸는 질문

질문이 창의력을 키운다

창의력이란 무엇인가?

○ ● ○

창의력을 생각하면 제일 먼저 떠오르는 사람이 토마스 에디슨 (Thomas Alva Edison, 1847~1931)이다. 에디슨은 기막힌 발명으로 창의력의 대명사가 되었다. 그런데 우리는 창의력에 대한 오해를 가지고 있다. 창의력을 마치 성경 창세기 말씀처럼 이 세상에 없는 특별한 것을 만들어 내는 초능력쯤으로 생각한다. 그렇다 보니 창의력을 머리 좋은 천재들이나 하는 '넘사벽'으로 취급한다.

물론 창의력은 새로운 물건을 만들어 내는 능력을 말한다. 에디슨은 전구를 만들었고, 스티브 잡스는 스마트폰을 만들었고, 스티븐슨은 증기 기관을 만들었다. 그들이 만든 것은 그때까지 세상에 존재하지 않던 새로운 물건이었다. 그런데 작곡가가 작곡을 하고, 소설가가 소설을 쓰고, 시인이 시를 쓰고, 화가가 그림을 그리고, 영화감독이 영화를 만드는 것도 창의력의 발현이다. 반면에 이미 존재하는 작품을 베끼면 '표절'이나 '모작'이라고 한다.

학자들이 새로운 학설을 발표하고, 기업가가 새로운 비즈니스 모델을 만들어 내는 것도 창의력의 소산이다. 기존의 지식과 기술을 새로운 방식으로 조합하여 혁신적인 아이디어를 도출하거나 문제를 해결하는 능력도 창의력이다. 기존의 틀을 벗어나 새로운 접근 방식을 시도하는 모든 능력을 창의력이라고 할 수 있다. 그런데 이런 것만이 창의력은 아니다. 원래 이 세상에 존재했으나 지금까지 아무도 보지 못한 현상을 새롭게 발견하는 능력도 창의력이다. 이런 창의력은 주로 관찰과 사색의 결과다.

독일의 기상학자 알프레드 베게너(Alfred Lothar Wegener)는 대륙이동설을 주장하였다. 베게너는 세계지도를 보면서 남아메리카 대륙의 동해안 선과 아프리카 대륙의 서해안 선이 매우 비슷하다는 사실을 발견했다. 지구에 거대한 초대륙이 존재하다가 약 2억 년 전에 분열하여 표류하다가 현재의 위치, 모양에 이르렀다는 학설을 발표한 것이다. 자세한 이야기는 뒤에서 소개할 것이다.

문학에서 관찰과 사색은 어떻게 창의력과 연결될까? 공광규 시인의 〈수종사 풍경〉을 먼저 감상해 보자.

양수강이 봄물을 산으로 퍼올려
온 산이 파랗게 출렁이네
강에서 올라온 물고기가

처마 끝에 매달려 참선을 시작했네

햇볕에 날아간 살과 뼈

눈과 비에 얇아진 몸

바람이 와서 마른 몸을 때릴 때

몸이 부서지는 맑은 소리

〈수종사 풍경〉. 공광규

　절에 가면 모든 사람이 풍경을 본다. 그렇다고 누구나 공광규 시인처럼 생각하지는 않는다. 공광규 시인은 '처마 끝에 매달린' 물고기를 보고 '참선'을 떠올렸다. 이 시상(詩想)이 창의적이다. 시상이 물꼬를 트자 '햇볕에 날아간 살과 뼈/눈과 비에 얇아진 몸/바람이 와서 마른 몸을 때릴 때/몸이 부서지는 맑은 소리' 같은 아름다운 시를 창작하였다. 공광규 시인은 관찰과 사색을 하며 풍경에 새로운 의미를 부여한 것이다.

　정리해 보면, 창의력이란 새로운 물건을 만들고, 새로운 예술 작품을 완성하고, 새로운 학설을 주장하고, 남들이 보지 못한 것을 발견하고, 남들은 생각하지 못한 새로운 의미를 부여하는 능력이다.

　그런데 풀어야할 오해가 하나 더 있다. 창의력이 천재들이나 발휘하는 초능력이라는 생각이다. 보통 위대한 업적을 남긴 사람들, 특히 예술이나 발명 같이 창조적 성과를 낸 사람들은 하늘에서 받은 특별한 능력이 있을 것이라고 생각한다. 그런데 가까이 다가가서 보면 초능력이 아니라는 사실을 알 수 있다.

다중지능 이론가 하워드 가드너(Howard Gardner)는 창의력을 다양한 지능의 하나로 간주했다. 창의력은 단일한 능력이 아니라 여러 형태의 지능과 결합하여 나타나는 복합적인 능력이라고 생각했다. 그는 발달 과정에서 교육과 경험으로 창의력을 계발할 수 있다고 믿었다. 에디슨은 "천재는 1%의 영감과 99%의 노력으로 만들어진다"고 말했다. 이 말은 곧 99%의 노력이 중요하다는 뜻이다.

인공지능 시대에 창의력은 보다 중요해졌다. 이제 우리는 미래에 생존하기 위해 무엇을 준비해야 하는지 고민해야 한다. 과거처럼 지식을 많이 암기한다고 해서 성공하는 시기는 끝났다. 열심히 암기하여 시험을 잘 보는 '암기왕'은 미래에는 설자리가 없다. 전 삼성전자 이기태 회장은 재임 시절 신문 인터뷰에서 다음과 같이 말했다.

"나는 단순히 '최선을 다한다'가 아니라 '남다른 문제의식'과 '미래에 대한 고민', 이 두 가지가 필요하다고 본다. 난 늘 '지금의 모습이 과연 최선일까?'라는 의문을 던지며 끊임없이 개선하려고 노력했다. 또 미래에 대해서도 자주 생각한다. 현장에서도 사무실에서도 그렇다. '앞으로 이 기술은 어떻게 발전될까?', '소비자들의 성향은 어떻게 달라질까?', '미래에 우리가 먹고 살 상품은 무엇일까?'를 생각했다. 내가 새로운 성과를 낼 수 있었다면, 바로 늘 그런 과정을 거치기 때문일 것이다."

이 부회장의 모든 관심은 오로지 사업이다. 남들은 새로운 일을 경험할 때 '신기하다'는 반응을 보이지만, 그는 '이걸 어떻게 돈을 낳는 데 연결할까?'를 골몰한다. 이러한 질문은 곧 창의력으로 연결된다.

이 부회장은 창의력을 다음과 같이 명확하게 설명해 주었다.

"창의력이란 문제의 본질을 정확히 파악하고, 원인 분석과 해법에 대한 여러 가지 경영 기법을 훈련받아야 가능하다. 생각 없이 남이 잘한 것을 짜깁기하는 일만 반복하거나 경영기법을 응용할 줄 모르는 사람들은 절대 창의적인 사고를 할 수 없다."

이 말은 곧 집요하게 질문하고 답하라는 뜻이다. '문제는 무엇인가?', '이 문제를 해결하려면 어떤 방법이 있을까?', '다른 회사에서 성공한 방법을 우리 회사에 어떻게 적용하고 응용할까?' 하고 질문해야 하는 것이다.

잭 웰치(Jack Welch)도 "올바른 질문을 던지고 문제를 예측하는 것은 리더십의 중요한 측면이다. 이것은 비즈니스에서 가장 기본적인 부분이기도 하다"고 말했다. 이처럼 질문은 창의적 사고의 출발점이 되며, 다양한 분야에서 혁신적이고 중요한 성과를 이끌어낸다.

페이스북 창업자 마크 저커버그(Mark Zuckerberg)는 언제나 다음과 같은 질문과 사색을 반복한다.

- '어떻게 하면 우리는 영원히 살 수 있을까?'
- '어떻게 하면 모든 질병을 완치할 수 있을까?'
- '뇌는 어떻게 작동하는 것일까?'
- '학습이라는 것은 어떤 식으로 작동하는 것일까?'
- '어떻게 하면 사람들이 100만 배 더 많은 것을 배우도록 할 수 있을까?'

저커버그는 머릿속에서 쉴 새 없이 떠오르는 이러한 질문에 대답하기 위해 생각했다. 이처럼 질문과 사색을 거듭하다 보면 어느 순간 통찰의 순간과 마주하게 된다.

질문으로 시작한 창의적인 성과들

○ ● ○

1. 과학 기술자의 질문

아이작 뉴턴(Isaac Newton)이 중력의 법칙을 발견한 과정은 호기심과 질문에서 비롯되었다. 뉴턴이 활동하던 17세기 후반은 과학혁명의 시기였으며, 천문학과 물리학에서도 중요한 발견이 이어졌다. 요하네스 케플러는 행성의 운동 법칙을 발견했고, 갈릴레오는 망원경을 이용해 천체를 관측하며 중요한 발견을 이루어 냈다. 그러나 이들 이론은 여전히 분리된 현상들을 설명하는 데 그쳤고, 그들 사이의 연결고리는 명확치 않았다.

뉴턴을 말할 때 자주 언급되는 일화가 있다. 사과나무 아래에 앉아 있다가 사과가 떨어지는 것을 보고 중력을 생각하게 되었다는 이야기다. 약간 과장된 면이 있지만, 뉴턴 자신도 이 사건이 중력 법칙을 발견하는 생각의 출발점이었다고 인정했다. 뉴턴의 첫 번째 질문은 '왜 사과는 옆으로 떨어지지 않고 수직으로 떨어질까?'였다. 이 질문은 단순히 사과가 땅으로 떨어지는 현상에 의문을 갖는 호기심에서 비롯되었지만 더 중요한 질문으로 이어졌다. '왜 물체들은 지구의 중심으로 끌리는가?'가 그것이다. 뉴턴은 사과가 떨어지는 것과 같은 현상이 단지 지구에서만 일어나는 것이 아니라 천체에서도 유사하게 일어난다고 생각했다.

이후 뉴턴의 질문은 '달이 지구로 떨어지지 않고 주위를 도는 이유는 무엇인가?'로 이어졌다. 이 질문은 지구의 중력뿐 아니라, 지구와 달 사이의 상호작용을 이해하는 데에도 중요한 단서를 제공했다. 뉴턴은 지구와 달 사이의 중력에 의한 끌림이 달이 지구로 떨어지지 않고 공전하도록 만드는 힘으로 작용한다고 생각했다.

생각을 가다듬어 뉴턴은 모든 물체는 서로를 끌어당기고, 그 힘의 크기는 물체의 질량과 거리의 제곱에 반비례한다는 것을 수학적으로 설명했다. 뉴턴은 이 법칙을 이용해 지구상에서 일어나는 현상(예: 사과가 떨어지는 것)과 천체에서 일어나는 현상(예: 달이 지구 주위를 도는 것)을 동일한 법칙으로 설명할 수 있다고 생각했다. 이는 이전까지 지구와 천체의 운동이 별개의 법칙에 의해 지배된다고 생각한 기존의 견해를 완전히 뒤집는 혁명적인 발견이었다. 뉴턴이 발견한 중력의 법칙은 단순한 관찰에서 시작한 호기심과 질문이 얼마나 중요한 성과를 창출하는지 보여주는 대표적인 사례라 할 수 있다.

1900년 전후 일본은 말초신경에 문제가 생겨 다리를 못 움직이거나 심장이 영향을 받아 사망하기도 하는 각기병 연구를 활발히 진행하였다. 그 배경에는 정치적인 맥락이 있었다. 일본 학자 스즈키가 비타민 B를 발견하는 과정을 저자 김성범은 《어떻게 일본 과학은 노벨상을 탔는가》에 자세히 소개하고 있다.

러일전쟁이 한창이던 1904년 여름, 일본 육군에서 각기병이 대규모로 발병하여 다수의 군인이 사망했다. 이를 계기로 1908년 육군 내에 '각기병 조사회'를 설립하였다. 일본이 제국주의 세력으로 팽창해 가던 과정에서 각기병은 중요한 군사적 문제였던 것이다.

당시 일본 육군 내에 각기병 환자가 속출한 데는 병사에게 흰쌀밥을 먹인 것이 원인이었다. 해군에서는 보리를 섞어 먹인 결과 각기병을 몰아내는 데 성공했으나, 육군에서는 '보리밥을 먹으면 각기병이 낫는다'고 하는 주장을 과학적 근거가 없다고 여겼다. 현재의 영양학적 상식에서는 각기병이 비타민 결핍으로 발생한다고 알고 있지만, 세균과 질병 사이의 관련성이 하나하나 밝혀지던 당시 의학계에서는 각기병도 세균에 의해 발생한다는 견해가 주류였다. 이러한 상황을 감안한다면, 보리밥 따위가 병을 낫게 한다는 주장이 비과학적인 태도로 받아들여졌다고 해도 그다지 이상할 것은 없었다.

1906년에 유럽 유학을 끝내고 귀국한 스즈키는 당시 심각한 문제인 각기병을 연구하기 시작했다. 그는 영양학적 관점에서 흰쌀, 현미, 쌀겨에 포함된 단백질을 분석했고, 흰쌀을 먹인 닭에서 나타나는 각기병과 비슷한 질병을 다룬 네덜란드 과학자의 연구에 주목했다. 당시 각기병은 일본에서는 군대의 건강과 관련된 정치적 과제였지만, 쌀이 주식인 인도네시아를 식민지로 통치하던 네덜란드의 처지에서는 식민지 경영과 관련된 문제였다.

네덜란드는 1896년에 각기병의 원인을 조사하는 위원회를 파견했고, 에이크만은 인도네시아에 체류하면서 연구를 계속했다 그는 닭에서 각기병과 비슷한 증상을 발견했고, 쌀겨를 먹였더니 병이 낫는 것을 확인했다. 이런 사실을 통해 에이크만은 흰쌀에는 병을 일으키는 독소가 존재하고, 쌀겨에는 이 독소를 중화하는 성분이 있으리라고 해석했다.

한편 스즈키는 "쌀겨에 중요한 화학 성분이 포함되어 있는 것이 아닐까?" 하는 질문을 품고 연구를 진행했다. 1910년에는 각기병과 유사한 증세를 보이는 동물의 질병을 예방하고 치료하는 데 효과를 지닌 성분을 성공적으로 추출했다. 스즈키는 쌀겨에서 추출한 물질이 각기병 치료에 효과가 있다고 생각했다. 스즈키는 새로운 영양소라고 판단한 이 성분에 '오리자닌'이라는 이름을 붙였다.

그러나 각기병에 관한 스즈키의 연구가 처음부터 주목받은 것은 아니었다. 농화학자인 스즈키는 새로운 성분이 동물에 끼치는 효과를 확인했지만, 의사가 아닌 탓에 사람을 대상으로는 임상 평가를 할 수 없었다. 즉, 스즈키가 추출한 성분이 사람에게도 유효한지 확인하려면 의사들의 도움이 필요했다. 하지만 대다수 의학자들이 각기병의 원인으로 전염병설을 지지하고 있던 당시에는 쉬운 일이 아니었다. 결국 1913년에 이르러서야 의사들은 임상 시험을 시작하며 스즈키의 주장을 받아들였다.

스즈키가 '오리자닌'이라고 이름 붙인 물질은 비타민B(티아민)다. 바꿔 말하면 스즈키의 각기병 연구는 비타민이라는 새로운 영양소를 발견해 가는 과정이기도 했던 것이다. 스즈키는 각기병의 발병 원인을 밝히려는 연구 과정에서 '왜 백미를 주식으로 하는 사람들에게 각기병이 발생할까?', '현미를 먹으면 각기병 증상이 개선되는 이유는 무엇일까?'와 같은 핵심 질문을 반복하며 비타민B(티아민)의 존재를 발견한 것이다.

스티브 잡스가 아이폰을 개발하는 과정은 혁신의 대표적인 사례다.

잡스는 '사용자의 경험을 근본적으로 바꾸려면 어떻게 해야 할까?'와 같은 질문을 하며 혁신적인 제품을 만들어냈다. 2000년대 초반만 해도 휴대전화, MP3 플레이어, PDA 등 다양한 기기를 별도로 사용했다. 잡스는 이러한 기기들이 서로 분리되어 있는 상황에 의문을 제기했다. '왜 모든 기기들이 별도로 존재해야 하는가?', '왜 하나의 기기로 여러 가지 일을 할 수 없을까?'와 같은 질문을 시작한 잡스는 전화, 음악 재생, 인터넷 브라우징 등의 기능을 하나로 통합한 기기를 구상했다. 잡스는 다음과 같은 질문을 하며 자신의 생각을 구체화해 나갔다.

- '사용자는 왜 더 나은 경험을 제공받지 못하나?'
- '왜 사용자가 기술을 사용하기 어렵게 만들어야 하는가?'
- '어떻게 하면 하드웨어와 소프트웨어가 완벽하게 통합된 기기를 만들까?'
- '디자인은 기능에 어떻게 영향을 미칠까?'
- '어떤 콘텐츠를 사용자에게 쉽게 제공할 수 있을까?'
- '모바일 기기가 미래 커뮤니케이션의 중심이 된다면, 어떤 기능이 필요할까?'
- '미래의 커뮤니케이션은 어떻게 변화할까?'

스티브 잡스는 끊임없이 사용자의 관점에서 질문하며 복잡한 기술을 간단하고 직관적으로 사용할 수 있는 방법을 찾으려고 노력했다. 그 결과, 이러한 질문이 모여 아이폰이라는 혁신적인 제품이 탄생했다. 잡스의 접근 방식은 단순히 기술을 개발하는 것이 아니라, 기술이 실제로 사람들의 삶을 어떻게 바꿀지 질문하는 데서 비롯되었다.

갈릴레오 갈릴레이(Galileo Galilei)는 '지구는 정말 우주의 중심일까?'라고 질문하며 지동설을 검증하고자 했다. 망원경으로 목성의 위성을 발견하고, 금성의 위성을 관찰함으로써 코페르니쿠스의 지동설을 뒷받침했다. '전류와 자기는 서로 어떤 관계가 있을까?'라고 질문한 마이클 패러데이(Michael Faraday)는 질문에 대한 답을 찾기 위해 실험을 거듭하며 전자기 유도를 발견했다. 자석을 코일 근처에서 움직였을 때 전류가 발생하는 현상을 확인하고, 이를 바탕으로 전자기 발전기의 원리를 개발했다.

알렉산더 그레이엄 벨(Alexander Graham Bell)의 질문은 '소리를 전기 신호로 변환하여 전달할 수 없을까?'였다. 청각 장애인을 위한 커뮤니케이션 장치를 연구하던 중 소리를 전기 신호로 변환해 멀리 전송할 수 있는 방법을 궁리하게 되었고, 결국 전화기를 발명했다. 니콜라 테슬라(Nikola Tesla)는 '전기를 더 안전하고 효율적으로 전송하는 방법은 없을까?'라고 질문하며 전류의 특성을 깊이 연구하여 교류 전력 시스템을 개발했다. 그는 교류 전기가 장거리 전송에 더 적합하다는 결론을 내렸으며, 이를 통해 전 세계에 전력을 공급하는 새로운 방식이 탄생하게 되었다.

마리 퀴리(Marie Curie)는 '어떤 물질이 방사선을 내보낼까, 이유는 무엇일까?'라는 질문을 시작으로 라듐과 폴로늄이라는 새로운 원소를 발견했으며, 방사능이라는 개념을 확립했다. 방사능의 발견은 의료와 과학 연구에 큰 영향을 미쳤고, 그 업적으로 그녀는 두 번이나 노벨상을 수상했다. 토마스 에디슨(Thomas Edison)은 '밤에도 빛을 밝히기 위해 안정적이고 실용적인 전구를 만들 수는 없을까?'라고 질문하며 수천 번의 실패를 이기고 백열전구를 발명했다. 에디슨은 '어떻게 하면 더 편리한 삶을 만들 수 있을까'라는 질문에 대한 답을 찾으며 수많은 발명품을 내놓았다. 이처럼 과학자와 발명가들은 '어떻게'와 '왜'라고 질문하며 인류의 삶에 혁신적인 변화를 이끌었다.

2. 예술가의 질문

르네 마그리트(Rene Magritte)는 초현실주의의 대표적인 화가다. 마그리트는 작품에서 일상적인 사물들을 기이하고, 비현실적으로 표현하였다. 그런 마그리트는 그림을 그릴 때 어떤 질문을 했을까? 질문을 알면 왜 그런 그림을 그렸는지 알 수 있다.

마그리트는 현실과 환상의 경계를 탐구하며, 우리가 인식하는 현실이 실제와 다를 수 있다고 생각했다. '현실이란 무엇인가?', '우리가 보는 현실은 실제로 존재하는가, 아니면 단지 우리의 인식에 불과한가?'라는 질문을 하며 작품에서 보이는 것과 실제 사이가 다름을 강조했다. 아울러 우리가 보는 것을 무조건 믿어야 하는지 의문을 제기했다. 이 의문은 〈이미지의 배반(1929)〉이란 작품에서 잘 드러난다. 이 작품에는 파이프 그림 아래에 "이것은 파이프가 아니다"라는 문구가 적혀 있는데, 이는 그림이 실제 사물이 아니라 사물의 이미지일 뿐임을 강조한다.

마그리트는 '사물의 본질은 그것이 가진 의미에 의해서 결정되는가,

아니면 그 의미를 우리가 부여하는 것인가?'와 같은 질문을 하며 사물들이 본질적으로 어떠한 의미를 가지고 있는지, 아니면 의미가 우리의 인식에 의해 형성된 것인지 탐구했다. 마그리트는 일상적인 사물들을 낯설게 배치함으로써, 사물들이 원래 가지는 의미를 뒤집고 새로운 해석을 가능하게 했다.

마그리트는 또한 이미지가 현실을 그대로 반영하지 않는다는 점에도 주목했다. '이미지가 현실을 대변할 수 있는가, 아니면 이미지는 그 자체로 독립된 의미를 가지는가?'라고 질문하며 그림 속의 이미지가 실제 현실을 대변하지 않으며, 그것 자체로 독립된 존재라고 강조했다. 이 질문은 〈두 개의 수수께끼(1966)〉라는 작품에서 명확히 드러난다, 이 작품에는 파이프 그림이 두 번 반복되는데, 첫 번째 파이프는 그 자체로 존재하며, 두 번째 파이프는 첫 번째 파이프의 그림을 다시 그린 것이다. 이는 이미지가 현실과 복잡한 관계를 맺고 있음을 보여준다.

마그리트의 초현실주의 작품들은 현실, 인식, 그리고 이미지를 보는 깊은 질문에서 비롯되었다. 마그리트는 우리가 일상적으로 받아들이는 현실에 의문을 제기하며, 관람자들에게 새로운 방식으로 세계를 바라보게 만들었다. 마그리트의 질문은 예술을 활용하여 우리의 인식에 도전하고, 사물의 본질과 의미를 재고하게 하는 초현실적인 세계를 창조하는 데 중요한 역할을 했다.

한국에서 태어난 백남준은 서구와 동양을 넘나드는 작품을 만들며 '세계화 속에서 다양한 문화들이 어떻게 융합할까?'라고 질문한 예술가였다. 아울러 미술의 경계를 넘어 기술, 매체, 인간 존재를 깊게 고민한 비디오 아티스트였다. 그는 비디오와 전자 기술을 예술의 중요한 도구로 사용하며 '기술이 인간의 존재와 감각에 어떤 영향을 미칠까?', '기술이 인간의 감각과 인식을 어떻게 바꿀까?', '미래에 인간과 기계는 어떻게 공존할 수 있을까?', '기술 발전이 인간의 정체성에 미치는 영향은 무엇일까?'라고 질문했다. 그는 기술이 단순히 도구가 아니라 인간의 감각을 바꾸고 새로운 방식으로 세상을 경험하게 하는 중요한 매개체라고 보았다.

백남준은 '예술은 꼭 회화나 조각과 같은 전통적인 형식에 한정되어야 하는가?', '예술의 형식은 우리가 상상할 수 있는 모든 것을 포함할 수 있을까?'라고 질문하며 전통적인 예술의 형태인 회화나 조각에서 벗어나 비디오, 텔레비전, 인터넷과 같은 매체를 사용했다. 그는 미디어와 현실의 경계를 탐구하며 '미디어가 현실을 어떻게 왜곡하거나 재구성하는가?', '텔레비전이나 비디오 같은 매체는 현실을 어떻게 재현하는가?', '매체들은 현실을 어떻게 왜곡하거나 확장할까?'라고 질문했다.

기술과 인간, 미디어와 현실의 관계에 관한 철학적 질문은 창작으로 이어졌다. 만약 백남준이 이런 질문을 하지 않았다면 어떻게 세계적인 예술가가 되었겠는가.

그 외에도 예술가들은 무수히 많은 질문을 통해 자신만의 미술 세계를 창조했다. 클로드 모네는 '순간의 빛과 색을 포착하려면 어떻게 해야 할까?'라고 질문하며 인상주의 화풍을 개척하였다. 그는 '대상이

고정된 형태가 아니라, 시간과 빛에 따라 변하는 분위기를 어떻게 그릴 수 있을까?'와 같은 질문을 하며 자연을 관찰하고 특정한 순간에 보이는 빛과 색의 변화를 그리려고 했다.

조르주 쇠라는 '빛과 색을 더 생생하게 표현하려면 어떻게 해야 할까?', '작은 점들이 모여 하나의 이미지를 만들 때, 시각적으로 어떤 효과가 나타날까?'와 같은 질문을 했다. 쇠라의 이러한 질문은 과학적 색채 이론을 기반으로 한 점묘법의 탄생으로 이어졌다. 쇠라는 인상주의의 색채 이론과 과학적 접근에 관심이 많았고, 이를 통해 빛과 색을 더욱 체계적으로 표현하려 했다. 그는 색이 관객의 눈에서 혼합되도록 작은 점을 찍어 이미지를 구성하면, 기존의 붓칠보다 더 생생한 효과를 낸다고 생각했다.

앙리 마티스는 야수주의 화풍을 개척할 때 '색으로 감정을 강렬하게 표현하려면 어떻게 해야 할까?', '사실적인 색에서 벗어나 자유로운 색채로 주제를 전달할 수 있을까?'와 같은 질문을 했다. 마티스는 색채가 감정을 전달하는 데 중요한 역할을 한다고 믿었고, 색을 더 과감하고 직관적으로 사용할 방법을 고민했다. 그는 자연의 색이나 형태에 얽매이지 않고 강렬한 색 대비와 왜곡된 형태로 감정을 표현하고자 했다. 색을 단순히 현실을 재현하는 도구가 아니라, 감정을 전달하는 수단으로 생각했기 때문에 가능한 일이었다.

마르셀 뒤샹(Marcel Duchamp)은 '레디메이드'라는 개념을 도입하여 현대 미술에 큰 영향을 끼쳤다. 그의 작품인 〈샘〉은 일상적인 물건인 소변기를 미술 작품화한 것이다. 그는 '예술이란 무엇인가?', '예술의 경계를 어디까지 확장할 수 있을까?'를 질문했다.

앤디 워홀(Andy Warhol)은 대중문화와 소비 사회를 반영하는 작품으로 예술의 경계를 허물었다. 그는 일상적인 제품을 예술로 변형하여 가치와 의미를 재조명했다. 그의 대표작 〈캠벨 수프 캔〉은 상업적 공산품을 예술로 끌어들인 사례다. 그는 '대중문화와 예술의 차이는 무엇인가?', '예술이 상업화하는 과정에서 예술의 진정성은 어떻게 변화하는가?'라고 질문했다.

뱅크시(Banksy)는 거리 예술로 정치적, 사회적 메시지를 전달하는 작품을 만들었다. 뱅크시는 "사회적, 정치적 현실을 예술을 활용하여 어떻게 바꿀 수 있을까?', '예술이 사회적 메시지를 어떻게 전달할 수 있을까?'와 같은 질문을 하며 사회 시스템의 부조리나 부유한 사회 계층을 비판하였다.

3. 문학가의 질문

소설 《네루다의 우편배달부》를 쓴 안토니오 스카르메타(Antonio Skarmeta)는 창작 과정에서 몇 가지 중요한 질문을 던졌다. 칠레의 위대한 시인 파블로 네루다와 가상의 우편배달부 마리오 사이의 우정을 중심으로, 시와 사랑, 정치적 격변 속에서 개인의 변화와 성숙을 그린 소설을 쓰며 스카르메타는 어떤 질문을 했을까?

소설에서는 시가 단순히 예술 작품을 넘어, 사람과 사람을 연결하고 일상의 변화를 이끄는 도구로 등장한다. 스카르메타는 '예술이 사람들의 평범한 삶에 어떤 의미를 줄 수 있을까?'라는 질문을 하며 예술과 인간의 관계를 탐구했다. 소설 속에서 마리오라는 인물은 평범한 우편배달부지만, 네루다와 만남을 지속하며 시의 매력에 빠지고 내면의 성장을 경험한다. 그러면서 자기 삶을 바꾸고 더 큰 역사와 연결될 수 있다는 사실을 깨닫는다.

이 작품은 네루다의 정치적 활동과 칠레의 정치적 격변 속에서 예술가와 예술의 역할을 묘사한다. 스카르메타는 이 소설에서 예술가는 정치적 현실에 어떻게 개입할 수 있으며, 예술이 정치적 억압 속에서 어떤 힘을 가질 수 있는지 주장하고 있다.

《네루다의 우편배달부》는 시적 감수성과 정치적 맥락을 결합해 인간의 사랑과 변화, 그리고 예술의 힘을 깊이 있게 묘사한 작품이다. 스카르메타는 질문을 하며 사람의 성장과 시대를 아우르는 작품을 창조해 냈다.

레프 톨스토이(Lev Tolstoy)는 '역사와 개인의 삶은 어떻게 얽혀 있는가?'라고 질문하며 《전쟁과 평화》를 썼다. 전쟁 속에서 개인과 사회의 운명이 어떻게 엮이는지 탐구하며 사회와 인간의 내면을 깊이 들여다보았다. 조지 오웰(George Orwell)은 '개인의 자유와 사상이 억압되는 사회는 어떤 모습일까?'를 질문했다. 오웰은 전체주의의 위협과 감시 사회의 위험성을 경고하며 자유와 인간 존엄성을 지키려는 의도로 《1984》를 창작했다.

미국 소설가 하퍼 리(Harper Lee)는 인종 차별과 불평등에 맞선 변호사 딸의 시선으로 '정의와 차별, 인간애란 무엇인가?'라는 질문을 하며 《앵무새 죽이기》를 창작했다. 알베르 카뮈(Albert Camus)는 '삶의 의

미는 어디에 있을까?', '인간은 왜 부조리한가?'라는 질문을 하며《이
방인》을 썼다.

4. 사회운동가의 질문

마틴 루터 킹 주니어(Martin Luther King Jr.) 목사는 흑인 민권운동을 이
끌면서 미국 사회의 불평등과 인종 차별에 의문을 제기했다. 아울러
미국 헌법과 독립선언문의 원칙이 실제로 지켜지고 있는지도 의문을
제기했다. 이런 의문은 킹 목사가 비폭력적 저항 운동으로 변화를 이
루고자 한 비전과 전략의 핵심이었다. 킹 목사는 헌법에 명시한 평등
의 원칙을 백인에게만 적용하고, 흑인들은 여전히 차별과 불평등 속에
서 살아가고 있다는 점을 지적했다. '모든 인간은 정말로 평등한가?'라
는 질문은 흑인 민권운동의 도덕적 기반과 정당성을 부여했다.

킹 목사는 미국 사회에서 인종 차별과 불의가 지속되고 있다고 비
판하며, 정의가 실현되어야 하는 시점이 바로 지금이라고 강조했다.
그는 더는 기다릴 수 없다는 점을 명확히 하고, 즉각적인 행동과 변화
를 촉구했다. 그리고 킹 목사는 다음과 같은 질문을 연이어 했다.

- '비폭력적인 저항이 억압과 불의에 맞서 싸우는 데 효과적일까?'
- '인종 차별과 증오가 만연한 사회에서 어떻게 사랑과 형제애로 이
  문제를 해결할 수 있을까?'
- '미국이 자유와 정의의 나라라면, 그 도덕적 책임은 무엇인가?'
- '우리가 궁극적으로 이루려는 사회는 어떤 모습이어야 하는가?'

킹 목사는 흑인 민권운동에서 비폭력적 저항의 중요성을 강조했다. 그는 마하트마 간디의 비폭력 운동에 영감을 받아 폭력에 폭력으로 맞서는 것이 아니라, 사랑과 이해로 적을 바꿀 수 있다고 믿었다. 비폭력적 저항이 오히려 도덕적 우위를 점하고, 사회 변화를 이루는 데 효과적이라고 주장한 것이다. 이런 이유로 그는 사람들에게 서로 인간성을 존중하고, 차별과 억압의 고리를 끊기 위해 사랑을 실천할 것을 요구했다.

그레타 툰베리(Greta Tintin Eleonora Ernman Thunberg)는 갓 스무 살을 넘긴 스웨덴의 여성 환경운동가다. 15세 때인 2018년에 기후 변화를 심각하게 느끼고 환경운동을 시작했다. 그때부터 금요일마다 지구 환경 파괴에 침묵하고 기후변화 대응에 적극적이지 않은 정치인과 어른에게 반항하는 의미로 등교를 거부했다. 기후 위기에 대한 인식을 높이고, 정치·경제 리더들이 책임 있게 행동하도록 압박한 것이다. 툰베리는 다음과 같은 질문을 하며 환경운동을 전개했다.

- "당신들은 미래 세대를 생각하고 있습니까?"
- "기후 위기를 얼마나 심각하게 받아들이고 있습니까?"
- "왜 과학자들의 경고를 무시합니까?"
- "경제 성장이 생명보다 중요한가요?"
- "변화는 언제 시작할 것입니까?"

이런 질문으로 즉각적인 행동을 촉구하며, 정치인들의 무관심을 비판했다. 또한 툰베리는 개인의 일상적 실천뿐만 아니라 제도적 변화가 필요하다는 점을 강조했다. "행동 없는 말은 공허하다"며 단순한 약속이 아닌 실제 행동을 요구하는 메시지를 지속적으로 전달했다.

넬슨 만델라(Nelson Mandela)는 '인종과 상관없이 모든 사람이 평등하게 살 수는 없을까?'를 질문했다. 만델라는 남아프리카공화국의 아파르트헤이트 정책에 맞서 싸우며 인종 평등과 자유를 추구했다. 그의 투쟁은 결국 아파르트헤이트 종식과 민주주의 실현으로 이어졌으며, 전 세계에 평등과 화해의 중요성을 일깨워 주었다.

말랄라 유사프자이(Malala Yousafzai)는 '왜 여자아이들은 교육을 받을 권리를 제한받아야 할까?'라고 질문했다. 말랄라는 여성 교육의 중요성을 외치며 전 세계 소녀들이 교육을 받을 수 있도록 활동했다. 그녀의 질문은 여성과 어린이의 권리를 보는 인식을 제고하는 데 기여했고, 수많은 사람에게 교육의 중요성을 상기시켰다.

왕가리 마타이(Wangari Maathai)는 '환경을 지키는 것이 왜 중요한가?'라고 질문하며 환경 보호와 여성 권리의 연관성을 강조하며 아프리카에 녹색혁명을 일으켰다. 그녀의 노력은 나무 심기 운동으로 이어졌고, 이는 곧 전 세계의 환경 보호 운동에 큰 영향을 주었다.

전태일은 '왜 노동자는 기본적인 권리조차 누리지 못하는가?'라고 질문했다. 전태일은 열악한 노동 환경에 놓인 노동자들의 권리를 보호하기 위해 싸웠다. 그는 "근로기준법을 준수하라"는 외침과 함께 자신을 희생하며 노동운동에 불을 지폈다. 그의 희생은 이후 노동법 개정과 노동자 권익 향상에 큰 영향을 미쳤다.

여성 운동가 이효재는 "왜 여성은 아직도 차별받고 중요한 역할에서 배제되는가?"라고 질문하며 한국 여성의 권리를 확대하고, 가부장적 제도를 개선하기 위해 끊임없이 목소리를 냈다. 그녀의 노력은 여성의 교육, 정치 참여 확대와 성평등 의식을 고취하는 데 기여했다.

조영래 변호사는 '왜 민주주의 사회에서 시민의 기본권이 침해되어야 하는가?'라고 질문하며 부천서 성고문 사건, 대구 매운탕 사건 등에서 약자의 편에 서서 법적 지원을 제공했다.

이처럼, 창의적인 성과들은 질문에서 출발한다. 한 사람의 호기심과 문제 제기는 과학, 예술, 문학 등 다양한 분야에서 혁신을 일으키고, 인류의 삶을 풍요롭게 만드는 원동력이 된다.

창의력을 키우는 질문과 관찰

질문과 관찰

○ ● ○

알프레드 베게너(Alfred Wegener)의 머릿속은 '왜 지구의 대륙들은 퍼즐 조각처럼 맞아떨어질까?'라는 질문으로 가득 차 있었다. 그리고 이 질문은 베게너가 대륙 이동설을 주장하는 출발점이 되었다. 베게너는 아프리카와 남아메리카의 해안선이 퍼즐 조각처럼 맞아떨어지는 모양에 주목했다. 이 유사한 해안선이 단순히 우연인지, 아니면 다른 이유가 있는지 궁금했다. 그러면서 끈질기게 질문을 이어갔다. 이 유사한 모양이 단순한 우연이라고 보기에는 너무 뚜렷하다고 생각했다. 이는 대륙이 과거에 하나의 커다란 땅덩어리로 있다가 나뉘어졌을 것이라고 추론하는 첫 번째 직관적인 관찰이었다.

그의 또 다른 궁금증은 '서로 멀리 떨어져 있는 대륙에서 비슷한 화석이 발견되는 이유는 무엇인가?'였다. 베게너는 고생물학자들의 연구 결과를 통해 지리적으로 멀리 떨어져 있는 대륙(남아메리카, 아프리카, 인도, 호주, 남극 등)에서 같은 고대 생물 화석이 발견된다는 점을 알게 되었다. 가령, 고생대에 살다가 멸종한 파충류 메소사우루스의 화석이 남아메리카와 아프리카 남부에서 발견된 것을 예로 들 수 있다. 베게너는 이러한 화석들을 메소사우루스가 과거에는 같은 대륙에 살았다는 증거라고 보았다. 이는 각 대륙이 과거에는 하나로 연결되어 있었다는 가능성을 제공했다.

그러면서 베게너는 산맥이 단순히 지구가 수축하면서 형성되었다는 기존의 학설에 의문을 가졌다. '산맥이 형성된 진짜 이유는 무엇일까?'라는 질문을 하며 산맥이 형성되는 과정을 더 잘 설명할 수 있는 이론이 필요하다고 생각했다. 결국 베게너는 대륙이 움직이면서 충돌할 때 산맥이 만들어졌다는 생각에 이르게 되었다.

베게너는 이렇게 호기심에서 출발한 끈질긴 질문과 탐구로 다양한 증거들을 모아 1912년에 대륙 이동설을 처음으로 발표하였다. 지구의 대륙들이 원래는 하나의 거대한 초대륙인 '판게아(Pangaea)'였다고 주장한 것이다. 이후 시간이 흐르면서 판게아가 분열되어 현재의 대륙으로 분리되었고, 대륙들은 계속해서 이동한다는 설명을 덧붙였다. 대륙은 지구의 지각을 떠받치는 딱딱한 암석층 위에 떠다니며 천천히 움직이고, 대륙이 이동하면서 해양이 생기고 사라지며 산맥이 형성되었다는 것이다.

베게너의 이론은 당시 과학계에 큰 반발을 불러일으켰다. 지질학자들은 지구의 지각이 단단한 고체라고 믿었고, 대륙이 이동할 수 있다는 생각을 받아들이지 않았다. 특히 베게너의 가설은 대륙이 어떻게 이동할 수 있는지 구체적으로 설명하지 못하여 비판의 대상이 되었다. 대륙이 지구의 회전력이나 다른 힘에 의해 이동한다고 주장했지만, 이는 당시의 과학적 이해로는 충분히 납득할 수 없는 이론이었다.

비록 당시에는 베게너의 가설이 받아들여지지 않았지만, 이후 여러 과학적 발견이 그의 이론을 뒷받침하게 되었다. 1950~60년대에 들어 해양 지각의 확장과 판 구조론이 발전하며 베게너의 대륙 이동설은 재조명을 받게 되었다. 특히 해저에서 발견된 해저 확장 현상과 지구 자기장 역전 현상이 대륙 이동을 설명하는 중요한 단서가 되었다. 이로써 대륙이 지구 표면에서 이동하는 것이 실제로 가능하다는 점을 입증하는 과학적 기반이 마련되었다.

그 후 1960년대 중반, 마침내 판 구조론이 확립되면서 베게너의 대륙 이동설은 과학적으로도 입증되었다. 판 구조론에 따르면, 지구의 표면은 여러 개의 큰 지각판으로 이루어져 있으며, 이 판들이 맨틀 위에서 서서히 움직인다고 한다. 결국 베게너의 대륙 이동설은 판 구조론의 일부로 받아들여져 오늘날 지구 과학에서 중요한 개념이 되었다. 베게너의 대륙 이동설은 그의 관찰력과 끈질긴 질문에서 비롯되었다. 비록 당시에는 제대로 증명하지 못했지만, 이후 여러 증거를 바탕으로 대륙이 이동한다는 개념은 정설로 받아들여졌다.

루이 파스퇴르(Louis Pasteur)는 프랑스의 화학자이자 미생물학자로, 현대 미생물학을 개척한 인물이다. 파스퇴르는 미생물학과 발효, 질병의 원인과 예방에 큰 관심이 있었다. 파스퇴르는 여러 가지 질문을 하며 자신의 궁금증을 밝혀냈다. 먼저 '생명체는 정말로 무생물에서 자연스럽게 생성될 수 있는가?'라는 질문을 했다. 당시 과학계에는 미생물이 스스로 발생할 수 있다는 자연발생설이 널리 퍼져 있었다. 파스퇴르는 고깃국물이 담긴 플라스크에 공기를 차단하고 미생물이 들어가지 않도록 하여 미생물이 없으면 발효나 부패가 일어나지 않는다는 것을 실험으로 증명했다. 아울러 일정 온도로 가열해 미생물을 제거하는 방법도 고안했다. 이를 활용하여 우유와 같은 음료의 부패를 막는 저온 살균법을 개발하게 되었다.

파스퇴르는 또한 발효 실험 중 미생물이 발효 과정을 좌우한다는 사실을 발견했다. '발효 과정은 어떤 생명체에 의해 일어나는가?'라는 질문을 하며 관찰한 결과였다. 파스퇴르는 발효가 특정 미생물의 활동에 의해 발생하고, 발효의 종류마다 특정 미생물이 있다는 것을 발견했다. 파스퇴르는 '질병은 어떻게 발생하며, 어떤 특정 미생물이 이를 유발할 수 있는가?'라고 질문하며 백신 개발의 기초를 마련했다. 그 후 파스퇴르는 미생물의 원리를 활용해 백신을 개발하는 방법을 고안했다. 그는 탄저병과 광견병에 효과 있는 백신을 개발했는데, 특히 광견병 백신을 처음 개발해 감염병 예방에 크게 기여하였다.

레오나르도 다빈치는 광적이라 할 만큼 잡다한 호기심과 무섭도록 극성맞고 날카로운 관찰력을 지닌 인물이었다. 《레오나르도 다빈치》의 저자 월터 아이작슨은 레오나르도 다빈치에게 천재라는 딱지를 붙이는 것은 그를 특별한 인간으로 만듦으로써 오히려 그의 가치를 축소한다고 주장하였다.

레오나르도 다빈치는 학교 교육을 거의 받지 못했고, 라틴어를 읽거나 복잡한 나눗셈을 할 줄도 몰랐다. 그의 천재성은 우리가 충분히 이해할 수 있는 종류, 심지어 한번 배워 볼 수 있는 종류에 해당한다. 그것은 호기심이나 관찰력처럼 우리가 스스로 향상할 수 있는 능력이다. 레오나르도 다빈치가 그림을 그리기 전에 관찰한 방법을 보면 우리도 그 정도는 할 수 있지 않을까 하는 생각이 든다.

그는 어떤 인물을 그리려고 할 때, 우선 인물이 드러내는 사회적 지위와 감정이 무엇인지 고민했다. 귀족인지 평민인지, 유쾌한지 심각한지, 불안한지 평온한지, 나이가 많은지 적은지, 다혈질인지 조용한지, 선한지 악한지 고려한 것이다. 판단이 서면 그런 종류 사람이 잘 모이는 곳으로 가서 그들의 얼굴, 매너, 옷차림, 몸짓을 관찰했다. 그러다 목적에 부합하는 인물을 발견하면 그가 늘 허리띠에 달고 다니는 작은 노트에 기록했다.

그리고 질문과 관찰을 반복하며 자신의 작품을 완성하여 나갔다. 특히 해부학을 공부하여 골격, 힘줄, 신경, 뼈, 근육의 구조를 파악했으며, 특히 심리적 감정과 물리적 동작의 연관성을 알아내려고 했다. 사람의 동작에서 마음속 감정까지 파악하려는 노력은 〈음악가의 초상〉, 〈담비를 안고 있는 여인〉, 그리고 한참 뒤 〈모나리자〉로 이어졌다.

레오나르도 다빈치는 광적으로 관찰하고 기록했다. 호기심과 질문이 생기면 관찰하며 답을 찾았다. 그의 관찰과 기록은 평생 습관이 되었다. 레오나르도 다빈치는 관찰한 후, 관찰한 내용을 비교하여 패턴을 발견하고, 유추하고, 상상력을 보탰다. 레오나르도 다빈치가 남긴 수많은 걸작은 관찰과 기록이 없으면 불가능한 작업이었다.

레오나르도 다빈치는 〈음악가의 초상〉에서 양쪽 눈의 동공 크기를 빛의 방향에 따라 다르게 그렸다. 빛이 직접 내리쬐는 왼쪽 동공을 오른쪽 동공보다 작게 그렸다. 이것은 과학적으로도 옳은 판단이다. 당신은 어두운 영화관에 들어갔을 때 처음엔 잘 안보이다가 시간이 조금 지나면 잘 보이는 현상을 경험해 보았을 것이다. 어두운 곳에서는 빛을 더 많이 받아들이려고 동공이 점점 커지는 현상을 레오나르도 다빈치는 관찰을 통해 이런 사실을 파악하고 그림에 반영했던 것이다.

당시는 회화를 수작업으로 하는 기계적 예술로 취급하는 경향이 있었다. 이런 인식으로 인해 회화는 시, 음악 등 다른 예술보다 낮은 급으로 평가되었다. 레오나르도 다빈치는 이런 경향에 반대했다. 예술인 동시에 과학인 회화가 최고의 예술로 대접해야 한다고 그는 주장했다. 그는 회화에서 해부학, 광학, 원근법 등을 활용했다. 이는 과학과 수학 지식이 없으면 적용하기 힘든 방법이었다. 레오나르도 다빈치는 회화가 손을 통한 창작인 동시에 지성을 통한 창작이고, 진정한 창의성은 관찰력과 상상력의 소산이라고 생각했다.

레오나르도 다빈치의 그림을 보면 그의 주장이 결코 틀린 말이 아니라는 사실을 알 수 있다. 마음속 감정까지 포착했다는 평가를 받는 〈담비를 안고 있는 여인〉을 보면 우리는 그의 주장에 고개를 끄떡이지 않을 수 없다. 그 작품은 회화가 단순한 손 기술이 아니라는 사실을 제대로 보여준다. 윤곽선이 없이 빛의 명암만으로 이목구비 윤곽을 표현한 그 작품에서 우리는 레오나르도 다빈치의 세심한 관찰력을 엿

볼 수 있다.

또한 그가 그린 〈최후의 만찬〉에는 총 13명이 나오는데, 이들의 제스처가 모두 다르다. 이는 각자가 제스처로 자신의 감정을 표현하고 있는데, 레오나르도 다빈치는 이 그림을 위해 손동작으로 의사 전달이 어느 정도 가능한지 청각장애인을 관찰해 기록으로 남겼다. 자기주장을 펼치는 사람을 묘사하는 방법에 관해 설명한 부분을 예로 들어 보자.

발언자가 오른쪽 손가락들로 왼쪽 손가락 하나를 쥐게 하고, 왼쪽 넷째 손가락과 새끼손가락은 접도록 하자. 그의 초롱초롱한 얼굴은 마치 말하는 것처럼 입이 약간 벌어진 채 사람들을 향한다. 그가 지금 앉아 있다면 머리를 앞으로 기울이며 곧 일어날 것처럼 묘사하자. 서 있는 모습을 그린다면 몸통과 머리가 청중을 향해 살짝 기울어지게 표현하자. 청중은 조용히 집중하는 동시에 감탄하는 몸짓을 취하며 발언자를 쳐다본다. 일부 늙은이들은 자기들 귀에 들리는 말에 경악하는 모습으로 묘사하자. 그들은 입꼬리가 아래로 처졌고 뺨이 쭈글쭈글하고 눈썹은 위로 올라갔고 두 눈썹이 만나는 미간에 주름이 잡혀 있다.

〈최후의 만찬〉에 나온 예수 제자들의 모습을 그는 이런 원칙에 따라 그렸다. 관찰과 기록은 레오나르도 다빈치가 걸작을 남긴 원천이었다. 비행기를 만들기 위해 새의 나는 모습을 관찰하고 기록한 모습에서는 혀를 내두를 정도다. 예를 들어 그는 날개가 위로 올라갈 때와 아래로 내려올 때 속도가 같은지 관찰하여 기록에 남겼다. 레오나르도 다빈치는 관찰로 끝내지 않고 관찰한 내용, 그때 생각난 것들, 새로운 아이디어를 모두 기록으로 남겼다. 현존하는 7,200쪽가량의 노트는 그가 기록한 전체 분량의 4분의 1 정도로 추정된다.

결론적으로, 알프레드 베게너, 루이 파스퇴르, 레오나르도 다빈치는 모두 각기 다른 분야에서 혁신적인 발견을 이끌어낸 인물들이었다. 이들은 공통적으로 궁금증과 질문에서 출발하여 끊임없는 관찰과 실험으로 답을 찾아냈다.

관찰력을 기르는 방법

○●○

관찰은 단순히 보는 것을 넘어 세밀하게 보고, 현상을 다각도로 파악하여 창의적 사고를 자극하는 방법이다. 관찰을 하려면 삶의 속도를 늦추어야 한다. 여유를 갖고 주변을 바라보는 여유는 새로운 기쁨을 주고 감사하는 마음까지 준다. 그런 가운데 의외로 뜻하지 않은 발견을 할 수 있다. 그렇다면 관찰력을 기르는 방법으로는 어떤 것이 있을까?

1. 주의 깊게 바라보기

필자는 글쓰기 과정에서 수강생들에게 평소에 관심없이 지나치던 화단을 관찰하고, 묘사하는 숙제를 내주곤 한다. 언젠가 한 수강생이 이런 글을 써왔다.

평소 관심 없이 지나치던 아파트 단지의 식물을 유심히 들여다보게 되었다. 식물 이름표 속 '계수나무'가 눈에 띄었다. 동요에 '푸른 하늘 은하수 하얀 쪽배에 계수나무 한 나무 토끼 한 마리' 구절이 떠올랐다. 어린 시절 가사의 의미는 깊이 생각하지 않은 채 친구들과 놀이하기 위해 부른 노래였다.

수백 번은 불렀을 텐데, 지금까지 가사 속 계수나무가 어떤 나무인지 궁금하지도 않았다. 우연히 마주하게 된 실물 계수나무를 보니 오래 전 잃어버린 친구를 만난 것처럼 반가웠다. 계수나무의 잎은 둥근 모양인데, 은하수 하늘 아래에 달처럼 둥근 잎의 나무가 서 있다고 상상하니 가사 속 막연하게 생각한 나무 한 그루의 퍼즐 한 조각이 맞춰진 기분이 들었다. 이 나무는 가을에는 노랗게 단풍이 들고, 이때 진한 캐러멜 향기가 난다고 한다. 단풍이 들려면 수개월은 기다려야 하지만, 가을이 되면 내가 사는 곳에 풍길 달콤한 내음이 기대된다.

이렇듯 관찰은 대상을 무심한 시선이 아닌, 관심을 가지고 집중력을 발휘하여 파악하는 과정이다. 관찰할 때는 세부적인 것까지 놓치지 않으려는 태도가 중요하다. 주변에 있는 사소한 사물에 의식적으로 주의를 기울여 보자. 출근길의 풍경, 카페에서 보는 사람들의 행동, 자연의 변화 같이 작은 것에 집중하는 습관을 들이면 관찰력이 향상된다.

현대 무용가 마크 모리스(Mark Morris)는 일상의 동작을 춤으로 변형해 작품을 만들었다. 무용계에서 독창적인 접근 방법이었다. 그는 걷기, 앉기, 기지개 켜기와 같은 단순하고 반복적인 일상 동작을 면밀히 관찰하여 그대로 춤의 출발점으로 삼았다. 평범한 걷기 동작을 특정 음악의 리듬에 맞춰 새롭게 해석하였고, 앉기와 같은 동작을 여러 방향 혹은 다양한 속도와 에너지로 반복함으로써 동작의 의미를 새롭게 전달하고자 했다. 친숙한 몸짓을 자연스러운 춤으로 창조한 것이다.

주의 깊게 바라보는 과정에서 관찰이 가져다주는 통찰은 종종 새로운 아이디어나 해결책으로도 이어진다. 알렉산더 플레밍(Alexander Fleming)은 실험실에서 곰팡이를 우연히 관찰한 후, 그 곰팡이가 주변의 박테리아를 죽인다는 사실을 발견했다. 그리고 이 세심한 관찰 덕분에 페니실린이라는 최초의 항생제를 개발하였다.

관찰할 때는 호기심으로 질문하고 분석하기를 반복해야 한다. 흘깃 보는 것은 관찰이라고 할 수 없다. 스쳐지나가는 평범해 보이는 일상이나 사물에서 위대한 것을 건져 올리기 위해서는 신중하게 보는 자세가 필요하다. 무언가를 관찰한 후, 그 이유나 배경을 생각해 보는 것도 좋은 방법이다. 예를 들어, '저 사람은 왜 저렇게 행동할까?'와 같은 질문이 생기면 답을 찾아보는 과정에서 질문과 분석하기를 반복해야 한다.

헝가리 출신의 미국 생화학자 알베르트 센트죄르지(Albert Szent-Gyorgyi)는 비타민C를 발견한 사람이다. 그는 작은 세부사항과 예상치 못한 결과들을 절대 놓치지 않고 새로운 아이디어와 발견으로 연결하였다. 센트죄르지는 세포 내에서 발견한 헥수론산(hexuronic acid)이 중요한 역할을 할 것이라고 직관했다. 그는 이 물질이 체내 산화 과정에 기여할 것이라고 생각했지만, 초기에는 정확한 역할이 밝혀지지 않았다. 헥수론산을 괴혈병과 관련된 비타민C로 연결한 것은 주의 깊은 관찰력과 끊임없는 질문 덕분이었다.

당시 괴혈병의 원인과 예방에 관한 연구가 있었지만, 정확한 물질은 밝혀지지 않은 상태였다. 센트죄르지는 관찰한 결과로 헥수론산이 괴혈병을 예방할지 모른다는 가능성을 추측했고, 이를 검증하고자 실험을 이어갔다. 그의 관찰력은 식물에서도 빛을 발했다. 그는 헝가리 고추인 파프리카에서 헥수론산을 다량으로 발견했는데, 당시 대부분의 연구자는 다른 과일이나 채소에서 비타민C를 찾으려 했다. 파프리카가 비타민C의 훌륭한 공급원이라는 사실을 알아차린 것은 세심한 관찰과 새로운 시각 덕분이었다.

그는 관찰한 결과 헥수론산이 괴혈병을 예방하는 효과가 있다고 확인하고, 이 물질이 비타민C라는 결론에 도달했다. 센트죄르지기의 발견은 단순히 실험적 과정의 결과가 아니라, 관찰을 하며 끊임없이 새로운 질문을 하고 가설을 세우며 검증한 결과였다. 그 결과, 그의 관찰력은 새로운 연결을 찾아내는 데 매우 중요한 역할을 했다.

2. 감각을 활용한 관찰

관찰은 시각뿐 아니라 다양한 감각으로도 가능하다. 청각, 후각, 촉각 등 모든 감각을 활용하는 방법이 그것이다. 생물학에서는 후각을 사용하여 동물의 의사소통 방법을 연구하였다. 생물학 연구자들은 후각을 통해 개미나 꿀벌이 특정한 화학 물질인 페로몬을 방출하여 집단 간 소통한다는 사실을 밝혀냈다. 의료 분야에서는 후각을 활용해 질병을 조기 진단하는 방법을 연구하고 있다. 인간이 암과 같은 질병에 걸리면 특정한 냄새가 나는데, 이를 분석하여 질병의 징후를 미리 포착하는 방법이다.

1967년 조슬린 벨 버넬(Jocelyn Bell Burnell) 박사는 우주 전파 신호의 이상한 패턴을 듣고 조사하다가 펄서라는 중성자별을 발견했다. 우주에서 오는 신호를 청각으로 분석한 덕분에 천문학에서 중요한 천체를 확인한 것이다. 사람의 목소리나 말투의 변화를 청각적으로 관찰하여 심리 상태를 분석하는 연구도 있다. 예를 들어, 우울증이나 불안과 같은 정신적 상태는 말의 속도, 음의 높낮이, 리듬 등에 영향을 미치는데, 이것으로 개인의 정신 건강을 평가하는 방법이다.

돌고래와 박쥐는 청각으로 환경을 인식하는 생물로, 초음파를 발산한 후 그 반향으로 위치를 파악한다. 이를 관찰한 과학자들은 반향 위치를 이용한 초음파 탐지기를 개발하였다. 이 기술은 오늘날 어군 탐지, 의학적 초음파 검사, 잠수함 탐지 등에 널리 사용된다. 지진은 지구 내부에서 발생한 소리(지신파)로 인해 땅이 흔들리는 현상이다. 지진파를 분석하면 지구 내부의 구조를 파악할 수 있다. 대표적으로 P파(종파)와 S파(횡파)의 속도 차이를 이용해 연구자들은 지구의 핵, 맨틀, 지각 등의 구조를 밝혀냈다.

새의 울음소리는 종에 따라 고유하다. 연구자들은 청각 관찰로 특정 서식지에 사는 새의 종을 구분하고 개체 수를 파악한다. 이를 통해 해당 지역의 생태 건강도와 변화 추이를 모니터링할 수도 있다.

이때 중요한 것은 그냥 지나치지 않은 집중력이다. 자연 속에서 나는 새소리, 나뭇잎 소리, 바람 소리를 들으면서 각각의 차이를 느껴보라. 소리가 나는 방향과 거리도 파악해보고, 가까운 소리와 먼 소리의 차이를 느끼면 공간의 크기와 구조를 상상할 수 있다. 소리의 리듬, 속도, 반복성을 관찰하는 것도 중요하다. 예를 들어, 빗소리는 지속적이지만 리듬이 있는 반면, 동물의 소리는 불규칙하게 들릴 수 있다.

후각은 공기 중의 향기나 냄새로 정보를 준다. 꽃향기, 음식 냄새, 흙냄새 등 주변의 냄새를 분류하고 느껴보라. 자연에서 나는 냄새와 인공적인 냄새를 구분할 수 있다. 또한 냄새의 강도와 얼마나 오래 지속되는지도 관찰해 보라. 예를 들어, 신선한 꽃향기는 강도가 점차 줄어드는 반면, 향수 냄새는 오래 지속될 수 있다. 특정 냄새가 나는 장소를 기억하고, 다른 장소에서도 비슷한 냄새가 나면 그 환경을 유추할 수 있다.

촉각으로 사물의 질감, 온도, 움직임 등을 느낄 수도 있다. 손으로 물체의 표면을 만지며 부드러운 천과 거친 나무는 어떻게 다른지 느껴보라. 물체나 공기의 온도 차이를 느껴보고 물체의 무게나 눌렀을 때의 탄성을 느껴보면 물체의 크기나 밀도를 유추할 수 있다

3. 비교와 대조하기

관찰한 대상을 서로 비교하면서 상이점과 유사점을 찾는 것도 유용

한 방법이다. 그러면 각각의 대상이 가진 고유한 특징을 더 잘 파악할 수 있다. 인류 사회에서 비교 관찰은 새로운 통찰이나 혁신적인 발견으로 이어져 과학의 진전을 이끌었다.

카를 폰 린네(Carl von Linne)는 스웨덴의 식물학자이자 동물학자다. 그는 모든 생물을 체계적으로 분류하고 명명하는 이명법 체계를 개발하여 현대 생물학의 기초를 마련했다. 린네는 생물을 속(genus)과 종(species)으로 나누어 라틴어로 이름을 붙였으며, 이로 인해 생물 이름이 국제적으로 통일되고 연구와 의사소통이 용이해졌다. 그는 자신의 저서 《자연의 체계》에서 식물, 동물, 광물 등을 포함한 생물의 분류 체계를 제시했으며, 이는 생물 분류의 표준이 되었다. 린네는 당대에 알려진 많은 생물의 이름을 정리했고, 이로 인해 분류학 분야에 큰 공헌을 했다.

찰스 다윈은 다양한 생물종을 관찰하고, 그들의 생태적 환경과 진화 과정을 비교함으로써 자연선택 이론을 발표했다. 특히 다윈은 갈라파고스 제도의 다양한 핀치새를 비교하여 그들의 적응적 특성을 발견하였는데, 이것은 진화의 메커니즘을 이해하는 중요한 토대가 되었다.

비교와 대조법을 의학 분야에서는 여러 질병의 증상을 비교하여 진단하는 방법으로 활용하고, 언어학자들은 여러 언어를 비교하여 언어의 구조와 발전 과정을 연구하는 데 활용한다. 이처럼 비교와 대조는 어떤 대상이나 상황의 차이점과 공통점을 발견하는 관찰 방법이다.

먼저 비교는 두 가지 이상의 대상을 서로 비교하여 공통점이나 비슷한 점을 찾는 것이다. 비교를 하다 보면 특정 특징이 도드라지게 되고 관찰하고자 하는 대상을 더 잘 이해할 수 있다. 다른 종류의 꽃을 비교하면서 색상, 향기, 잎의 모양 등이 어떻게 비슷한지 알아볼 수 있는 것이 대표적이다.

어떤 대상의 현재 상태와 과거 상태를 비교하다 보면 변화의 흐름을 관찰할 수도 있다. 어린 나무가 자란 모습을 단계별로 비교하다 보면 성장을 관찰하는 것이 가능해진다. 시간의 흐름에 따라 꽃 모양과 색은 어떻게 변화하는지, 곤충은 어떻게 성장하는지 보며 과거와 현재를 비교하고, 미래를 유추할 수도 있다. 시각뿐 아니라 촉각, 청각, 후각을 사용해 비교할 수도 있다. 두 종류의 과일을 비교할 때, 시각으로 색과 크기를 보고, 촉각으로 질감을 느끼며, 후각으로 향을 비교할 수도 있다.

대조는 차이점을 발견하기 위해 두 가지 대상을 비교하는 것이다. 대조를 하다 보면 각 대상의 고유한 특징을 더 선명하게 파악할 수 있다. 완전히 반대되는 특성을 가진 대상을 대조하여 차이를 더 명확히 할 수도 있다. 사막과 숲을 대조하면 각 환경의 기후, 식물, 동물 등의 특성이 더 뚜렷하게 보이는 것이 대표적이다.

유사해 보이지만 미묘하게 다른 요소를 대조하는 방법도 있다. 겉보기엔 비슷한 두 대상을 대조해 차이를 찾는 것이다, 흰 장미와 빨간 장미를 대조하다 보면 색상뿐 아니라 향이나 크기, 잎의 배열이 다르다는 사실을 발견할 수 있다. 같은 대상이라도 다른 상황에서 어떻게 바뀌는지 변화를 관찰할 수 있다. 낮과 밤에 바다를 대조하면 밝기, 물결, 분위기의 차이를 느낄 수 있다.

비교와 대조를 동시에 활용하면 더 입체적이고 폭넓은 관찰이 가능하다. 이때 관찰하려는 대상의 공통점과 차이점을 한눈에 볼 수 있도록 목록을 만들어 정리하면 좋다. 이렇게 하면 특징이 더 쉽게 눈에 들어오고, 여러 대상을 한꺼번에 비교하거나 대조할 때 효과적이다. 시간이 지남에 따라 대상에 생긴 변화를 기록하고, 변화를 비교하고 대조해보면 발전 과정이나 변형 양상을 더 잘 이해할 수 있다.

4. 대상을 다각도로 바라보기

폴 세잔(Paul Cezanne)은 사과와 같은 일상적인 사물을 정교하게 관찰하고 표현하며 현대 회화의 새로운 길을 열었다. 세잔을 현대 미술의 아버지라고 일컫는 이유는 사물을 다시 점으로 바라보며 본질과 구조를 파악하려고 했기 때문이다.

세잔은 사과를 볼 때 단순한 구형을 넘어 각각의 사과가 가진 개별적인 형태와 부피에 주목했다. 세잔은 사과의 둥근 형태를 마치 기하학적 도형처럼 파악하고 사과의 입체감을 강조했다. 그는 다양한 각도에서 빛과 그림자를 관찰해 사과가 평면이 아닌 실제 공간에 존재하는 것처럼 표현했다. 또한 사과를 개별적인 사물로 그리기보다는 여러 사과를 조합해 배열하면서 각 사과의 위치와 형태가 서로 다르게 느껴지도록 했다. 이런 구성으로 세잔은 관찰자의 시선이 사과들 사이를 자연스럽게 이동하게 만들었고, 사과 하나하나의 개성을 보여주었다.

세잔은 사과의 색을 단순히 '빨강'으로 표현하는 대신 미묘한 색상의 변화를 탐구했다. 사과의 표면에 있는 다양한 색깔, 즉 빨강, 노랑, 초록 등을 층층이 덧칠하면서 사과가 지닌 복합적인 색을 표현했다. 세잔은 색의 밝기나 어두움을 통해 사과의 깊이를 강조하고, 색채로 빛의 반사와 그림자까지 보여줬다. 아울러 주변 사물과 색의 상호작용을 관찰해 사과가 배경이나 옆에 놓인 다른 사물과 어떤 관계를 맺고 있는지 표현했다. 사과 옆의 파란 그릇으로 사과의 색감을 더 생생하게 돋보이도록 하기도 하고, 반대로 사과의 붉은 톤이 주변 색과 어우러지면서 따뜻한 분위기를 형성시키기도 했다.

세잔은 사과를 단번에 완성하지 않고, 오랜 시간에 걸쳐 관찰하며 점진적으로 그렸다. 그는 사과가 조금씩 달라 보이는 이유가 시간에 따라 빛의 각도나 그림자가 변하기 때문임을 파악하고, 그런 변화를 그림에 담으려 했다. 그래서 그의 사과 그림은 고정된 한 순간이 아니라, 시간의 흐름을 느끼게 한다. 세잔은 하나의 시점에서 사과를 바라보는 것이 아니라, 여러 시점에서 대상을 관찰하며 종합적인 형태와 구조를 표현했다. 그의 사과는 '한 시점의 순간'을 넘어서 '다양한 시각의 조합'으로 그려졌다고 할 수 있다.

관찰력을 키우기 위해서는 폴 세잔처럼 동일한 대상을 여러 각도에서 바라보고, 상황에 따라 다른 시각을 적용하는 것이 중요하다. 한 가지 사물이나 현상을 다양한 관점에서 이해할 수 있기 때문이다. 이 방법은 비판적 사고력과도 연결된다. 우리는 현상과 사물을 비판적으로 사고할 때 비로소 다른 시각으로 볼 수 있기 때문이다.

대니얼 카너먼과 아모스 트버스키는 사람들이 비합리적인 방식으로 결정을 내리는 이유를 다양한 심리적 요인에서 찾아낸 사람들이다. 그들은 경제학에 심리학적 요소를 접목하여 행동경제학이란 학문을 개척했다.

　인류학자들은 서로 다른 문화적 배경을 가진 사회를 다각도로 분석하여 문화 상대주의의 개념을 만들었다. 이로써 특정 문화의 관습이나 가치가 보편적이지 않음을 이해하고, 문화 간의 차이를 존중하는 태도를 갖게 되었다.

　복잡한 문제를 해결하려면 다각적인 시각을 갖는 것이 중요하다. 예를 들어, 환경 문제를 해결하기 위해서는 경제, 사회, 생태적 관점을 동시에 고려하는 시스템 사고가 필요하다. 대상을 다각도로 바라보는 방법은 과학, 의학, 디자인, 심리학, 인류학 등 여러 분야에서 중요한 통찰을 준다. 이러한 접근은 문제의 본질을 깊이 이해하고, 혁신적인 해결책을 찾는 데 필수적이다.

　관찰력은 이처럼 단순히 세상을 바라보는 방식에 그치지 않고, 대상을 깊이 이해하고 새로운 통찰을 얻는 데 중요한 도구가 된다. 관찰을 통해 우리는 스쳐지나가던 일상의 사소한 것들에서 특별한 의미와 가치를 발견할 수 있다. 이는 글쓰기, 과학, 예술, 심리학 등 모든 분야에서 창의적 사고와 문제 해결 능력을 키우는 핵심이 된다.

　주의 깊게 바라보고, 감각을 활용하며, 비교와 대조를 통해 대상을 다각도로 관찰하는 방법은 우리에게 더욱 풍부한 관점과 깊이를 제공한다. 더 나아가 이러한 관찰력은 호기심과 비판적 사고를 자극하여 세상을 보다 다채롭게 바라보는 눈을 길러준다. 결국 관찰은 단순히 정보를 수집하는 것을 넘어, 세상을 이해하고 새로운 아이디어를 실현하는 출발점이 된다.

비판적 사고와 사유

비판적 사고란 무엇인가?

○ ● ○

베리 마셜(Barry Marshall)과 로빈 워런(Robin Warren)은 헬리코박터 파일로리(Helicobacter pylori) 균이 위염과 위궤양의 주요 원인이라는 사실을 발견하여 기존 의학의 통념을 뒤엎었다. 이 과정에서 비판적 사고는 기존 지식을 의심하고 실험으로 이를 검증하는 데 중요한 역할을 했다.

1979년 병리학자 로빈 워런은 위장의 생검 표본을 현미경으로 관찰하다가 위 점막에서 특정한 나선형 박테리아(후에 헬리코박터 파일로리로 명명)를 발견했다. 워런은 이 균이 염증이 있는 위 조직에서만 발견된다는 점에 주목했다. 1970년대와 1980년대 초까지만 해도 의학계는 위염과 위궤양이 스트레스나 매운 음식, 위산 과다로 인해 발생한다고 믿었다. 그러나 병리학자 로빈 워런은 환자의 위 조직에서 특정 나선형 박테리아가 관찰되는 것을 발견하면서 기존 이론에 의문을 가졌다.

마셜이 워런의 발견에 관심을 가지며 연구에 참여했고, 이들은 함께 연구를 진행하면서 헬리코박터 파일로리가 위염과 위궤양과 관련이 있다는 가설을 세웠다. 이들은 전통적인 지식을 비판적으로 검토하고, 새로운 설명을 탐구하는 비판적 사고로 실험을 설계했다. 그리고 연구팀은 실험으로 헬리코박터 파일로리가 위에서 생존할 수 있으며, 감염 시 위염을 유발한다는 사실을 발견했다. 하지만 당시 의학계에서는 위산이 강산성인데 어떻게 세균이 생존할 수 있느냐며 마셜과 워런의 주장을 인정하지 않았다.

이를 극복하고 가설을 입증하기 위해 마셜은 자발적으로 헬리코박터 파일로리를 섭취하며 실험을 감행했다. 이후 그는 실제로 위염 증상을 경험했고, 이는 곧 헬리코박터 파일로리가 위염을 일으킨다는 강력한 증거가 되었다. 마셜과 워런은 지속적으로 자신들의 가설을 입증하기 위해 데이터를 수집하고, 이를 발표했으며, 헬리코박터 파일로리가 위염과 위궤양의 원인임을 증명해 냈다. 이 연구는 이후 수많은 후속 연구로 확증되었고, 위염과 위궤양 치료 방법을 근본적으로 변화시켰으며, 이 업적으로 두 사람은 2005년에 노벨 생리의학상을 수상했다. 이는 기존 지식에 의문을 제기하는 비판적 사고가 얼마나 중요한지 보여주는 좋은 사례라 할 수 있다.

찰스 다윈(Charles Darwin)은 비판적 사고로 진화론을 주장했다. 다윈은 다양한 종의 생물을 관찰하고, 그들의 특성이 어떻게 환경과 상호작용하는지 분석했다. 그는 갈라파고스 제도에서 발견한 핀치새, 거북이, 그리고 이구아나를 보며 생물 다양성이 어떻게 나타나는지 연구했다. 그리고 생물종이 시간이 지남에 따라 변한다는 가설을 세웠다. 그는 기존의 신념을 의심하고, 생물이 환경에 적응하는 방식으로 변화한다는 자연 선택의 개념으로 과학 발전에 큰 기여를 했다. 이 과정에서 그는 다양한 과학적 증거를 분석하고, 환경이 각 생물의 생존과 번식에 어떠한 영향을 미치는지 평가했다.

당시 다윈은 일반적인 창조론에 도전하여 생물학적 진화를 설명하기 위해 과학적 데이터와 논리를 사용했다. 이러한 비판적 접근은 그가 종의 기원과 자연 선택에 대한 이해를 심화하는 데 도움을 주었다. 다윈은 자신의 이론을 뒷받침하기 위해 다양한 생물의 형태, 구조, 행동, 분포에 관한 자료와 정보를 수집했다. 그리고 수집한 자료들을 정리하여 1859년에《종의 기원》을 출간했다.

다윈은 자신의 이론을 비판하는 주장을 받아들이고, 이를 바탕으로 연구를 계속 진행했다. 그는 후속 연구로 자신의 주장을 강화하고, 비판적 사고로 새로운 질문을 제기하며 발전해 나갔다. 그 결과, 다윈의 비판적 사고는 생물의 진화 과정을 이해하고 설명하는 데 중요한 역할을 했다.

비판적 사고(Critical Thinking)는 한마디로 다른 사람의 의견이나 주장을 무조건 수용하지 않는 것이다. 정보를 분석하고 평가하는 능력으로, 합리적이고 논리적인 결론을 도출하는 사고 과정이다. 이때 비판적 사고를 하지 않는다면 어떤 현상이 발생할까?

영국의 극작가이자 소설가인 조지 버나드 쇼는 영국 사회를 관찰하다가 사회의 잘못된 일면을 보게 되었다. 그것은 미켈란젤로 마니아들은 로댕을 무조건 싫어한다는 사실이었다. 버나드 쇼는 그 편견을 깨려고 파티를 열고 미켈란젤로 마니아들을 초청했다. 만찬을 마칠 때쯤 버나드 쇼가 마이크를 잡고 말했다.

"여러분! 제가 귀한 작품을 보여드리겠습니다."

그리고 작품 하나를 내걸고 말했다.

"여러분, 멋있지요? 이것은 로댕의 작품입니다."

곧 객석에서는 "색깔이 왜 저 모양이냐!", "구도가 왜 저래?", "저것도 작품인가?"라는 혹독한 비평이 쏟아졌다.

이에 버나드 쇼가 한마디를 덧붙였다.

"여러분! 제 실수로 그만 작품을 잘못 들고 나왔습니다. 이것은 로댕의 작품이 아니라 미켈란젤로의 작품입니다."

그러자 장내가 갑자기 조용해졌다. 미켈란젤로 마니아라면 조금만 살펴봐도 전시한 조각 작품이 미켈란젤로의 것임을 알 수 있었다. 그런데도 사람들은 로댕의 작품라는 버나드 쇼의 말에 편견을 먼저 가졌던 것이다.

영화 〈서울의 봄〉은 전두환과 그를 따르는 하나회 군 간부들이 일으킨 쿠데타를 주제로 한 영화다. 영화는 1979년 10월 26일 박정희 대통령의 암살 사건부터 시작한다. 이 사건은 당시 대한민국 정국에 큰 충격을 주었고, 이후 발생한 권력 공백과 혼란 속에서 전두환이 권력을 찬탈하는 계기가 되었다. 그 당시 정치군인들은 사유의 부재로 권위에 맹목적으로 복종하고, 비판적 사고의 부족으로 전두환이 권력을 찬탈하고 권력을 유지하는 데 기여했다. 그들은 전두환의 명령과 조치에 깊이 생각하거나 정당성을 검토하기보다는 단순히 지시한 대로 행동했다. 이는 개인의 사유 능력 부재가 결과적으로 사회적으로 어떠한 악영향을 끼치는지 보여주는 사례라 할 수 있다.

비판적 사고력을 계발하는 방법

○●○

인공지능 시대에 우리 교육제도가 비판적 사고력과 문제 해결 능력을 키우지 못한다는 비판은 어제 오늘의 일이 아니다. 특히 지식 암기 위주의 교육 시스템이 그렇다. 우리 교육 시스템은 여전히 암기 위주의 학습 방법에 크게 의존하고 있다. 학생들은 대입 시험에서 좋은 성적을 받으려고 암기 위주 공부에 많은 시간을 투자한다. 이로 인해 학생들은 지식을 비판적으로 분석하거나 응용하는 능력은 상대적으로 부족한 것이 현실이다.

AI 시대에는 답이 없는 문제를 해결하고, 새로운 아이디어를 창출하는 능력이 중요하다. 하지만 암기 위주의 교육은 창의적 사고와 문제 해결 능력을 기르는 데 분명한 한계가 있다. 학생들이 스스로 질문을 던지고, 비판적으로 사고하며, 자신의 의견을 논리적으로 전개하는 경험을 축적해야 한다. 이는 AI가 생성하는 정보나 데이터를 비판적으로 분석하고 활용할 때 중요한 능력이 된다.

또한 AI 시대에는 다양한 학문과 기술이 융합되는 경향이 강해진다.

하지만 우리 교육제도는 여전히 과목 간에 경계가 뚜렷하여 융합적 사고를 기르기가 어렵다. 예를 들어, 수학, 과학, 사회 등 각 과목을 독립적으로 교육하기 때문에, 학생들이 이러한 지식을 통합하여 새로운 문제를 해결하는 능력을 키우는 데 한계가 있다.

프랑스와 독일의 대입 시험은 서술형과 논술형 문제가 나온다. 프랑스 대입 시험인 바칼로레아는 특히 철학 시험에서 서술형과 논술형 문제가 많이 출제된다. 학생들은 제시된 주제에 대해 자신의 의견을 논리적으로 전개하고, 다양한 철학적 견해를 비교·분석하여 결론을 도출한다. 이 과정에서는 단순한 사실 나열이 아니라, 여러 가지 관점에서 문제를 분석하고, 자신의 주장을 설득력 있게 전개해야 한다. 이는 비판적 사고력을 키우는 데 큰 도움이 된다. 예를 들어, '행복이란 무엇인가?'라는 주제에 답할 때, 여러 철학자의 이론을 비교하고, 그들의 견해를 비판적으로 분석하면서 자신만의 결론을 이끌어내야 한다.

독일의 아비투어도 서술형과 논술형 문제를 출제하여 좋은 점수를 얻으려면 비판적 사고가 필요하다. 특히 문학, 역사, 사회학과 같은 과목에서 논술형 문제가 주로 출제된다. 학생들은 지문을 분석하고, 역사적 사건을 해석하며, 사회 문제에 다양한 관점을 논의해야 한다. 예를 들어, 역사 과목에서 학생들은 특정 사건이나 인물에 대해 다양한 해석을 제시하고, 이를 바탕으로 자신만의 견해를 논리적으로 펼쳐야 한다. 특히 독일의 교육 시스템은 학습자의 독립적 사고와 논리적 분석 능력을 강조하기 때문에, 학생들은 문제를 다각도로 접근하고 다양한 의견을 비판적으로 평가하는 연습을 해야 한다.

이처럼 프랑스와 독일의 대입 시험에서 서술형과 논술형 문제는 단순히 지식을 평가하는 것 이상으로, 학생들이 주제를 비판적으로 사고하고, 논리적으로 의견을 전개하며, 독립적인 결론을 도출하는 능력을 기르는 데 중점을 두고 있다.

그렇다면 비판적 사고력을 개발하기 위해서는 어떤 방법이 있을까?

1. 질문하기

드러난 정보에 의문을 제기해야 한다. 그러려면 "이 정보는 어디서 왔는가?", "이 주장의 근거는 무엇인가?"와 같은 질문을 습관처럼 해야 한다. 다음은 비판적 사고력을 기르기 위한 질문들이다. 이런 질문들은 사물이나 주제를 다각도로 분석하고 깊이 있게 이해하는 데 도움을 준다.

- '이 아이디어는 어떤 가정에 기반하고 있는가?'
- '이 주장을 뒷받침하는 증거는 신뢰할 만한가?'
- '어떤 숨은 전제나 편견은 없는가?'
- '이 주장은 논리적으로 타당한가?'
- '반대되는 증거나 사례는 없는가?'
- '다른 설명이나 다른 관점에서 볼 수 있는가?'
- '정보 출처가 신뢰할 만한 곳인가?'
- '이 정보를 제공한 사람과 기관의 의도나 이해관계는 무엇인가?'
- '비슷한 주제를 다른 출처에서는 어떻게 말하고 있는가?'

- '이 주제를 다른 사람들은 어떻게 바라볼까?'
- '이 문제를 더 넓은 맥락에서 보면 어떻게 보일까?'
- '이 문제에 대해 모르는 부분이나 더 알아봐야 할 부분은 없는가?'
- '이 문제의 근본적인 원인은 무엇일까?'
- '이 아이디어나 결정이 사회에 미치는 영향은 무엇일까?'
- '이 결론이 옳다면, 어떤 결과를 초래할까?'
- '나는 이 문제를 어떻게 느끼는가? 왜 그런가?'
- '나의 감정이나 편견이 이 결론에 어떤 영향을 미쳤을까?'
- '내가 간과하거나 무시한 정보는 없는가?'

이런 질문을 하면 관점이 넓어지면서 문제의 본질을 파악하고, 자신의 생각을 정리하는 데 도움을 준다. 질문을 하며 여러 출처에서 정보를 수집하고, 그것을 비교·분석하여 신뢰성과 관련성을 평가하는 연습을 해야 한다. 이는 정보의 편향성을 줄이는 데 도움을 준다. 아울러 주장과 근거 간의 관계를 이해하고, 논리적 비약이나 오류를 찾아내는 훈련도 필요하다.

2. 다양한 관점과 의견 존중하기

다른 사람의 견해를 듣고 이해하려고 노력하는 태도가 중요하다. 다양한 관점을 접할 때 우리는 사고의 폭을 넓힐 수 있다. 책, 사회적 이슈, 뉴스 기사를 주제로 토론하며 서로 다른 시각에서 논의해 보는 방법도 유용하다. 이는 각 참여자가 다양한 관점을 이해하고, 스스로 비판적 질문을 던지도록 훈련하는 방법이라 할 수 있다.

예를 들어 '기술의 발전이 일자리 감소에 미치는 영향'이라는 주제로 토론할 때, 다양한 관점에서 이야기를 나눌 수 있다. 기술 발전으로 새로 생겨나는 일자리를 강조하는 입장과 자동화로 인해 줄어드는 일자리를 우려하는 입장을 비교하여 논리와 증거를 평가해 보는 방법이 그것이다.

뉴스나 기사에서 다양한 의견을 분석하는 방법도 좋다. 같은 사건을 다룬 여러 언론의 기사를 찾아 읽고, 각 기사에서 어떤 관점과 논리를 취하고 있는지 비교·분석하는 연습이다. 각 언론의 편향성이나 관점의 차이를 인지하고, 사건을 객관적으로 보는 훈련을 할 수 있다.

일상에서 자신과 다른 의견을 가진 사람과 대화를 나누면서 그들이 왜 그런 의견을 가지게 되었는지 질문하고 경청하는 방법도 있다. 자신이 몰랐던 관점이나 새로운 정보를 인지하면 그것을 깊이 생각해 보고 자기 의견과 비교해 보자.

혼자 연습하는 방법도 있다. 하나의 주제에 대해 먼저 자신의 의견을 정리한 후, 반대되는 의견을 스스로 만들어 보는 방법이 그것이다. 그리고 그 반대 의견의 논리를 찾고, 다시 반박할 만한 근거를 찾는 식으로 반복한다. 예를 들어 '온라인 학습이 전통적인 대면 수업보다 더 효과적이다'라는 주장에 찬성 입장과 반대 입장을 각각 설정해 논리와 증거를 나열해 보자. 찬성 측에서는 시간과 장소의 유연성을 강조하고, 반대 측에서는 소통의 한계를 논리적으로 설명하는 방식으로 반복해 보자. 이렇게 다양한 훈련을 반복하다 보면 비판적 사고력이 자연스럽게 길러지며 다양한 의견을 존중하고 분석하는 능력을 키울 수 있다.

3. 사례 연구와 문제 해결책 찾기

실제 사례를 분석하고 해결책을 모색하는 활동은 문제 해결 능력을 기르는 데 효과적이다. 이 방법은 실질적인 상황에서 문제를 깊이 있게 분석하고, 다양한 해결책을 모색하며 최선의 방안을 도출하는 과정이다. 이를 실행하는 방법을 구체적으로 알아보자.

① **사례 선정과 문제 파악:** 먼저 연구할 사례를 고른다. 이를 위해 일상생활의 경험, 사회적 이슈, 역사적 사건 또는 산업 내 문제 등을 선택할 수 있다. 선택한 사례에서 나타나는 핵심 문제를 파악하고, 이를 구체화한다. 최근 일어난 환경오염 사건을 사례로 선택했다면, 사건의 전개와 환경에 미친 영향을 정리한다. 예를 들어, 특정 지역의 해양 오염 문제를 선정하고, 원인(예: 플라스틱 폐기물)과 영향을 파악해 문제를 도출한다.

② **원인 분석:** 문제의 근본 원인을 찾기 위해 '왜 그랬을까?'라는 질문을 계속한다. 단순히 표면적 원인뿐 아니라 더 깊이 있는 구조적 문제나 여러 요인들이 어떻게 얽혀 있는지 분석한다. 예를 들어, 해양 오염 문제는 '플라스틱 사용 증가', '재활용 체계 미흡', '기업의 무분별한 폐기물 처리'와 같이 여러 요인이 얽혀 있다는 사실을 발견할 수 있다.

이로써 오염의 복합적 원인을 파악할 수 있다.

③ 해결책 탐색과 대안 평가: 문제를 해결하기 위한 다양한 해결책을 구상하고, 각각의 장단점을 평가한다. 이를 위해 다른 지역이나 유사한 문제 해결 사례를 참고하거나 여러 분야의 전문가들이 제안하는 아이디어를 수집한다. '플라스틱 오염' 문제의 해결책으로 플라스틱 사용 규제 강화, 대체 소재 개발, 재활용 프로그램 개선 같은 대안을 마련한다. 각 대안의 실행 가능성, 비용, 사회적 영향 등을 비교하여 평가한다.

④ 해결책의 실현 가능성과 부작용 생각하기: 각 대안의 실현 가능성을 면밀히 검토하고, 실행할 때 발생할 부작용도 함께 고려한다. 문제 해결에 따른 긍정적인 영향뿐 아니라 부정적 영향을 미리 예측해 더 나은 결정을 내릴 수 있도록 한다. 예를 들어, 플라스틱 사용 규제 강화가 가져올 긍정적인 효과(환경 개선)와 부작용(비용 상승에 따른 소상공인의 부담)을 평가한다. 이런 방법으로 현실적이고 균형 잡힌 해결책을 찾아내도록 한다.

⑤ 최적의 해결책 결정과 실행 계획 수립: 모든 대안을 평가한 후 최적의 해결책을 선정하고, 실행 계획을 구체적으로 수립한다. 실행 계획에는 단계별 실행 방식, 필요한 자원, 예상되는 장애물과 이를 해결할 방법 등을 포함한다. 재활용 프로그램 강화를 최적의 해결책으로

선택하고, 이를 위해 지역 단체와 협력 계획을 세운다. 또한 주민 교육, 정책적 지원 방안 등을 마련하여 문제 해결의 지속성을 높인다.

⑥ **사례 평가와 피드백:** 실행 계획을 적용한 후 결과를 평가하고, 예상치 못한 문제나 개선할 부분을 파악한다. 이렇게 하면 다음 문제 해결 과정에서 피드백을 반영해 더 발전된 방법으로 접근할 수 있다. 재활용 프로그램을 실행한 후 플라스틱 오염이 얼마나 줄어들었는지 평가하고, 주민 반응, 정책적 효과를 분석한다. 향후 비슷한 문제를 해결할 때 더 나은 접근법을 찾기 위한 자료로 활용한다.

4. 비판적 독서와 쓰기 연습

책을 읽고 저자의 주장을 분석하며 자신의 의견을 정리한다. 이때 주장의 근거와 논리의 일관성을 평가하는 연습을 하면 좋다. 이 부분은 5장에서 자세히 다룰 것이다.

비판적 사고는 기존의 통념과 지식을 맹목적으로 받아들이지 않고, 논리적 근거로 정보를 분석하고 평가하며 새로운 관점을 도출하는 과정에서 핵심적인 역할을 한다. 이는 헬리코박터 파일로리의 발견에서처럼 학문적 통찰을 이루는 데 중요한 도구가 될 뿐만 아니라, 다윈의 진화론처럼 기존 신념을 넘어선 혁신적인 이론을 제시하는 데도 필수적이다. 또한, 일상생활과 사회 문제 해결 과정에서도 비판적 사고는 개인의 사유 능력을 확장하고, 사회적 편향과 오류를 바로잡는 데 기여한다.

비판적 사고력을 계발하기 위해서는 끊임없이 질문을 던지고, 정보를 다양한 관점에서 분석하며, 논리적으로 평가하는 태도가 필요하다. 또한 타인의 의견을 존중하고, 다각적인 사고를 통해 문제를 해결하는 경험도 축적해야 한다.

5

질문하며 독서하기

AI 시대에 독서는 왜 필요한가

유명한 책벌레들

○●○

역사에서 유명한 인물을 떠올리라고 하면 누가 먼저 떠오르는가? 윈스턴 처칠, 아브라함 링컨, 마하트마 간디, 넬슨 만델라, 아이작 뉴턴, 아인슈타인, 찰스 다윈 등이 떠오를 것이다. 문학가 중에는 윌리엄 셰익스피어, 빅토르 위고, 톨스토이, 버지니아 울프, 예술가 중에는 레오나르도 다빈치, 미켈란젤로, 에드바르 뭉크, 파블로 피카소, 사업가 중에는 워렌 버핏, 빌 게이츠, 스티브 잡스, 마크 저커버그 등이 생각날 것이다. 우리나라 위인으로는 누가 떠오르는가? 세종, 장영실, 이순신, 이이, 정약용, 이병철, 정주영 같은 인물일 것이다. 그런데 외국 위인이든 우리나라 위인이든 공통점이 있다. 바로 책벌레라는 것이다.

영국의 총리이자 노벨 문학상을 수상한 처칠은 어린 시절부터 책을 많이 읽었다. 특히 역사와 문학에 관심이 많았다. 제2차 세계대전 중에도 독서를 하며 전략적 영감을 얻었다고 한다. 전쟁 이후에는 회고록을 써서 저술가의 면모를 보여 주었다. 정치가로서 노벨 문학상을 수상한 특이한 이력은 독서가 없었다면 불가능했을 것이다. 미국의 16대 대통령 링컨은 정규 교육을 거의 받지 않았다. 그가 책을 읽으며 독학으로 법률과 정치 관련 지식을 쌓은 이야기는 널리 알려져 있다.

인도의 독립운동 지도자이자 성인으로까지 불리는 간디는 철학 서적과 종교 서적을 읽으며 영감을 받았다. 간디는 남아프리카공화국에서 인도인의 권리를 옹호할 때 헨리 데이비드 소로우(Henry David Thoreau)의《시민의 불복종》이라는 에세이에 큰 영향을 받았다. 이 글은 간디의 비폭력적 저항정신의 기초가 되었으며, 도덕적이고 평화로운 저항 방법을 찾는 데 큰 영향을 미쳤다.

아이작 뉴턴은 고대 그리스와 중세 학자들의 저서를 깊이 탐구했다. 특히 케플러와 갈릴레오의 저서에서 큰 영향을 받았다. 독서로 얻은 배경지식은 만유인력의 법칙을 발표하는 데 중요한 역할을 했다. 알버트 아인슈타인은 철학과 과학 서적을 즐겨 읽었다. 독서는 시간과 공간의 개념을 확장하는 발판이 되었고 그 결과 상대성 이론이라는 혁신적인 이론을 발표할 수 있었다. 두 사람뿐 아니라 수많은 과학자가 이룩한 발견과 발명은 독서가 없었다면 불가능한 일이었다. 과학자들은 책에서 단순한 정보 습득을 넘어 창의적인 발상을 촉발하는 영감을 얻었다.

《노트르담 드 파리》와《레 미제라블》의 작가인 빅토르 위고는 이른 새벽 일어나 글을 쓰기 전후로 독서하는 습관이 있었다. 문학, 철학, 역사, 정치 등 여러 분야의 책을 읽었고, 프랑스 고전 문학뿐 아니라 영국, 스페인 등 다른 나라 작품도 탐독하였다. 특히 셰익스피어와 단테 같은 작가들에게서 큰 영감을 받았다. 러시아의 작가 톨스토이는 방대한 철학, 종교, 역사 서적을 탐독하여 인생을 바라보는 깊은 통찰을 작품에 녹여냈다. 그가 쓴 《전쟁과 평화》, 《안나 카레니나》 같은 대작은 독서와 사유의 결과물이었다. 영국의 작가 버지니아 울프도 셰익스피어, 제인 오스틴의 작품뿐 아니라 여러 철학자의 책을 읽으며 작가로서 소양을 길렀다.

예술가 중에도 독서를 하며 창의력을 자극받고 작품에 깊이를 더한 책벌레들이 많다. 레오나르도 다 빈치는 수학, 해부학, 천문학 등 다방면의 책을 깊이 탐독했다. 르네상스 시기의 또 다른 거장 미켈란젤로는 단테의 《신곡》을 비롯한 고전 문학 작품들을 좋아했다. 〈절규〉로 유명한 노르웨이 화가 뭉크는 니체와 키에르케고르 같은 철학자의 저서를 열심히 읽으며 인간의 고통과 불안을 표현하는 데 영감을 얻었다. 파블로 피카소는 문학과 시를 사랑했고, 철학자와 작가들의 글에서 많은 영향을 받았다. 피카소가 작품으로 사회적 메시지를 강조한 이유도 독서와 철학적 탐구의 결과였다.

바빠서 책 읽을 시간이 없을 것 같은 기업인 중에도 독서로 경영에 필요한 지혜를 얻은 인물이 많다. 미국의 워렌 버핏은 하루의 절반 이상을 독서에 할애했다고 알려져 있다. 투자와 경제, 인문학 관련 서적을 읽으며 투자할 때 필요한 통찰력을 키웠다. 버핏은 "지식은 복리로 증가한다"며 독서의 중요성을 자주 강조하였다. 애플의 공동 창업자 스티브 잡스는 불교 경전과 동양 철학 관련 책을 즐겨 읽었을 뿐만 아니라 심리학 서적도 즐겼다. 독서에서 얻은 통찰은 잡스의 혁신적인 사고방식에 큰 영향을 미쳤다.

페이스북 창립자 마크 저커버그는 어릴 때 《그리스 로마 신화》를 되풀이해서 읽었다고 밝혔다. 또한 프랑스어, 라틴어, 고대 그리스어, 히브리어 등 여러 언어권의 책을 읽었다. 저커버그는 주로 세계 역사, 정치, 경제와 관련된 책을 읽으며 여러 가지 관점을 이해하려고 했다. 독서로 얻은 지식과 통찰력은 페이스북이라는, 심리학과 컴퓨터공학을 융합한 전대미문의 소셜 네트워크 서비스를 만들어 내는 원동력이 되었다.

우리나라에도 독서로 깊은 통찰을 얻어 학문이나 사회에 크게 기여한 책벌레가 많다. 세종이 책벌레라는 사실은 유명하다. 다양한 독서로 지식을 쌓은 결과, 한글 창제를 비롯해 과학과 음악, 농업, 군사 등 다방면에 걸친 개혁을 이루어 냈다. 세종 시기에 활약한 과학자 장영실은 과학과 천문학 서적을 읽으며 기초 지식을 쌓았고, 이를 바탕으로 자격루와 혼천의 같은 발명품을 만들어 냈다. 조선 후기 실학자 정약용은 유교 경전뿐 아니라 수학, 천문학, 의학 등 여러 학문에 걸쳐 방대한 서적을 읽었다. 한문이라는 문자가 생긴 이래 가장 많은 책을 저술한 그의 능력은 독서에서 비롯되었다.

삼성그룹 창업자인 이병철 전 회장은 책을 탐독하며 경영 철학과 인문적 통찰력을 키웠다. 특히 피터 드러커의 경영 서적과 인문학 서적에서 많은 영감을 받은 것으로 알려졌다. 현대그룹 창업자인 정주영 회장의 실용적인 독서 습관은 경영 철학과 문제 해결 방식에 큰 영향을 미쳤다. 정 회장은 책에서 얻은 이론적 지식과 현장 경험을 결합해 창의적이고 과감한 사업 결정을 내렸다. 예를 들어, 중동 건설 사업이나 울산 조선소 건설 등에서 보여준 혁신적인 도전 정신은 다양한 지식과 경험에서 나왔다.

이처럼 역사적 위인들과 혁신적인 인물들의 공통된 특징은 독서를 하며 지혜와 통찰을 얻었다는 점이다. 독서는 단순히 정보를 얻는 수단을 넘어, 사고를 확장하고 새로운 아이디어를 떠올리는 촉매제가 되었다. 그들은 책 속에서 과거의 지혜를 배우고, 현재의 문제를 해결하며, 미래를 창조할 비전을 발견했다.

이러한 사례는 우리에게 중요한 교훈을 준다. 우리는 기술과 정보가 넘쳐나는 시대에 살고 있다. 하지만 그럴수록 깊이 있는 독서의 중요성은 더욱 커진다. 독서는 단순히 읽는 행위가 아니라, 세상을 이해하고 더 나은 방향으로 변화시키는 힘이기 때문이다. 책 속에서 길을 찾고 통찰을 얻은 위인들처럼, 우리도 독서를 통해 삶의 방향을 설정하고, 새로운 가능성을 탐구하며, 개인과 사회의 발전에 기여할 수 있다. 독서가 주는 무한한 가능성은 시대와 장소를 초월하는 보편적 진리이기 때문이다.

기업은 왜 직원들에게 독서를 장려할까?

○ ● ○

인공지능 시대에 책의 효용가치가 떨어졌다고 주장하는 사람들이 많다. 그들은 지식을 이제 책으로 얻을 필요가 없다고 말한다. 아주 틀린 말은 아니다. 검색 사이트나 동영상 플랫폼을 활용하면 필요한 내용을 순식간에 찾아볼 수 있다. 자료를 찾기 위해 도서관 서고를 헤매는 수고도 필요 없다.

그런데도 회사에서는 왜 독서를 강조할까? 직원들에게 독서를 강조할 뿐만 아니라 아예 사내에 도서관을 설치하여 독서를 권장하고 장려금까지 지급하는 이유는 무엇일까?

토스(Toss)는 핀테크 스타트업이다. 독서경영으로 직원들이 자기 계발을 하여 성장하기를 원한다. 토스는 토스 북 클럽(Toss Book Club)이라는 독서 공유 플랫폼을 운영한다. 이 플랫폼에는 직원들이 읽고 싶은 책을 추천하고, 독서 후 느낀 점이나 깨달은 바를 공유하는 공간이 마련되어 있다. 토스 직원들은 정기적으로 독서모임을 열어 함께 책을 읽고, 깊이 있는 토론을 한다. 개인이나 팀 단위로 연간 독서 목표를 설정하고, 목표를 달성하거나 독서 활동에 참여하면 포상하는 인센티브 프로그램도 있다. 토스는 이 방법으로 직원들이 의식적으로 독서하도록 만들고, 독서를 생활화하도록 자연스럽게 유도한다.

구글(Google)은 직원들이 자유롭게 이용할 수 있도록 사내 도서관을 운영한다. 도서관에서는 최신 기술, 비즈니스, 심리학, 자기 계발, 창의성 관련 도서들을 비치하여 다양한 책을 쉽게 접할 수 있다. 사내에서 운영하는 독서클럽은 자발적으로 참여하여 함께 읽고 토론하는 프로그램이다. 책을 읽고 토론하면서 새로운 지식을 습득하고, 창의적 사고와 비판적 사고를 기른다. 아울러 독서와 토론은 일상적인 직무

스트레스를 해소하고, 일과 삶의 균형을 유지하는 데도 도움을 준다.

또한 구글이 주최하는 강연 프로그램인 톡 앳 구글(Talks at Google)은 다양한 분야의 전문가, 저자, 예술가, 유명 인사, 학자 등을 초대하여 그들의 지식과 경험을 공유하는 자리다. 강연은 직원뿐 아니라 일반 대중에게도 공개된다. 주제는 과학, 기술, 예술, 문화, 경영, 웰빙 등 매우 다양하다.

준오헤어의 독서경영도 오래되었다. 회사는 직원들에게 읽어볼 만한 책을 소개한다. 추천도서 목록을 직무와 관련된 전문서적뿐 아니라, 자기 계발, 인문학 등 다양한 분야의 책으로 구성하여 직원들이 폭넓은 독서를 경험하도록 하고 있다. 직원들은 정기적으로 독서모임을 갖고 토론한다. 회사는 목표한 책을 읽거나 독서 관련 활동에 참여한 직원에게 포상하는 프로그램을 운영하여 독서를 장려한다.

준오헤어의 리더들은 독서의 중요성을 강조하고, 자신이 읽은 책을 팀원과 공유한다. 리더의 모범적인 독서활동은 직원들이 독서를 대하는 태도를 긍정적으로 바꾸어 자발적으로 독서활동에 참여하도록 유도한다. 특히 책에서 배운 내용을 팀 프로젝트나 고객 서비스에 활용하도록 지원하여 독서의 실제 효과를 체감하도록 한다.

이 외에도 아마존, 네이버, 카카오, 교보문고 등 많은 회사에서 독서를 강조하고 있다. 이처럼 기업에서 독서를 강조하며 독서활동을 장려하는 이유가 뭘까? 독서활동은 직원 간의 지식 공유와 소통을 활성화할 뿐만 아니라 기업의 전반적인 분위기를 긍정적으로 바꾸는 데 기여하기 때문이다. 특히 독서 토론 과정에서 직원들은 서로 다른 관점을 이해하게 된다. 독서 활동은 업무에도 도움을 준다. 예를 들어, 팀 프로젝트나 문제 해결 과정에서 책 내용을 바탕으로 새로운 아이디어를 제안하거나 전략을 세우는 데 활용하는 것이 대표적이다. 또한 직원의 창의성을 키우고, 회사의 혁신과 성장을 도모하려는 목적도 있다. 이처럼 독서는 직원 개개인의 성장뿐 아니라 조직 전체의 발전과 밀접하게 연결된다. 그렇다면 독서경영으로 기업이 얻는 긍정적인 효과로는 어떤 것이 있을까?

독서경영으로 얻는 첫 번째 효과는 '직원들의 사고력과 창의력 향상'이다. 독서는 직원들이 다양한 사고방식을 접하며 사고력을 키우는 좋은 방법이다. 독서를 하며 직원들은 다양한 분야의 지식과 경험을 간접적으로 체험한다. 예를 들어, 문학 작품을 읽으면 다른 사람들의 감정과 사고를 깊이 이해하게 되며, 철학이나 사회과학 서적을 읽으면서 문제의 근본 원인을 탐구하는 법을 배울 수 있다. 이를 통해 직원들은 특정 업무 상황에서 고정된 사고에 얽매이지 않고, 다양한 관점에서 문제를 바라보는 능력을 키울 수 있다.

또한 독서는 창의력의 중요한 요소인 유추 능력과 상상력을 자극한다. 책을 읽는 동안 직원들은 저자가 제시한 장면과 상황을 머릿속에서 그려보며 독서 내용과 관련된 아이디어를 상상하게 된다. 이런 과정은 뇌가 창의적 사고에 필요한 연상 작용을 활발히 하도록 돕고, 평소 생각하지 못한 해결책이나 아이디어를 떠올리는 데 큰 도움을 준다.

실제로 여러 기업에서 직원들이 독서 활동 이후 창의적인 사고력을 키워 혁신적인 아이디어를 제안하고, 문제 해결 능력을 보여주는 사례를 경험하고 있다. 이는 독서가 개인의 사고 능력을 향상시키는 것은 물론 조직 전체의 창의적 분위기를 조성하는 데 기여함을 의미한다. 결론적으로, 독서경영은 단순히 직원들에게 책을 읽는 습관 길들이기를 넘어 사고력과 창의력을 높여 업무 효율성을 극대화하는 효과가 있다.

독서경영으로 얻는 두 번째 효과는 '리더십과 의사결정 능력 강화'다. 독서는 관리자와 직원이 모두 리더십을 익히며 복잡한 상황에서 더 나은 의사결정 능력을 기르는 데 효과적이다. 특히 경제경영, 심리학, 인문학 분야의 독서는 경영층에게 중요한 통찰력을 제공하여 전략적 판단 능력을 향상시킨다. 책을 읽으면 새로운 아이디어와 관점을 얻게 되어 문제 해결에 창의적이고 유연하게 접근할 수도 있다. 이는 기업의 혁신과 경쟁력을 높이는 데 도움이 된다.

아울러 책으로 다양한 산업 동향, 혁신 기술, 글로벌 비즈니스 모델 등을 배우면서 변화에 민첩하게 대응할 수 있는 능력도 생긴다. 이는 빠르게 변화하는 비즈니스 환경에서 기업의 경쟁력을 유지하는 데 매우 중요한 역량이다. 문제 해결에 창의적이고 변화에 유연한 사고방식은 많은 것을 고려하여 의사결정을 해야 하는 리더에게 반드시 필요한 역량이다. 독서가 이 능력을 키워준다.

독서경영으로 얻는 세 번째 효과는 '소통 능력과 조직 문화 강화'다. 다음은 독서를 몸소 실천한 한 직장인의 이야기다. 독서가 그에게 얼마나 유용한 쓰임새로 작용했는지 한번 보자.

가을이 깊어가던 어느 날, 강진우 씨는 회사 사무실 벽에 걸린 포스터를 흘 긋 바라봤다. '한 달, 한 권, 그리고 우리 이야기'라는 타이틀이 눈에 들어왔다. 포스터에는 독서모임 공지가 적혀 있었다. 그는 평소에 독서를 좋아하지 않 았지만, 같이 일하는 동료들과 이야기를 나눌 기회가 생긴다는 생각에 호기 심이 일었다.

독서모임 첫날, 진우 씨는 약간의 긴장감과 기대감을 안고 회의실에 들어갔 다. 동료들이 이미 자리에 앉아 있었다. 마케팅팀의 송지혜 씨, 개발팀의 정선 우 씨, 인사팀의 한윤호 씨 등 평소에는 말을 섞지 않던 직원들이 모였다. 이 달의 책은《우리가 꿈꾸던 회사》라는 제목의 경영 서적이었다. 책을 읽고 모 인 그들의 대화는 처음엔 다소 어색했다. 지혜 씨는 다소 상기된 표정으로 책 의 한 구절을 낭독하며 "책에서 말한 열린 소통이 정말 가능할까요?"라고 물 었다. 그녀의 질문에 윤호 씨가 고개를 끄덕이며 맞장구쳤다.

"그러게요. 우리 팀에서도 가끔 서로 생각을 말하는 게 어려워요. 분위기도 딱딱하고."

진우 씨는 평소 동료들의 이런 속내를 들을 기회가 없었기에 흥미로웠다. 한편으로는 '한 번 책을 읽고 얘기 나눈다고 뭐가 달라질까?' 하는 회의적인 마음도 들었다. 그러나 시간이 흐르면서 이야기는 점차 깊어지고, 서로의 경 험과 생각들이 자유롭게 오갔다.

그리고 한 달 뒤, 진우 씨는 조금씩 변화하는 자신을 발견했다. 이번에는 자신이 직접 책에서 읽었던 인상 깊은 부분을 이야기했다. 그는 책 속의 한 장면을 예로 들며 "여기 보면 작은 아이디어도 인정받고 함께 실현해 나가 는 과정이 나와요. 우리 회사에서도 그런 걸 좀 해보면 좋을 것 같아요"라고 말했다. 이 말에 선우 씨는 그 아이디어를 잘 다듬어보자며 의견을 보탰다. 그날 진우 씨와 선우 씨는 단순히 대화를 넘어 작은 프로젝트를 함께 기획해 보기로 했다.

독서모임은 매달 이어졌고, 함께 읽고 나누는 시간은 일터에서 소통과 공감의 시간을 선물했다. 특히 서로의 업무를 이해하는 시간이 되면서 팀워크도 점점 더 강화되었다. 서서히 서로의 생각과 노력에 공감하는 분위기가 만들어졌고, 진우 씨는 자신의 생각과 경험을 자유롭게 말할 수 있다는 것에서 소속감을 느끼기 시작했다.

몇 달 뒤, 회사는 본격적으로 '열린 소통문화'를 장려하기 시작했다. 직원들은 함께 책을 읽으며 얻은 아이디어와 경험을 각 팀의 회의에도 적용했다. 지혜 씨는 마케팅 전략 회의에서 "책에서 읽은 방법을 한 번 써보자"고 제안했고, 윤호 씨는 새로운 직원 교육 프로그램에 독서 토론을 포함하는 안을 내놓았다.

독서경영을 활용하여 회사는 유연하고 협력적인 문화를 만들어 갔다. 서로를 이해하고 존중하는 분위기가 정착되자, 팀원들 간의 신뢰는 자연스레 높아졌고, 진우 씨 역시 이곳에서 일하는 것이 즐거워졌다. 그는 이제 더 이상 이직을 고민하지 않게 되었다. 그의 마음속에 자리 잡은 소속감과 팀워크가 그를 더욱 이 회사에 머무르고 싶게 만들었기 때문이다.

진우 씨는 문득 처음 독서모임에 참여했던 날을 떠올렸다. 그때는 책 한 권이 자신의 인생에 어떤 변화를 줄지 상상도 하지 못했지만, 이제는 진정한 팀이 만들어진 것 같았다. 독서경영은 진우 씨와 그의 동료들에게 단순히 책을 읽고 토론하는 것을 넘어, 서로의 생각과 경험을 공유하고 공감할 수 있는 기회를 제공했다. 그들은 직장 내 소속감과 협력의 가치를 깨달았고, 회사 전체에는 더욱 유연하고 협력적인 분위기가 조성되었다.

위의 이야기처럼 독서경영은 직원 간에 소통 능력을 강화하고, 서로의 생각과 지식을 공유하는 문화를 만든다. 책을 읽고 함께 토론하는 과정에서 소통의 기회가 늘어나며, 이를 계기로 팀워크를 강화하고 공감대를 형성한다. 이는 또한 유연한 협력 문화를 조성하고, 소속감과 충성심을 높여 이직을 예방하는 효과도 있다.

AI 시대에 더욱 필요한 비판적 사고력과 소통 능력

○●○

위에서 말한 독서경영의 효과로 '사고력과 창의력 향상'과 '소통 능력 강화'가 있다. 개인이든 기업이든 AI 시대에 경쟁력을 갖추려면 이러한 능력이 가장 중요하다. 특히 비판적 사고력이 없이는 창의력을 발휘할 수 없다. 다음 사례를 보며 이 능력이 중요한 이유를 다시 한 번 살펴보자.

김소영 대리는 대기업에 입사하여 마케팅팀에서 일하는 5년차 직장인이었다. 경쟁이 치열한 업계에서 아직까지는 눈에 띄는 성과를 내지 못하고 있었다. 김소영 대리에게 유일한 위안은 주말마다 책을 읽는 것이었다. 마케팅과 경영, 철학, 심리학에 관심이 많았다. 어느 날 책을 읽으며 문득 고객 심리를 파악하는 새로운 질문이 떠올랐다.

'고객을 제품으로 설득할 게 아니라, 고객이 원할 만한 순간에 제품을 제시하는 건 어떨까?'

그 아이디어로 김소영 대리는 새로운 마케팅 기법을 고안했다. 데이터를 분석해 고객이 특정 시간대에 흥미를 가질 만한 제품을 실시간으로 추천하는 방식이었다. 실험적으로 작은 캠페인을 진행한 결과, 매출은 예상을 넘어서며 크게 상승했다. 상사는 기획서를 보고 "독서가 그냥 취미라고 생각했는데, 정말 큰 자산이 되었군요!" 하며 칭찬했고, 김소영 대리는 마케팅 업무에서 독서가 얼마나 중요한 무기가 되는지 다시금 느꼈다.

김소영 대리처럼 책을 읽으며 번쩍 하고 아이디어가 튀어나오는 사례는 흔하다. 하지만 일에 치어 바쁘고 피곤하다는 핑계로 독서와 담을 쌓으면 도태할 수밖에 없다. 기업에서 직원들에게 독서를 강조하는 이유는 김소영 대리처럼 문제 해결에 창의적인 방법을 적용하기 때문이다. 사례를 하나 더 보자.

이수현 씨는 서울의 번화가에 자리한 글로벌 기업의 한 부서에서 일하는 평범한 회사원이었다. 전략기획팀에서 프로젝트 매니저로 일하며 늘 바쁜 일상을 보냈지만, 최근 회사에서 맡은 프로젝트는 평소보다 훨씬 중요한 것이었다. 이 프로젝트는 회사의 미래를 결정할 만큼 큰 규모였고, 이수현 씨는 이 프로젝트에서 팀을 이끌며 책임을 맡았다.

그러나 이 프로젝트는 초기부터 여러 어려움이 뒤따랐다. 다양한 의견이 충돌했고, 정보의 부족과 혼란 속에서 팀원들 사이에 소통도 원활하지 않았다. 마치 커다란 배가 폭풍우 속을 항해하는 듯했다. 그녀는 깊은 고민에 빠졌다. 문제를 해결하기 위해 수단을 강구해야 했지만, 기존의 방식을 고수해선 안 된다는 것을 직감적으로 느꼈다.

이수현 씨는 오래 전 대학 시절에 읽었던 한 문장이 떠올랐다.

"비판적 사고는 단순히 논쟁을 위한 것이 아니라 진실을 찾기 위한 도구다."

그녀는 비판적 사고력을 발휘하고, 소통 방식을 새롭게 시도해보기로 결심했다. 다음 날부터 이수현 씨는 프로젝트와는 관련이 없어 보이지만 통찰을 얻을 만한 책을 읽기 시작했다. 소통과 분석에 관한 책들이었다.《논리의 미로, 사고의 지도》는 가장 크게 영향을 준 책이었다. 이 책은 논리적 사고와 비판적 사고의 기초를 다루며, 고대 철학부터 현대 사회에 이르기까지 다양한 예시를 통해 사고의 함정을 설명하고 있었다. 비판적 사고는 단순히 정보의 나열이 아니라, 주어진 정보와 새로운 시각을 결합해 문제를 이해하고 해결하는 도구였다. 책을 덮은 후, 그녀는 자신의 팀원들이 각자의 관점과 논리를 펼칠 수 있는 환경을 만들어야겠다고 다짐했다.

팀 미팅에서 이수현 씨는 새로운 접근을 시도했다. 회의의 초점을 문제 해결보다는 열린 토론과 공감에 두었고, 모든 팀원이 자유롭게 의견을 내도록 장려했다. 처음엔 어색해했지만, 차츰 팀원들은 서로의 생각을 깊이 이해하며 소통하기 시작했다. 프로젝트 팀은 이 새로운 접근법 덕분에 서로 다른 조각들이 맞춰져 하나의 완벽한 퍼즐을 완성하는 것처럼 조화롭게 움직였다. 모든 팀원이 자유롭게 논의하고, 서로의 의견에 비판적 사고를 적용하며 발전시켜 나갔다. 마침내 작은 아이디어들이 모여 큰 그림이 그려지기 시작했고, 문제의 해답은 의외의 곳에서 찾아왔다.

　프로젝트는 예상보다 훨씬 빠르게 진전을 보였다. 마지막 프레젠테이션 날, 이수현 씨는 떨리는 마음으로 회사의 임원들 앞에 섰다. 발표는 큰 호평을 받았고, 프로젝트는 성공적으로 마무리되었다. 프로젝트를 진행하며 이수현 씨가 얻은 가장 큰 성과는 프로젝트의 완성 그 자체가 아니었다. 독서를 통해 비판적으로 사고하고 소통하는 방법을 배우면서 자신만의 새로운 리더십을 구축한 것이었다.

　이수현 씨의 사례처럼 독서는 다양한 시각을 접하고, 논리적으로 생각하는 능력을 키워준다. 책 속의 복잡한 문제를 해결하는 과정에서 독자는 문제를 깊이 있게 분석하고, 다양한 관점에서 이해하며, 문제를 해결할 능력을 갖출 수 있다. 이러한 비판적 사고는 AI가 제공하는 정보의 진위를 따져 비판적으로 수용하고, 새로운 관점을 탐색하는 데도 필요하다.

　아울러 독서는 창의적 아이디어를 발산적으로 확장하는 데에도 유용하다. 문학, 철학, 과학, 예술 등 다양한 장르의 책을 읽으면 독자는 새로운 방식으로 사고하는 법을 배우고, 연결되지 않은 개념들을 결합하여 아이디어를 만들어내는 능력을 얻는다. 특히, 다른 시대나 문화의 이야기를 접하며 고정관념에서 벗어나 독특한 발상을 할 수 있다. 이런 능력은 답이 없는 문제에서 답을 찾을 때 필요하다. 소설, 자서전, 평전 같은 작품은 주인공들이 창의적으로 문제를 해결하고, 어려움을 극복하는 과정을 다룬다. 독자는 작품을 읽으며 문제에 접근하는 새로운 아이디어를 얻고, 창의적으로 해결하는 통찰을 얻게 된다.

소설, 전기, 사회과학 등의 책은 다양한 사람들의 생각과 경험을 접하게 되면서 자신과 다른 삶의 방식과 생각을 엿볼 수 있다. 이것은 타인의 감정과 욕구를 더 잘 이해하고, 더 넓은 시각에서 사고하는 공감 능력을 기르도록 해준다. 이는 다른 사람과의 관계에서 신뢰를 구축하는 데 매우 중요하다.

또한 독서는 어휘력과 표현력을 향상하여 소통 능력도 키워준다. 어휘를 익히고 문장 구조를 학습하면, 자신의 생각과 감정을 정확하고 풍부하게 표현할 수 있다. 잘 정리된 문장을 접하며 문체와 표현력을 키우면, 대화나 글쓰기에서 명확하게 자신의 의사를 전달하는 능력을 갖추게 된다. 이는 소통에 유리하다. 뒤에서 자세히 밝히겠지만, 이 능력은 자연스럽게 '글쓰기'와 '책 쓰기'로 발전한다.

논픽션이나 학술적인 책은 논리적인 흐름을 따라가는 훈련이 된다. 복잡한 생각을 체계적으로 정리하는 데 도움을 주어 소통 과정에서 논리적인 전달 능력이 생긴다. 특히 다양한 시각과 사고를 보여주는 책은 새로운 사고방식을 소개하여 편견에서 벗어나 유연성을 기르도록 해준다. 이런 능력은 의견을 조정하고 상호간 갈등을 줄여 협업을 할 때 중요하다.

결론적으로, 독서는 AI 시대의 핵심 역량인 비판적 사고력과 소통 능력을 배양하는 데 필수 도구다. 독서를 하며 얻는 통찰력은 단순히 문제를 해결하는 데 그치지 않고, 문제를 새로운 방식으로 바라보고 창의적인 해답을 찾아내는 힘을 길러준다. 또한, 다양한 시각과 사고를 접하며 공감 능력을 키우고, 풍부한 어휘와 논리적 표현력으로 사람들과 효과적으로 소통하는 능력을 갖추게 한다.

이러한 역량은 기술과 데이터가 지배하는 AI 시대에 인간만이 발휘할 수 있는 강점이다. AI가 정보를 제공하고 계산을 수행하는 도구라면, 인간은 그 정보를 비판적으로 평가하고 새로운 방식으로 활용해야 다른 사람들과 협력해 시너지를 창출할 수 있다. 사고력과 소통 능력은 단순히 개인의 성장에 그치지 않고, 조직과 사회의 발전을 이끄는 원동력이 된다.

따라서 우리는 독서를 단순한 취미로 여기는 것을 넘어, 스스로의 경쟁력을 키우는 필수적인 활동으로 삼아야 한다. 책 속의 지혜를 삶과 일에 연결하고, 다양한 관점과 경험을 학습하며 사고의 폭을 넓히고, 이를 바탕으로 자신만의 가치를 창출하는 길을 찾아야 한다.

깊이 읽기와 골똘히 생각하기

디지털 기기와 종이책의 균형 잡기

○●○

우리는 앞에서 역사에 이름을 남긴 위인들이 책벌레라는 사실을 알았다. 기업에서 독서를 권장하는 이유도 충분히 살펴보았다. 독서는 비판적 사고력과 창의력을 키우는 도구이며, 리더십을 키워주고, 공감능력과 소통력을 강화해준다는 사실도 알았다. 아울러 AI 시대를 준비하려면 독서가 중요하다는 사실도 깨달았다. 그렇다면 이제 어떻게 읽어야 독서 효과를 높일 수 있는지 궁금해질 것이다. 답은 한마디로 '깊이 읽고 골똘히 생각하기'다. 읽기와 생각이 어떻게 연결되는지 니콜라스 카(Nicholas Carr)가 쓴《생각하지 않는 사람들》에서 단서를 찾아보자.

킹스칼리지런던의 심리학 연구원인 본 벨(Vaughan Bell)은 비교적 방해 받지 않고 하나의 일에 집중할 수 있는 능력은 우리의 정신 발전 역사에서 불가사의하면서도 이례적인 일이라고 적었다. 물론 많은 사람들은 책이나 알파벳이 등장하기 훨씬 이전부터 지속적으로 집중력을 키워 왔다. 사냥꾼, 장인, 수도사 등은 모두 관심을 통제하고 집중할 수 있도록 뇌를 훈련했다.

책을 읽을 때 매우 특이할 만한 점은 깊은 집중이 매우 활발하고 효율적인 문자 해석 활동 그리고 의미를 파악하는 활동과 협력한다는 것이다. 인쇄된 책을 읽는 행위는 독자들이 저자의 글에서 지식을 얻기 때문만이 아니라 책 속의 글들이 독자의 사고영역에서 동요를 일으키기 때문에 유익하다. 오랜 시간 집중해서 읽는 독서가 열어준 조용한 공간에서 사람들은 연관성을 생각하고, 자신만의 유추와 논리를 끌어내고, 고유한 생각을 키운다. 깊이 읽을수록 더 깊이 생각한다.

중세 주교인 시리아의 아이작(Issac)은 혼자 독서를 할 때마다 "꿈을 꾸는 것처럼 나의 감각과 생각이 집중되는 경지에 들어간다. 그리고 이 침묵의 긴 시간과 함께 기억의 폭풍은 마음속에서 잠잠해지고, 멈추지 않는 깊은 사고로부터 즐거움의 물결이 전해지고, 갑자기 예상치 않은 기쁨이 가슴속에서 일어난다"고 적었다. 책을 읽는 것은 깊이 생각하는 행위이지 마음을 비우는 행위가 아니다.

독서를 해본 사람만이 고개를 끄덕일 것이다. 책을 읽다 보면 평소 풀리지 않던 문제가 번쩍하고 풀리기도 하고, 의식이 확장되며 새로운 아이디어 떠오르기도 한다. 물론 '깊은' 독서 중에나 가능한 이야기다. 《다산 선생 지식경영법》에서 다산이 독서에 집중하는 모습을 보자.

잠심완색(潛心玩索)은 마음을 온통 쏟아 음미하고 사색하는 것이다. 잠심(潛心)은 마음을 그 속에 푹 담그는 것이다. 물속에 잠겨 있듯 그 속에서만 있는 것을 말한다. 완색(玩索)은 아이들이 완구(玩具)를 가지고 놀듯 항상 몸에서 떼어놓지 않고 그 의미를 탐색하는 것이다. 공부에는 자신 있던 다산도 주역만큼은 만만하지 않았던 모양이다. 그리하여 다산은 여러 가지 예서를 다 거두어 넣어두고 오로지 《주역》 한 부만 가져다가 책상 위에 얹어 놓고 마음을 쏟아 깊이 탐구하며 밤으로 낮을 이어갔다. 계해년 3월부터는 눈으로 보고 손으로 만지며 입으로 읊조리는 것, 마음으로 사색하고 필묵으로 베껴 적는 것에서 밥상을 마주하고 뒷간으로 가고 손가락으로 튕기고 배를 문지르는 것에 이르기까지 어느 것 하나 《주역》이 아닌 것이 없었다.

이런 노력 없었다면 다산 정약용이 어떻게 대가가 될 수 있었겠는가? 쉬운 책만 골라 읽는 사람이 있다. 어려운 책은 몇 장 읽고 포기했다는 이야기도 많이 들었다. 자신의 수준에 맞는 책만 읽으면 어떻게 수준을 높일 수 있겠는가? 때로는 자신의 지적 능력보다 어려운 책을 끼고 읽으며 생각하고 몰입하는 과정이 필요하다.

매리언 울프(Maryanne Wolf)는 《책 읽는 뇌》와 《다시, 책으로》에서 '깊이 읽기'를 강조하였다. 깊이 읽기는 단순히 글을 읽는 것 이상의 의미가 있다. 정보를 단순히 받아들이는 것이 아니라, 의미를 깊게 이해하고 분석하는 과정을 포함한다. 이 과정은 비판적 사고와 창의적 사고를 촉진하여 복잡한 개념을 처리할 능력을 기르는 데 중요하다.

울프는 독서와 뇌의 관계를 깊이 연구하여, 깊이 읽기의 효과에도 불구하고 스마트 기기들이 독서의 질과 집중력에 미치는 영향을 비판하였다. 아울러 스마트 기기가 집중력과 사고 능력에 미치는 부정적인 영향을 경고하였다. 스마트 기기는 종종 빠르게 스크롤할 수 있는 짧고 간결한 정보나 소셜 미디어를 제공하여 사용자가 집중력 있게 긴 시간 동안 글에 몰입하는 것을 방해한다. 특히 스마트 기기로 하는 독서는 대개 '얕은 읽기'가 되어 깊은 사고를 어렵게 만든다.

울프는 디지털 기기들이 독서 습관을 분산적으로 만든다고 강조한다. 빠르게 변화하는 글과 정보들이 사람들의 뇌가 집중력을 유지하고 깊이 생각하는 데 필요한 시간을 빼앗기 때문이다. 이에 따라 사람들은 긴 글을 읽을 때 더 이상 집중하기 어렵게 되고, 즉각적인 보상과 빠른 결과를 원하는 경향이 생긴다. 이런 습관은 사고의 깊이를 얕게 만들고, 장기적으로는 창의력과 비판적 사고력을 떨어뜨린다.

울프는 깊이 읽기가 뇌의 발달에 어떻게 중요한 역할을 하는지도 설명하였다. 뇌는 읽을 때 글의 의미를 해석하고, 그 의미를 연결하여 고차원적인 사고를 하게 한다. 이런 과정에서 뇌는 새로운 정보를 처리하고, 복잡한 문제를 해결하는 능력을 키운다. 그러나 얕은 읽기로 문장을 빠르게 넘겨버리는 습관은 뇌가 이러한 능력을 충분히 발휘할 기회를 방해한다. 울프는 이러한 변화를 교육적 측면에서도 우려하며 디지털 기기와 스마트폰이 대중화한 현재 사회에서 깊이 읽기를 유지하려는 노력과 교육의 중요성을 강조하였다.

울프는 디지털 기기와 종이책을 병행해서 사용하는 것이 어떻게 균형을 이룰 수 있는지 고민해야 한다고 제안한다. 예를 들어, 스마트폰이나 태블릿을 사용할 때는 적극적으로 주의를 기울이고, 특정한 시간과 장소에서 깊이 읽기를 실천하는 방법을 찾아야 한다는 것이다.

디지털 기기와 종이책의 균형 잡기를 나오미 배런(Naomi S. Baron)은 자신의 저서 《다시, 어떻게 읽을 것인가》에서 '양손잡이' 독서 능력으로 표현했다. 배런은 독자들이 디지털 환경에서 책을 읽을 때, 종이책을 읽는 것과는 다른 방식으로 집중하고 사고하는 능력을 발휘해야 한다고 강조하였다. 이는 단순히 한 기기에서 다른 기기로 전환하는 능력이 아니라, 두 매체를 번갈아 가며, 혹은 병행하면서도 각각의 장점에 맞는 방식으로 읽는 능력을 의미한다.

배런은 디지털 기기와 종이책은 읽기 방식이 다르다고 보았다. 디지털 기기에서 독서는 주로 빠르고 효율적인 정보 검색과 소비에 초점을 맞추며, 이는 종종 얕은 읽기로 이어진다. 화면의 크기와 인터페이스, 그리고 다채로운 멀티미디어 요소들은 독자의 주의를 흩트리고, 주의 집중을 방해하는 경우가 많다. 반면 종이 책은 집중적인 독서를 요구하며, 물리적인 글이 독자에게 깊은 사고와 비판적 사고를 촉진한다. 종이책은 독자가 문맥을 따라가며 점진적으로 글을 소화하고, 긴 글에 몰입할 기회를 주기 때문이다.

배런은 디지털 기기와 책을 병행해서 사용하는 것, 즉 양손잡이 독서로 두 매체의 장점을 조화롭게 활용할 수 있다고 주장하였다. 이는 독자가 디지털 기기에서 빠르게 정보를 검색하거나, 멀티미디어를 활용하여 배경지식을 쌓은 후, 종이책에서 깊이 있는 사고를 하는 방식을 말한다. 예를 들어, 논문이나 책을 읽을 때, 디지털 기기에서 관련된 연구 및 자료를 찾아보거나 특정 용어를 검색한 후, 책을 읽으며 깊이 있는 내용과 구체적인 논의를 진행하는 식이다.

양손잡이 독서는 단지 기술적인 능력뿐 아니라, 심리적·신경과학적인 측면에서도 중요하다. 배런은 독자가 이러한 능력을 기르기 위해서는 두 가지 방식의 읽기를 적절히 조화하는 훈련이 필요하다고 말한다. 스마트 기기에서 정보를 빠르게 소비하는 습관과 종이책에서 깊이 있는 읽기를 병행하는 것은 뇌의 다른 영역을 활성화하며, 이는 종합적인 사고와 문제 해결 능력을 키워준다.

배런은 또한 양손잡이 독서가 독자에게 두 가지 독서 경험을 제공한다고 강조하였다. 디지털 기기는 빠르게 변하는 환경에서 적응력을 키워주고, 종이책은 보다 긴밀한 집중을 요구하여 독자의 사고를 깊게 만들어 준다는 것이다. 두 매체를 모두 활용할 수 있는 능력을 기르면, 독자는 상황에 맞게 최적의 독서 경험을 얻게 된다.

디지털 시대에 독서하는 방식이 빠르게 변하고 있는 만큼, 우리는 디지털 기기와 종이책 사이에서 균형을 잘 잡아야 한다. 스마트폰, 태블릿, 컴퓨터 등은 정보 소비를 빠르게 할 수 있는 장점을 제공하지만, 깊이 있는 사고나 집중적인 독서에는 종이책이 더 적합하다. 따라서 우리는 각 매체의 특성에 맞는 효율적 독서 전략을 취해야 한다.

배런은 독자들이 디지털 기기와 책을 번갈아 사용하거나 동시에 사용하는 방식으로 독서 경험을 확장할 수 있다고 믿었다. 양손잡이 독서는 단지 두 매체를 번갈아 사용하는 것뿐 아니라, 각 매체가 제공하는 독서 방식의 특성을 이해하고 활용하는 능력을 키우는 것이다.

요약해 보자. 깊이 읽기는 독서의 본질적인 가치를 회복하고, 개인의 사고 능력을 향상하는 중요한 과정이다. 디지털 시대에는 스마트 기기와 종이책의 장점을 조화롭게 활용하는 '양손잡이 독서'가 요구된다. 디지털 기기는 빠르게 정보를 습득하고 검색하는 데 강점을 가지며, 종이책은 깊은 사고와 집중을 촉진한다. 우리는 두 매체의 특성을 이해하고, 상황에 맞게 적절히 활용하는 전략을 사용해야 한다. 그래야 독서를 창의적이고 비판적인 사고를 위한 도구로 활용할 수 있다.

효과를 높이는 독서 방법

○ ● ○

독서 방법을 알아보기 전에 평범한 한 회사원의 사례부터 보자.

박상근 대리는 평범한 회사원이었다. 매일 아침 출근해서 정해진 업무를 하고 퇴근하면 TV를 보며 하루를 마무리했다. 그러던 어느 날, 부서장이 말했다.

"박 대리, 요즘 업무 보고서 퀄리티가 좀 낮아졌어요. 문제 해결 능력을 키워야 하지 않을까요?"

박 대리는 멋쩍게 웃었지만, 속은 무거웠다. 부서장의 말이 맞았다. 업무에서 늘 비슷한 문제를 반복하고 있었고, 보고서를 쓸 때마다 자신감이 떨어졌다.

그날 저녁, 박 대리는 집으로 돌아오며 결심했다.

'변화가 필요해.'

박 대리는 서점에서 문제 해결 능력을 키워 준다는 책을 여러 권 샀다. 데이터 분석과 창의적 사고부터 경영의 고전, 심지어 철학의 관점에서 본 문제 해결까지 다양한 책이었다. 처음에는 어려웠다. 책마다 주장도 다르고, 용어도 생소했다. 하지만 박 대리는 같은 주제를 다룬 여러 권의 책을 읽으며 하나의 문제를 다양한 관점에서 이해하는 법을 배웠다.

박 대리는 책을 읽을 때마다 "왜 이 해결책을 제안했을까?", "이 방법은 내 업무에 어떻게 적용할 수 있을까?"라고 질문했다. 책 속에서 얻은 통찰은 바로 그의 보고서에 반영되었다. 예를 들어, 문제의 근본 원인을 찾는 데 초점을 맞추는 5Whys 분석법 등을 활용했다. 이런 방법으로 그는 이전보다 더 명확하고 설득력 있는 보고서를 작성할 수 있었다.

박 대리는 책을 읽고 난 후 노트에 주요 내용을 정리했다. 업무와 관련된 책에서는 배운 내용을 바로 프로젝트에 적용했다.

"팀장님, 이번에는 새로운 방법으로 접근해보겠습니다."

팀장이 의아해하며 물었다.

"새로운 방법? 어디서 배웠어요?"

"최근 읽은 책에서 배운 건데요. 한 번 실험 삼아 해보겠습니다."

그는 데이터를 시각화하여 설명하는 법을 배워 팀 회의 때 시도하기도 했다. 덕분에 동료들은 그의 발표를 쉽게 이해했고, 프로젝트는 예상보다 빠르게 진행되었다.

독서하며 몇 달이 지나자 박 대리의 변화는 괄목할 만해졌다. 보고서는 남들처럼 더 이상 평범하지 않았다. 그는 데이터를 바탕으로 논리적이고 창의적인 해결책을 제시하는 팀원이 되었다. 부서장은 그를 칭찬하며 말했다.

"박 대리는 요즘 팀에서 가장 잘나가는 사람이에요. 이렇게 달라질 줄 몰랐어요."

이 말에 박 대리는 미소를 지으며 대답했다.

"책 덕분입니다. 깊이 읽고 생각하는 법을 배우니까 제 일이 달라지더라고요."

박 대리는 책을 허투루 읽지 않았다. 그야말로 효과적인 책 읽기를 한 것이다. 앞에서 매리언 울프나 나오미 배런이 주장한 것도 결국은 효과적인 읽기이다. 효과적인 읽기는 깊이 읽고, 골똘히 생각하는 과정을 말한다. 다음에 제시하는 독서법이 바로 효과를 높이는 '깊이 읽고 골똘히 생각'하는 방법이다.

독서 효과를 높이는 첫 번째 방법은 '주제별 책 읽기'다. 이것은 같은 주제의 책을 여러 권 읽는 방법이다. 주제가 같더라도 저자들은 가치관이나 시대 상황에 따라 다른 주장을 하기 때문이다. 그래서 여러 권을 읽어봐야 한 분야의 흐름을 제대로 알 수 있다.

가령, 환경문제를 다룬 책을 보더라도 극우부터 극좌까지 아주 다양한 이념적 스펙트럼이 존재한다. 저자에 따라 환경문제를 해결하려면 원시공동체사회로 돌아가야 한다고 주장하기도 하고, 기술 발달로 해결 가능하다고 주장하기도 한다. 환경문제를 보는 시각과 문제 해결방법이 다르다는 사실은 책을 여러 권 읽지 않으면 알 수 없다. 책 한두 권만 읽고 판단하면 편협해진다. 다양한 관점으로 사고의 융통성을 기르려면, 주제별 책 읽기를 해야 한다. 시야가 넓고 다양성을 이해할 줄 알아야 가슴이 넓은 사람이 된다.

주제별 책 읽기는 곧 '목적이 있는 책읽기'다. 아무런 목적도 없이 시간을 때우려는 독서는 심심풀이밖에 되지 않는다. 성공하는 사람들은 목적을 정하고, 그에 맞는 책을 집중적으로 읽었다. 그리고 자기 분야의 전문가가 되었다. 만약 당신이 부자가 되길 원한다면 먼저 부자들이 어떻게 부자가 되었는지 알아야 한다. 손정의, 이병철, 정주영, 위런 버핏, 빌 게이츠 같은 인물이 부자가 되기 위해 어떻게 살아왔는지 배워야 한다. 주제와 목적을 가지고 책을 읽으려면 먼저 다음과 같은 질문을 해야 한다.

- '나의 관심은 무엇인가?'
- '무슨 책을 읽을 것인가?'
- '왜 읽으려고 하는가?'
- '책 속에서 나는 무엇을 배울 것인가?'

주제별 책읽기를 하더라도 편식은 좋지 않다. 가끔은 평소 손이 잘 가지 않는 주제의 책을 읽어보는 것도 좋다. 예를 들어, 생물학, 역사, 철학 등 다양한 분야의 책을 읽으면 새로운 통찰력을 얻을 수 있기 때문이다. 아울러 소설, 시, 에세이, 과학 서적, 자기 계발서 등 다양한 장르의 책을 읽어보자. 각 장르가 제공하는 독특한 시각과 아이디어가 창의적 사고를 자극할 것이다.

독서 효과를 높이는 두 번째 방법은 '질문하며 읽기'다. 질문하는 자세로 책을 읽으면 그냥 읽을 때는 보지 못한 내용이 다양하고 유익하게 다가온다. 책이 당신에게 얼마나 도움이 될지는 좋은 질문을 얼마나 많이 하느냐에 달려 있다. 책은 지혜와 통찰을 거저 주지 않는다. 책을 읽으며 지혜와 통찰을 제대로 얻어내지 못하는 이유는 질문 없이 책을 읽기 때문이다.

책을 읽기 전에 책의 제목, 목차, 서문 등을 보며 이 책이 무엇을 다룰지 예상해보는 질문을 해보자. '이 책은 어떤 문제를 해결하려고 하는가?', '이 책에서 어떤 정보를 얻을 수 있을까?' 같은 질문들이 도움이 된다. 책을 읽으며 '왜 이 내용이 나왔을까?', '이 정보는 무엇을 암시하는가?', '다음에 무엇이 나올까?' 같은 질문으로 추론 능력을 키울 수 있다. 독서 후에는 '이 책의 핵심 메시지는 무엇이었는가?', '글쓴이가 놓친 점은 없었나?' 같은 질문을 하며 자신이 이해한 내용을 재구성해보는 것도 중요하다.

'질문하며 읽기'는 음식을 섭취할 때 꼭꼭 씹어 삼키는 것과 같다. 식사 후 소화 촉진을 위해 가벼운 운동을 하기도 하는데, 이는 독서 후 '생각하기' 과정에 해당한다. 운동이 원활한 소화를 촉진하듯, 생각하기는 책 속 정보를 내 것이 되도록 도와준다. 그렇게 해서 내 것이 된 정보는 살아가는 데 매우 유용한 배경지식이 된다. 새로 유입된 정보는 배경지식 위에 쌓이며 은유, 통합, 유추, 시각화 같은 '생각의 확산' 과정이 일어난다. 이때 섬광 같은 통찰을 얻기도 하고, 창의적 발상으로 발전하기도 한다. 우리가 흔히 말하는 지혜가 되는 것이다.

독서 효과를 높이는 세 번째 방법은 '출력과 활용'이다. 써먹어 봐야 오래 기억한다. 다른 사람에게 말이나 글로 설명하면 더 정확하고 깊이 있게 이해할 수 있다. 그러므로 전문가로 성장하기 위해서는 책을 읽으며 읽은 내용을 어떻게 뽑아낼 것인지 미리 염두해 두어야 한다. 독서 일기를 쓰거나 매일 읽은 분량만큼 독후감을 쓰는 방법도 좋다. 오늘 읽은 책을 기억하는 방법으로 이만한 게 없다.

책을 읽은 후, 내용을 바탕으로 시를 쓰거나 그림을 그려보는 등 창작 활동도 시도해보자. 독서에서 얻은 영감을 시각적으로 표현하면 더 창의적인 아이디어가 떠오를 수 있다. 독서한 내용을 바탕으로 짧은 이야기를 만들거나 이야기를 다른 시각에서 재구성해 보자. 창의적인 이야기를 만들어 가는 과정에서 문제 해결 능력도 향상될 것이다.

독서 토론 방법도 있다. 독서 토론은 이해력,사고력, 표현력, 논리력, 창의력, 리더십, 올바른 독서 습관과 태도를 키워준다. 요즘은 지역마다 도서관도 많고, 도서관 프로그램으로 독서 토론 모임을 많이 만들어 운영하고 있다. 지역 사회에 독서 토론 모임이 있는지 알아보고, 적극적으로 참여하라. 독서 토론 방법은 뒤에서 자세히 다루겠다.

독서 효과를 높이는 네 번째 방법은 '핵심을 파악하며 읽기'다. 특히 자기 계발서 같은 비소설 분야의 책을 읽을 때 필요하다. 책에는 필요한 부분과 필요치 않은 부분이 있다. 물론 무엇이 필요하고 필요치 않은지는 사람마다 다르다. 그러므로 자기에게 필요한 부분을 찾아내는 기술이 필요하다.

필자는 책을 읽을 때, 중요한 곳과 새로운 정보라고 생각한 곳은 연필로 밑줄을 그어 놓고, 다 읽은 후 다시 읽는다. 필요하다고 생각하면 밑줄 친 부분을 공책에 정리하기도 하고, 컴퓨터에 저장해 놓는다.

그런 다음 블로그에 올리기도 하고, 글을 쓸 때 인용하기도 한다. 책을 읽어도 모든 내용이 머릿속에 남아 있지는 않기 때문이다. 이런 방법을 사용하면 더 많은 내용을 기억할 수 있다.

독서 토론 활용하기

○ ● ○

책을 효과적으로 읽는 방법으로 독서 토론도 좋다. 기업의 독서경영에서 살펴본 것처럼 독서 토론을 하면 읽은 내용을 더 잘 기억할 수 있고, 다른 참여자가 발견한 새로운 정보도 공유할 수 있다. 독서 토론은 지식과 정보 습득을 뛰어넘는 효과가 있다. 바로 비판적 사고력의 향상이다. 책 내용을 비판적으로 분석하고, 의견을 논리적으로 표현하는 능력도 생긴다. 또한 다른 참여자의 의견을 듣고, 다른 관점에서 문제를 바라보는 연습도 가능하다. 이런 훈련은 창의적 사고를 자극한다. 서로 다른 아이디어가 충돌하면서 새로운 생각이나 해법이 떠오르도록 하기 때문이다.

독서 토론은 이처럼 유용하지만, 잘못하면 수다나 떨다 오는 경우도 될 수 있다. 독서 토론 모임을 많이 한 그룹은 진행자나 참여자나 별 문제가 없지만, 처음 독서모임을 만들었거나 경험이 부족한 모임이라면 효과적인 독서 토론 방법을 배워야 한다.

필자가 참여하는 독서모임에서는 토론이 엉뚱한 방향으로 새는 문제를 예방하기 위해 토론할 주제의 근거가 되는 '발췌문'과 '논제문'을 제출하도록 하고 있다. 책을 읽으며 토론하고 싶은 책의 내용에 대해 발췌문을 뽑고, 이를 바탕으로 토론하고 싶은 주제를 설명한 글이 논제문이다.

발췌문은 책 본문의 특정 부분을 그대로 옮기는 것이라 어렵지 않다. 문제는 논제문이다. 서너 줄짜리 짧은 글이지만, 평소 글을 써보지 않은 사람은 다소 어려움을 느낀다. 자기 생각을 솜씨 있게 말하는 참여자도 글로 옮겨 쓰라고 하면 어려워한다. 이런 이유로 논제문 쓰기는 훌륭한 글쓰기 연습법이다. 처음에 어려워한 참여자도 다른 사람이 쓴 글을 보고 방법을 모방하다 보면 점차 글 쓰는 실력이 는다.

다음의 〈독서 토론1〉은 《동물농장》으로 독서 토론을 할 때 참여자들이 낸 발췌문과 논제문을 정리한 것이다. 《동물농장》은 영국 작가인 조지 오웰이 1945년에 발표한 소설이다. 동물들이 인간 농장주를 몰아내고 자치 농장을 세우는 이야기로 시작하지만, 권력을 잡은 돼지들이 새로운 독재자가 되면서 점차 농장은 처음보다 더 억압적인 사회로 변해간다. 이 작품은 러시아 혁명과 이후의 소련 체제를 비판한 정치 풍자 소설로 권력의 부패와 혁명의 타락을 주제로 다루었다.

독서 토론 1

* **도서명:** 《동물농장》, 조지 오웰, 도정일 역, 민음사, 2022.

* **토론(1)**
· 발췌문: 〈129쪽〉 나폴레옹이 입에 파이프를 물고 본채 정원을 산책하는 것

이 눈에 띄었지만, 그것도 이상해 보이지 않았다. 그랬다. 이상해 보이지 않았다.

·논제문: 익숙함에 속아 '이상해 보이지 않았다'고 생각하게 되는 사회문제(구조적인 것들이나 일상 문제 등 포함)는 무엇인가? 이를 두고 다시 깨어 있는 자가 되기 위해 내가 노력해야 할 것은 무엇이 있을까?

*토론(2)

·발췌문: 〈28쪽〉

4. 어떤 동물도 침대에서 자서는 안 된다.→어떤 동물도 '시트를 깔고' 침대에서 자서는 안 된다.

5. 어떤 동물도 술을 마시면 안 된다.→어떤 동물도 '지나치게' 술을 마셔서는 안 된다.

6. 어떤 동물도 다른 동물을 죽여서는 안 된다.→어떤 동물도 '이유 없이' 다른 동물을 죽여서는 안 된다.

·논제문: 나폴레옹을 비롯한 돼지들은 동물농장을 차지한 후, 스스로 정한 계명을 자신들에게 유리한 방향으로 슬그머니 바꾼다. 권력자가 자신에게 유리한 방향으로 법을 바꾸거나 해석하는 일은 비일비재하다. 지금 우리 사회에서도 이런 일이 일어나고 있을까? 일어난다면 어떤 일이 여기에 해당할까?

독서 토론의 장점은 같은 책을 읽더라도 참여자마다 생각이 다르다는 사실을 알게 된다는 것이다. 이 점은 다양성을 이해하고, 내 생각과 다르다고 틀린 것이 아니라는 사실을 깨닫도록 한다. 아울러《동물농장》처럼 민주시민으로서 정치·사회 현상을 비판적으로 바라보는 안목을 길러 준다는 점에서 유익하다.

다음의 〈독서 토론2〉는 한강의《채식주의자》발췌문과 논제문이다. 영혜가 어느 날 채식을 선언하면서 이야기가 시작된다. 영혜가 갑작스럽게 육식을 거부하며 주변 사람들과 갈등을 겪고, 결국 정신적·육체적으로 파괴되어 가는 과정을 보여준다. 이 소설은 인간 존재의 본질과 사회적 억압, 금기와 해방의 문제를 탐구한 소설이다.

독서 토론 2

＊도서명:《채식주의자》, 한강, 창비, 2007.

＊토론(1)

·발췌문: 〈179~180쪽〉 어떻게 내가 알게 됐는지 알아? 꿈에 말이야, 내가 물구나무 서 있는데… 내 몸에서 잎사귀가 자라고, 내 손에서 뿌리가 돋아서… 땅속으로 파고들었어. 끝없이, 끝없이… 사타구니에서 꽃이 피어나고 해서 다리를 벌렸는데, 활짝 벌렸는데…

·논제문: 영혜는 폭력과 억압에서 벗어나고자 고기를 거부하고 채식을 선택했다. 더욱 완전한 식물로 돌아가기 위해 모든 음식을 거부하고, 물구나무를 서며 나무가 되고자 했다. 당신은 지금 자신을 억압하고 있는 것에 어떻게 저항하는가?

＊토론(2)

·발췌문: ⟨102~103쪽⟩ 붓이 스칠 때마다 간지러운 듯 미세히 떨리는 그녀의
육체를 느끼며 그는 전율했다. 그것은 단순히 성욕이 아니라, 무언
가 근원을 건드리는, 계속해서 수십만 볼트의 전류에 감전되는 듯한
감동이었다. 마침내 오른쪽 허벅지를 지나 가느다란 발목까지 이어
지는 긴 줄기와 잎사귀를 완성했을 때 그의 몸은 땀에 흠뻑 젖어 있
었다.

·논제문: 예술은 종종 기존 사회 규범과 도덕을 넘어 새로운 시각을 제시하
고, 인간 경험의 깊은 면모를 탐구하려고 시도한다. 예술가들의 상
상력과 창의적 활동은 종종 사회 규범과 도덕을 이탈하는데, 이점을
어떻게 생각하는가?

　토론(1)에 있는 발췌문과 논제문은 영혜가 채식주의자가 되어 가는
과정에 초점을 맞추고 있다. 당연히 가부장제의 억압과 폭력을 비판
하는 토론으로 이어졌다. 그런데 토론(2)에 있는 발췌문과 논제문은
소설의 다른 부분에 관심을 보였다. 이 참여자는 예술가로 등장하는
영혜의 형부가 창의적인 작품을 만들어 내기 위한 고뇌에 초점을 맞
추었다. 소설 속 영혜 형부의 작업은 예술과 외설의 경계를 모호하게
만든다. 소설을 읽는 독법과 관점이 참여자마다 다르다는 사실을 느
낀 독서 토론이었다.

　다음의 ⟨독서 토론3⟩은 패드릭 브링스가 쓴 ⟪나는 메트로폴리탄 미
술관의 경비원입니다⟫라는 비소설 분야의 독서 토론 자료다. 이 책은

저자가 뉴욕 메트로폴리탄 미술관에서 경비원으로 근무할 때 미술 작품과 관람객을 지켜보며 느낀 생각과 미술관 안팎의 다양한 에피소드를 기록한 에세이다.

독서 토론 3

* **도서명:** 《나는 메트로폴리탄 미술관의 경비원입니다》, 패드릭 브링스 지음, 김의정·조현주 역, 웅진지식하우스, 2024.

* **토론(1)**

· 발췌문: 〈117쪽〉 모네의 그림은 우리가 이해하는 모든 것의 입자 하나하나가 의미를 갖는 드문 순간들 중 하나를 떠올리게 한다. 산들바람이 중요해지고, 새들이 지저귀는 소리가 중요해진다. 아이가 옹알거리는 소리가 중요해지고 그렇게 그 순간의 완전함, 심지어 거룩함까지도 사랑할 수 있게 된다.

〈152~153쪽〉 이런 생각에 이르자 갑자기 전시실 안의 낯선 사람들이 엄청나게 아름다워 보였다. 선한 얼굴, 매끄러운 걸음걸이, 감정의 높낮이, 생생한 표정들… (중략) 지금 내가 향하고 있는 사람을 떠올리며, 더 큰 사랑을 느낀다.

· 논제문: 저자는 그림을 감상하며 우리 삶의 배경이 되는 것들, 흔하고 늘 가까이 있어서 사소하게 생각한 것들이 소중하게 다가오는 순간을 경험한다. 소중한 존재인데 일상이 되어 고마움을 느끼지 못한 사람은 누구이고, 언제인가?

＊토론(2)

·발췌문: 〈146쪽〉 내가 갈팡질팡하며 설명하는 동안 남자는 그런 이야기에 굶주린 듯 귀를 기울인다. 보기 드문 사람이다. 아는 척을 하거나 비웃음을 두려워하지 않고 마음의 문을 활짝 열어 수많은 새로운 아이디어들의 충돌을 반기는 사람. 나는 온종일 감탄했던 다른 어떤 것보다 이 남자의 개방적인 태도에 더 탄복한다. (중략) 그는 듣는 사람이었다. 대부분은 말하는 사람들이다.

·논제문: 나는 새로운 상황이나 사건 앞에서 듣는 사람인가, 아니면 말을 하는 사람인가? 어떤 사람으로 성장하고 싶은가?

〈독서 토론4〉는 교육심리학자 로베스타 골린코프(Roberta Michnick Golinkoff)와 동료 연구자들이 공동으로 저술한 《최고의 교육》의 토론 자료다. 아이들에게 가장 효과적인 교육 방식을 설명하는 책이다. 저자들은 놀이, 탐구, 창의력, 소통, 정서적 성장 등 어린이 발달에 중요한 요소들을 강조하며 단순히 지식을 주입하는 교육 방식이 아니라, 아이들이 즐겁게 학습할 수 있는 환경을 제공해야 한다고 주장한다.

독서 토론 4

＊도서명: 《최고의 교육》 로베스타 골린코프 외, 김선아 역, 예문아카이브, 2018.

＊토론(1)

·발췌문: 〈239쪽〉 우리가 문제를 어떻게 분석하는지 모른다면 현실에서 어
떻게 경쟁할 수 있을까요? 우리가 직면한 모든 문제들이 교과서 뒷
부분에 수록된 해답과 함께 기록돼 있지는 않습니다.

·논제문: 수없이 쏟아지는 정보, 우리를 현혹하는 가짜 뉴스에서 우리 자녀
가 올바른 판단을 하고, 닥친 문제를 스스로 해결할 능력을 기르게
하려면 부모로서 어떤 노력을 해야 할까?

＊토론(2)

·발췌문: 〈218쪽〉 아이들에게 사실 정보는 가르치고 문제를 제시하지 못하
도록 한다면 그들은 어른들이 말해주는 정보는 어떤 것이든 틀림
없이 진실일 거라고 생각할 것이다. 아이들은 회의적인 자세를 가
질 필요가 있다. 비판적 사고의 소유자는 열린 사고를 가지고 있고
다른 관점을 고려하기도 한다.

·논제문: 비판적 사고는 창의적 사고의 바탕이 된다. 아이들이 이를 배우고
유지하며 생활하기 위해서는 가정과 학교에서 가르치는 것뿐만 아
니라 사회에서도 비판적 태도를 자연스럽게 수용해야만 가능한 일
이다. 하지만 우리 현실은 여전히 그런 태도를 반기는 분위기가 아
니다. 이런 사회 분위기가 앞으로 달라질 수 있을까? 아니면 비판
적 사고에 어느 정도 적당한 한계선을 정해서 가르쳐야 할까?

이렇게 자료를 미리 준비하여 토론을 시작하면 1시간이든 2시간이

든 허투루 보내는 시간이 없다. 토론이 치열하면 시간이 짧다는 생각이 들기도 한다. 독서 토론에 참여하면 평소에 혼자서는 절대 읽지 않을 책을 읽는 장점도 있다. 사람은 독서 편식이 심하여 자기가 좋아하는 장르의 책만 읽는다. 소설만 읽는 사람이 있고, 자기 계발서 같은 비소설만 읽는 사람도 있다. 분야도 저마다 달라 자기가 좋아하는 책을 주로 읽게 되는데, 한 달에 한번 독서 토론에 참여한다면 월 1회씩 특식을 먹는 것과 같다. 사고의 폭이 넓어지고 세상을 보는 안목을 기를 수 있어 유용하다.

독서 토론에 참여하면 표현력과 설득력이 향상된다. 책을 읽고 자신의 생각을 논제문으로 정리한 후 발표하는 과정에서 단순히 머릿속에만 있던 생각을 구체적이고 설득력 있게 표현하는 연습을 하게 된다. 그러면 자신의 의견을 논리적으로 전달하고, 다른 사람을 설득하는 경험이 쌓이면서 자신감도 생기고 말하기 능력도 발전한다.

또한 상호 피드백을 하며 깊이 있는 사고를 배양할 수도 있다. 자신이 놓친 부분을 다른 사람의 발언으로 깨닫게 되거나, 서로의 의견을 보완해가며 더 깊이 있는 주제에 도달할 수도 있다. 특히, 비슷한 의견이라도 서로의 관점을 비교해보며 다양한 접근 방식을 이해할 수 있다.

마지막으로 자기 성찰의 기회를 제공한다. 독서 토론은 단순히 내용을 이해하고 요약하는 데 그치지 않고, 책이 다룬 주제나 메시지를 자기 삶에 비추어 성찰하는 시간이 된다. '나는 과연 어떤 삶을 살고 있는가?', '내가 중요하게 생각하는 가치나 신념은 무엇인가?'와 같은 질문을 스스로 하며 자기 계발은 물론 내면의 성장으로 이어질 수 있다.

AI 시대에 왜 독서가 필요한지 다시 강조한다. 독서는 창의력과 문제 해결 능력을 강화시켜 준다. 이러한 이유로 기업은 직원들에게 독서를 장려하는 것이다. 하지만 창의력과 문제 해결 능력을 키우고, 창작 활동에 도움을 주기 위해서는 창의적인 독서법이 필요하다. 이 방법은 독서를 단순한 정보 습득의 과정이 아니라, 새로운 아이디어와 영감을 얻는 기회로 활용할 수 있도록 도와준다.

책 쓰기로 발전하는 독서

읽기에서 쓰기로

○●○

필자는 1991년에 서점에서 《녹색정치》라는 책을 만났다. 정말 우연이었다. 독일의 녹색당 관련 내용이었는데, 나는 그 책을 읽으며 환경문제의 중요성과 녹색정치의 가능성을 보았다. 그날 이후 1년 동안 환경 관련 책을 100여 권 정도 읽었다. 아울러 신문과 잡지에서 환경문제 관련 기사나 칼럼을 스크랩하며 자료화했다.

그렇게 몇 년 동안 책을 읽고 자료를 정리하자 환경문제를 다룬 글을 쓰고 싶은 욕구가 생겼다. 머릿속이 환경으로 꽉 차며 이것을 내보내려는 욕구가 시나브로 일기 시작한 것이다. '신문에 독자 투고를 하면 어떨까?' 하는 질문이 생겼다. 한 가지 질문이 생기자 질문은 꼬리에 꼬리를 물었다. '어느 신문사에 보내지?', '어떻게 쓰지?', '무슨 내용을 보내지?', '원고 분량은 어느 정도 해야 하나?'와 같은 질문이 이어졌다. 그리고 《경기일보》에 첫 번째 투고를 했다. 1997년 7월 9일자 신문에 투고한 글이 실렸다. 농축산물 수입의 완전 개방에 대처하려면 검역 장비와 인력을 보충하여 안전성 검사를 철저히 해야 하다는 내용이었다.

그 후 1년 정도 준비해 1998년 9월부터 본격적으로 투고를 시작했다. 이때부터 한 달에 두 번은 반드시 원고를 보내겠다는 계획을 세웠다. 대상 신문사는 《경기일보》로 정했다. 《경기일보》를 비롯하여 중앙 일간지, 환경 관련 잡지 등을 읽으며 시사성 있는 환경문제를 찾아내고, 자료를 참고하여 초고를 쓴 후 원고를 보내기까지 읽고 또 읽으며 고쳐 쓰기를 반복했다. 격주로 보내는 원고지만, 머릿속은 온통 독자 투고 생각뿐이었다.

일간지 칼럼과 사설을 열심히 읽으며 글쓰기를 독학한 것도 이때부터다. 다른 사람이 쓴 좋은 표현이나 단어들을 따로 적어 놓았다가 써먹기도 하며 글쓰기를 연습했다. 글쓰기 방법을 알려주는 책도 많이 읽었다. 몇 달 동안 쉬지 않고 원고를 보내니 신문사에서 '발언대', '제언'과 같은 고정란을 만들어 줬다. 내 직책도 어느새 '자유기고가'와 '환경칼럼니스트'가 되었다.

1999년 7월에는 수원에서 활동하는 시인에게서 연락이 왔다. 내가 쓴 칼럼을 읽고 많은 감명을 받았다며 식사를 대접하고 싶다는 것이었다. '이런 일도 있구나' 하는 생각에 기분이 좋았다. 지금은 블로그로 바뀌었지만, 그 무렵 포털 사이트 다음(www. daum. net)에 칼럼 쓰는 난이 있었다. 그곳에 '오정환의 환경 이야기'라는 제목으로 칼럼을 올리기 시작했다. 3년 동안 100편 정도 칼럼을 올렸다. 2003년에는 다음에서 연락이 왔다. 원고료를 주겠다며 6개월 동안 주 1회 고정으로 칼럼을 올려 달라는 제의를 받았다. 돈 받고 글을 쓰기는 이때가 처음이었다.

독자에서 작가로 바뀌는 삶

○●○

필자에게는 꿈을 적어 놓은 공책이 있다. 매월 한 번씩 정리하는데, 달성한 목표는 지우고, 새로운 목표를 추가한다. 공책에는 1주일 후에 해야 할 목표도 있고, 1년 후나 10년 후, 또는 평생을 두고 해야 할 목표도 적어 놓는다.

책을 쓰는 일은 오래된 필자의 꿈이었다. 좀 우스운 얘기지만, 20대 때부터 역사에 이름을 남기는 확실한 방법이 책을 써서 저자가 되는 것이라고 생각했다. 중·고등학교 때 역사책을 생각했기 때문이다. ○○이 □□을 쓰고, △△이 ○○을 쓰고…, 얼마나 많이들 외웠는가. 그래서 공책에 '책 쓰기'라고 목표를 적어 놓고, '어떤 책을 쓸까?' 하고 질문했다. 처음에는 막연히 당시 내가 하는 일과 관련하여 영업이나 리더십에 관한 책을 쓰겠다는 생각만 했지 구체적인 계획은 없었다.

2004년 가을은 위기였다. 당시 나는 방문판매업 대리점을 운영하였다. 그동안 함께 일하던 주부 사원들이 한 명 두 명 떠나기 시작했다. 당연히 매출은 급감했고, 임대료도 내지 못하는 상황이 되었다. 방문판매업은 주부 사원들이 많아야 하는데, 그들이 정착을 못하고 그만

두기를 반복하니 문제였다. '사람들이 왜 나를 떠날까?' 하고 질문하며 답을 찾기 위해 노력했다. 숱한 밤을 뒤척이며 고민했다.

잘되는 방법을 찾기 위해 발버둥쳤다. '이래도 안 되고 저래도 안 되는데, 도대체 잘 되는 방법이 뭐냐?' 하며 책을 팠다. 책에서 길을 찾고 싶었다. 주부 사원이 정착하도록 만드는 방법을 알고 싶었다. 읽을 책이 정말 많았다. 이렇게 책이 많은데, 독서도 하지 않고 사람을 관리하는 방문판매 사업을 한다는 것은 있을 수 없는 일이었다.

처음에는 리더십과 동기부여 관련 책을 읽기 시작했다. 그러다 세일즈 기법을 다룬 책을 읽고, 이어서 심리학 관련 책을 읽었다. 책을 읽으면서 나에게 변화가 생기기 시작했다. 책 속에 길이 있다는 사실을 실감하는 순간이었다. 다른 사람을 변화시키고 싶어졌다. 세일즈 기법, 리더십, 자기 계발을 더욱 공부하여 내 경험과 함께 이야기한다면 다른 사람들에게 도움이 되겠다고 생각했다. 동기가 생긴 것이다.

그때부터 소처럼 부지런히 책을 읽었다. 책을 읽으며 그 내용을 토대로 주부 사원을 교육했다. 읽은 책이 늘어나고, 관련 지식이 쌓이며 책을 써보고 싶은 욕구가 점점 강해졌다. 하지만 엄두가 나지 않았다. 책은 소설가나 시인 같은 전문 작가, 대학에서 연구하는 학자, 자서전처럼 크게 성공한 사람들이나 쓰는 것이라고 생각했기 때문이다.

2007년 봄, 한양대학교 정민 교수가 쓴 《다산 선생 지식경영법》을 만났다. 터닝 포인트의 순간이었다. 세 번 정도 반복해서 읽으니 다산 정약용 선생을 따라하면 나도 책을 쓸 수 있겠다는 자신감이 생겼다. 특히 다산이 아들에게 보낸 편지글을 읽고 눈이 번쩍 떠졌다.

네가 닭은 기른다는 말을 들었는데, 닭을 기르는 것은 참으로 좋은 일이다. 하지만 닭을 기르는 방법에도 품위 있고 저속하고, 깨끗하고 더러운 것의 차이가 있다. 꼼꼼하게 농서를 잘 읽어서 좋은 방법을 선택하여 골라 시험해 보아라. 색깔과 종류를 구별해 보기도 하고, 홰를 다르게도 만들어보고, 사료 관리를 특별히 해서 남의 집 닭보다 더 살찌고 알을 더 많이 낳게 해보아라. 또 간혹 시를 지어서 닭의 정경을 읊어 닭들의 모든 것을 파악해보아야 하는데, 이것이 바로 독서한 사람이 양계하는 법이다.

만약 이익만 생각하고 의리는 알지 못하며, 닭에 대한 취미를 붙이지 못하고 무작정 기르는 것에만 골몰해 이웃의 채소를 기르는 사람과 아침저녁으로 다투기나 한다면, 이는 바로 서너 집 모여 사는 시골의 졸렬한 사람이나 하는 양계법이다. 너는 어느 쪽을 택하겠느냐? 이미 양계를 하고 있다니 아무쪼록 모든 서적에서 양계에 관한 이론을 뽑아 양계하는 법이라 할 수 있는 《계경(鷄經)》이라는 책을 만들어 육우의 《다경(茶經)》이나 유혜풍의 《연경(烟經)》과 같이 한다면 이 또한 하나의 좋은 일이 될 것이다. 세속적인 일에서 맑은 운치를 간직하는 것은 항상 이런 방법으로 예를 삼도록 하여라.

닭을 키우면서도 책을 쓰는데, 방문판매업을 하는 내가 못 쓸 이유가 없었다. 그 후 책 쓰기 목표를 점점 구체화하기 시작했다. 그러나 영업을 주제로 쓰겠다는 생각만 했지 도대체 어떻게 써야 할지 생각이 떠오르지 않았다. 처음엔 영업 달인들의 영업 기법을 써볼까 하고 자료를 찾아보았다. 그런데 그런 종류의 책은 이미 많았다. 계속 고민하던 중 그렇게 많은 책 가운데 건강기능식품의 영업 기법을 다룬 책이 한 권도 없다는 사실이 번쩍 떠올랐다. 건강기능식품 사업을 하고 있으니 그에 관한 책을 쓰면 좋겠다고 생각했다.

그동안 세일즈 기법에 관한 책을 읽어보면 질문을 많이 하고 고객의 말을 경청하는 것이 영업 달인들이 하는 방법이었다. 질문법을 활용한 건강기능식품 판매기법을 책으로 엮으면 쓸모가 있겠다고 생각했다. 그때부터 자료를 정리하고 쓰기 시작하여 초고를 완성했다. 초고를 다듬기 시작하며 출간 문제를 생각하게 되었다. 아무래도 초보 작가인 내 글을 가지고 선뜻 책을 내주겠다는 출판사가 없을 것 같았다. 세일즈 관련 책을 전문으로 내고 있는 출판사 몇 군데를 골라 전화번호와 이메일 주소를 알아내서 하나하나 연락해볼 생각을 했다. 먼저 이메일을 보냈다.

간단히 나를 소개하고 책을 소개하는 짧은 글을 덧붙였다. 다른 곳은 연락이 없는데 호이테북스라는 출판사에서 연락이 왔다. 머리말과 목차를 봤으면 좋겠다는 내용이었다. 그 후 출판사와 몇 번의 조정과 수정을 거쳐 2008년 6월에 《영업, 질문으로 승부하라》를 출간하였다. 기쁨은 이루 말할 수 없었다. 이후 독서의 폭이 넓어지며 다양한 주제로 책을 썼다.

독서를 책 쓰기로 연결하기

○ ● ○

책 쓰기는 지식의 축적 과정과 지식의 편집 과정을 거친다. 지식을 축적하려면 경험, 교육, 독서가 필수다. 경험과 교육은 지식의 축적을 가능하게 하지만 한계가 있다. 세상의 모든 경험을 다 하지 못할뿐더러 관심 있다고 모든 교육을 다 이수할 수 없기 때문이다. 그래서 독서가 중요하다. 미지의 세계를 책으로 만나고, 부족한 지식을 책으로 얻을 수 있다. 또 한 가지 중요한 점은 책을 읽어야 글쓰기 능력이 생긴다는 사실이다. 그러니 책을 쓰려면 경험, 교육, 독서가 어우러져야 가능하다.

책을 쓰되 이왕이면 좋은 책을 써야 하지 않겠는가? 좋은 책은 문질빈빈(文質彬彬)해야 한다. 문질빈빈은 좋은 문장과 좋은 내용을 일컫는 말이다. 겉과 속이 모두 훌륭해야 한다는 뜻이다. 그러려면 조건이 있다. 첫째는 '풍부한 독서'다. 아무리 문장력이 좋아도 독서가 없으면 좋은 책을 쓸 수 없다. 문은 빈할지 몰라도 질은 빈하지 않기 때문이다. 좋은 책은 마음의 울림이 있고, 교훈이 있고, 재미가 있다. 당신이 쓴 책이 좋은 책이 되려면 많이 읽어야 하는데, 이것은 누가 가르쳐 줄 수 없다. 각자 몫이다. 문장력은 좋은 내용을 잘 전달하는 수단이다. 그런데 좋은 내용은 생각하지 않고 문장력만 기르려는 사람이 있다.

《다산 선생 지식경영법》에 나오는 이야기를 보자. 다산 정약용이 한강변 마재에 살 때의 일이다. 열아홉 살 난 이인영이라는 젊은이가 책 상자를 지고 다산을 찾아왔다. 무슨 일로 왔느냐고 묻자 젊은이가 대답했다. "문장학을 배우고 싶습니다. 훌륭한 문장을 남길 수만 있다면 공명(功名)과 멀어져 평생을 불우하게 살아도 후회하지 않겠습니다. 저를 가르쳐 주십시오"라고 말하는 그의 눈이 반짝반짝 빛났다.

책 상자는 모두 기이하고 청신한 시문들로 가득 차 있었다. 점검해 보니 뱃속에 든 지식이 호리병에서 물이 흘러나오듯 거침이 없었다. 참으로 명민하고 똑똑한 젊은이였다. 다산은 그에게 이렇게 대답했다.

"자네 우선 거기 앉게. 내가 자네에게 말해주겠네. 문장이란 무슨 물건일까? 학식은 안으로 쌓이고, 문장은 겉으로 펴는 것일세. 기름진 음식을 배불리 먹으면 살가죽에 윤기가 나고, 술을 마시면 얼굴에 홍조가 피어나는 것과 다를 게 없지. 그러니 어찌 문장만 따로 쳐서 취할 수가 있겠는가? 중화의 덕으로 마음을 기르고, 효우의 행실로 성품을 다스려, 몸가짐을 공경히 하고, 성실로 일관하되, 중용을 갖춰 변함없이 노력하여 도를 우러러야 하네. 사서를 내 몸에 깃들게 하고, 육경으로 내 식견을 넓히며, 여러 사서로 고금의 변화에 통달하게 해야겠지.

예악형정(穢惡刑政)의 도구와 전장법도(典章法度)의 전고(典故)가 가슴속에 빼곡하여, 사물이나 일과 만나 시비가 맞붙고 이해가 서로 드러나게 되면, 내가 마음속에 자옥하게 쌓아둔 것이 큰 바다가 넘치듯 넘실거려 한바탕 세상에 내놓아 천하 만세의 장관이 되게 하고 싶은 생각이 들게 되네. 그 형세를 능히 가로막을 수 없게 되면 내가 드러내려 했던 것을 한바탕 토해놓지 않을 수가 없게 된다네. 이를 본 사람들이 서로들 "문장이다!"라고들 하니, 이런 것을 일러 문장이라 하는 것일세. 어찌 풀을 뽑고 바람을 우러르며 빠르게 내달려, 이른바 문장이라는 것만을 구하여 붙들어 삼킬 수가 있겠는가? (중략) 바라건대 자네는 이후로 문장학에 뜻을 끊고, 서둘러 돌아가 늙으신 어머니를 봉양하게나. 안으로는 효우의 행실을 도타이 하고, 밖으로는 경전 공부를 부지런히 하게나. 그래서 성현의 바른 말씀이 언제나 몸에 젖어 나를 떠나지 않도록 하게. 한편으로 과거시험 공부도 해서 몸을 펴기를 도모하고, 임금을 섬기기를 바라야 할 것일세. 그리하여 밝은 시대의 상서로운 인물이 되고, 후세의 위인이 되도록 해야지. 경박한 기호로써 이 천금 같은 몸을 가볍게 버리지 말도록 하게. 진실로 자네가 고치지 않는다면, 차라리 노름하고 술집을 드나들며 노는 것이 또한 문장을 배우는 것보다 더 나을 걸세".

다산의 이 말에 정님 교수는 이렇게 평했다.

문장은 결과일 뿐 목적이 아니다. 문장은 얼굴 위에 오른 불콰한 낯빛에 불과하다. 뱃속에 술기운이 없으면 얼굴은 붉어지지 않는다. 술을 한 방울도 안 마셨는데 얼굴만 붉어지는 법은 없다. 좋은 음식을 배불리 먹어 영양 상태가 좋아지면 피부는 기름이 자르르 흐른다. 아무것도 먹지 않으면서 살결만 고와지는 경우는 없다. 바탕 공부는 그러니까 맛난 음식의 영양분이고, 향기로운 술의 더운 기운이다. 문장은 그것이 얼굴 위로 드러난 윤기요, 홍조일 뿐이다. 그러니 문장학이라는 것이 따로 있다고 착각하지 마라. 따로 존재할 수 없는 문장을 좇아 천금 같은 세월을 허송하느니, 차라리 술집에 가서 기생을 끼고 노름하고 술 마시는 것이 더 나을 것이다.

좋은 문장은 저절로 얻을 수 없다. 이 사실을 강조하기 위하여 다산은 앞의 문장에서 '기생을 끼고 노름하고 술 마시는 것'에 문장을 비유했다. 다산의 주장은 단호하다. 좋은 글과 좋은 책은 경험이 쌓이고,

교육을 받고, 열심히 독서해야 가능하다는 사실이다.

책은 결국 내 생각을 풀어내는 매개체이고, 책 쓰기는 내 생각을 글로써 담아내는 과정이다. 생각이 없으면 책을 쓸 수 없는 것은 당연하다. 그런데 깊이 있는 생각은 독서를 해야 가능하다. 따라서 많이 읽는 사람이 생각을 많이 하고, 생각을 많이 하는 사람이 책을 쓴다.

풍부한 독서를 하며 골똘히 생각하는 사람이라면 좋은 책을 쓸 수 있다. 이것이 부족하면 책을 쓰고 싶은 의욕이 있어도 쓸 수 없다. 책 쓰기 과정은 독서하며 추가된 지식과 경험과 생각을 편집하는 과정이기 때문이다. 이제 필자가 어떤 과정을 거쳐 책을 완성했는지 두 가지 사례를 들어 설명할 것이다. 독자에서 작가로 도약하기 위해 독서법을 어떻게 활용했는지 눈여겨보기 바란다.

사례1_《세일즈, 심리학에서 답을 찾다》 (호이테북스, 2015)

○●○

독서로 지식을 축적하면 책을 쓰기 위한 지식의 편집 과정이 자연스럽게 일어난다. 배경지식 위에 새로운 지식이 쌓으며 서로 다른 분야의 융합, 현상의 재해석, 유추 과정이 자연스럽게 일어난다. "지식은 복리 이자처럼 늘어난다"는 말이 괜히 있는 게 아니다. 본 벨(Vaughan Bell)이 말한 대로 독서가 열어준 조용한 공간에서 사람들은 연관성을 생각하고, 자신만의 유추와 논리를 끌어내고, 고유한 생각을 키운다. 물론 이런 현상은 질문과 사색을 하며 골똘히 읽었을 때 가능하다.

《세일즈, 심리학에서 답을 찾다》는 2015년도에 출간한 책이다. 행동경제학 이론을 세일즈에 적용한 책이다. 심리학자이자 행동경제학자로 노벨경제학상을 받은 대니얼 카너먼(Daniel Kahneman)이 쓴《생각에 관한 생각》을 구매하면서 이야기는 시작된다. 신문 신간 소개란에서 처음 발견하고 읽고 싶은 마음에 일단 그의 책을 샀다.

《생각에 관한 생각》은 인간의 사고와 의사결정을 다룬 행동경제학의 고전으로, 카너먼은 우리가 어떻게 판단하고 선택하는지 두 가지 사고체계로 설명한다. 시스템1은 빠르고 직관적인 사고체계로 즉각적이고 자동으로 반응하며, 노력을 거의 들이지 않는다. 일상적인 판단이나 감정적 반응을 할 때 주로 작동한다. 시스템2는 느리고 논리적인 사고체계로 신중하고 분석적으로 작동한다. 복잡한 문제 해결이나 중요한 결정을 할 때 사용한다. 카너먼은 사람들이 보통 시스템1에 의존하기 때문에 오류와 편견에 쉽게 빠진다고 설명한다.

책을 읽으며 인간의 심리와 행동 유형을 세일즈에 적용하여 책을 쓰면 좋겠다고 생각했다. 고객이 재화를 구매하는 행위도 경제활동이다. 고객은 이성적인 판단보다는 감정적인 판단으로 경제활동을 한다는 행동경제학 이론은 세일즈나 마케팅을 하는 사람들에게 매우 유용한 정보라는 생각이 들었다. 동기가 생기자 댄 애리 얼리가 쓴《상식 밖의 경제학》, 하노 벡이 쓴《충동의 경제학》, 도모도 노리오가 쓴《행동경제학》 등 행동경제학 관련 책들을 줄줄이 읽어 나갔다. 읽은 책은 [표1]처럼 공책 첫째 장에 번호를 매기고, 책 제목, 저자, 출판사를 순서대로 적었다.

[표1] 읽은 책 목록

① 생각에 관한 생각(대니얼 카너먼, 김영사)

② 충동의 경제학(하노 벡, 비즈니스맵)

③ 상식 밖의 경제학(댄 애리얼리, 청림출판)

④ 행동경제학(도모노 노리오, 지형)

⑤ 브랜드, 행동경제학을 만나다(곽준식, 갈매나무)

⑥ 판매의 심리학(브라이언 트레이시, 비즈니스 맵)

⑦ 선택의 기술(크리스토퍼시, 북돋음)

⑧ 돈 굴리는 뇌(풀 W. 글림처, 일상이상)

⑨ 고객의 마음을 훔쳐라(장정빈, 올림)

⑩ 심리학에 속지 마라(스티브 아얀, 부키)

⋮

이와 같은 행동경제학 관련 책을 읽으며 제일 먼저 한 일은 세일즈에 접목할 만한 이론을 정리하는 작업이었다. 세일즈 관련 내용을 [표2]처럼 하나하나 정리해 나갔다. 예를 들어 [표2]의 첫째 줄 '① 94, ① 100 단순노출 효과 – 에펠탑 효과 자꾸 얼굴을 보여주면 친해진다. ⑨ 222'를 보자. '① 94, ① 100, ⑨ 222'에서 ①과 ⑨는 책 제목이고, '94, 100, 222'는 쪽을 나타낸다. '① 94'는 《생각에 관한 생각》 94쪽을 의미하고, '⑨ 222'는 《고객의 마음을 훔쳐라》의 222쪽을 뜻한다. 그런 다음 키워드와 간단한 설명글을 썼다.

[표2] 읽은 내용 정리

- ① 94, ① 100 단순노출 효과 - 에펠탑 효과 자꾸 얼굴을 보여주면 친해진다. ⑨ 222

- ① 124 확증편향 - 고객의 생각을 파악한 후 그 안에서 설명하면 더 잘 받아들인다.

- ① 133 프레이밍 효과 - 같은 말이라도 어떻게 전달하느냐가 중요하다. ② 216, ④ 159, ⑪ 115

- ② 159 소유효과 - 자동차 시승 효과, 화장품 고객이 만져 보는 효과 ② 169, ④ 135

- ② 180 심적회계 - 심적회계는 소비자의 자제력을 무너뜨린다. ④ 173 비싼 본품에 싼 물건 끼워 팔기, 옵션제도 ⑤ 148~150, ⑪ 46, ⑫ 369 신용카드를 사용하면 더 비싼 물건 구매

이렇게 정리하고, 다시 주제별로 분류한 다음, 자료들은 엑셀 프로그램에 정리해 놓았다. 세일즈 이론에 행동경제학 지식이 쌓이자 책 집필에 필요한 아이디어가 계속 떠올랐다. 지식의 편집이 일어나는 과정이었다. 세일즈 이론에 관한 배경지식이 없다면 불가능한 일이었다. 행동경제학 책에서 정리한 내용을 몇 가지 예를 들면 다음과 같다.

- 이익은 나누고 손실은 합하여 제시하라.
- 손실을 강조하라. 손실에 느끼는 두려움이 이득에 느끼는 만족보

다 2.5배 강하다.

- 스스로 선택했다고 느끼게 하라.
- 먼 미래보다 현재 이익을 강조하라.
- 제품의 장점은 한두 가지만 강조하라.
- 고객이 불만을 표시하게 하면 불공정에 대한 불만이 줄어든다.

나는 세일즈 기법에 이런 행동경제학 이론들을 접목하여《세일즈, 심리학에서 답을 찾다》를 완성했다. 목차를 참고하면 알 것이다. 독자들이 비교적 좋은 반응을 보인 책이다.

《세일즈, 심리학에서 답을 찾다》목차

1장. 구매 욕구를 강화하라

고객은 이성만으로 구매하지 않는다/부정적인 고객은 문제를 짚어줘라/고객의 구매결정 기준을 바꿔라/말의 힘을 이용하라/감성을 자극할 한마디를 찾아라/상품의 장점은 한두 가지면 족하다/고객의 머릿속에 그림을 그리게 하라

2장. 고객이 스스로 사게 하라

체험하게 하라/먼 미래보다 당장의 위기를 강조하라/미끼 상품을 준비하라/이익보다 손해를 강조하라/고객을 틀 안으로 끌어들여라/고객의 생각과 고객의 언어로 말하라/생존과 번식 본능을 활용하라

사례2_《교양인을 위한 고전 리더십》(호이테북스, 2018)

○ ● ○

경제 경영서나 자기 계발서를 읽다 보면 사마천이 쓴《사기(史記)》를 인용한 부분이 많이 나온다.《사기》는 중국의 역사서로 기원전 2세기 말 한나라 시대에 집필한 책이다. 중국 고대 전설의 황제 시대부터 사마천이 살던 한 무제 시대까지 약 3천 년 역사를 다루었다. 작가들이 인용한 내용만 자주 읽다 보니《사기》전체를 직접 읽고 싶은 욕구가 생겼다.

《사기》는 황제와 왕들의 업적을 기록한 〈본기(本紀)〉, 제후국과 명문 가문을 다룬 〈세가(世家)〉, 충신, 간신, 학자, 정치가 등을 다룬〈열전(列傳)〉, 주요 사건을 연대순으로 정리한 〈표(表)〉, 예술, 천문학, 경제 등을 다룬 〈서(書)〉로 되어 있다. 필자가 가장 먼저 구매한 책은 〈열전〉이었다. 양도 많고 지명이나 인물이 생소하다 보니 잘 이해가 되지 않아 읽다가 포기했다.

얼마 후 평소 거래하는 서점에서 〈본기〉를 50% 할인하여 판매한다는 문자메시지가 왔다. 반값 할인에 현혹되어 구매를 했지만, 그냥 책장에 꽂아 놓았다. 책장에 있는 〈본기〉와 〈열전〉을 볼 때마다 마치 숙제를 덜한 것 같은 생각이 들었다. 하지만 워낙 책이 두꺼워서 선뜻 읽을 엄두가 나지 않았다. 그렇게 1년을 보낸 후 용기를 내서 다시 도전해 보기로 했다.

춘추전국시대의 수많은 나라 이름과 지명을 이해하기 위해 지도를 출력해서 책상 앞에 붙였다. 그리고 〈본기〉, 〈세가〉, 〈열전〉을 차례대로 읽었다. 처음 읽을 때는 헷갈리던 내용이 세 번 정도 읽으니까 춘추전국시대가 머릿속에 정리되었다.

《사기》에는 수많은 인물이 등장한다. 아무런 설명 없이 이름만 나오는 사람도 있고, 행적을 자세히 기록한 인물도 있다. 문득 사마천이 길게 소개한 인물은 어떤 특징이 있는지 궁금해졌다. '역사에 이름을 남긴 사람들은 어떤 특징이 있을까?'라는 질문 하나가 생성된 것이다. 역사서에 이름을 남긴 위인들의 특징을 찾아내 책으로 엮으면 좋은 자기 계발서가 되겠다는 생각이 들었다.

먼저 《사기》에 등장하는 인물들의 특징을 찾아 공책에 정리했다. 정리법은 《세일즈, 심리학에서 답을 찾다》를 쓸 때와 같은 방법이었다. 이어서 《전국책》, 《설원》, 《한비자》, 《여씨춘추》, 《춘추좌전》 등을 읽어 나가며 같은 방법으로 특징을 정리했다. 지루하고 고된 작업이었다.

그러자 역사에 이름을 남긴 사람들의 특징이 대략 손에 잡히기 시작했다. 그 특징들로 설득력, 용인술, 인내력, 통찰력, 관찰력, 집중력, 겸손, 신뢰, 자부심, 충동조절력, 배짱, 융통성, 대인관계, 준비성, 공감력 등을 뽑아낼 수 있었다. 이렇게 뽑아낸 특징들을 네 가지로 대분류했다. 설득력, 인내력, 예지력, 관계력이었다. 설득력은 내용이 많아따로 책을 냈다.《어떻게 사람의 마음을 얻을 것인가?》가 그것이다. 나머지 세 가지를 가지고 책을 쓰기로 하고 인(忍), 인(認), 인(人)으로 장을 나누었다.

1장의 인(忍)은 참고 견디며 기다리는 능력이다. 목표에 대한 간절함이 있어야 기다릴 수 있다. 간절한 사람은 무작정 기다리지 않고 미래를 준비한다. 그렇다고 모든 계획과 준비가 생각한 대로 착착 진행되는 것은 아니다. 잘못도 있고, 실수도 있다. 그래서 자신을 되돌아보는 반성이 필요하다. 때로는 멸시와 무시를 당하기도 한다. 회복 불가능한 절망 속으로 빠질 수도 있다. 감당할 수 없을 만큼 힘든 상황, 너무 힘들어 한 발짝도 더 나가기 힘든 상황, 그래서 모든 것을 포기하고 싶은 유혹이 있을 때, 이것을 견디는 능력이 훌륭한 리더에게는 있었다. 결국 굽혔던 무릎을 펴고, 몸을 일으켰다.

2장의 인(認)은 세상을 만들어 가는 지혜다. 참고 견디기만 한다고 해서 리더가 되는 것은 아니며, 역사에 이름을 남길 만한 성과를 내는 것도 아니다. 전략을 세우고 세상을 읽는 통찰력이 있어야 한다. 여기에는 직관과 분석 능력이 필수다. 세상을 읽고 앞일을 미루어 짐작하는 능력이 없다면 하는 일마다 주먹구구가 되기 쉽다. 오판을 하여 무리수를 두게 된다. 또는 지나친 믿음과 낙관으로 일을 그르치기도 한다. 훌륭한 리더는 새로운 것을 받아들여 개혁하고, 남들이 미처 생각하지 못한 것을 찾아내고, 그것을 유리하게 활용하는 능력을 갖췄다.

세상을 읽어내는 능력은 저절로 얻어지지 않는다. 경험과 학습과 고뇌가 뒤섞여 화학작용이 일어나야 한다.

3장의 인(人)은 사람을 얻고 활용하는 능력이다. 이 세상에 혼자서할 수 있는 일은 없다. 역사에 이름을 남긴 리더들은 주변에 사람이 있었다. 사람을 분별하여 쓰는 것이 곧 리더의 능력인 것이다. 인재를 등용하고, 그들을 활용하는 능력은 매우 중요하다. 인재를 얻었다면 이들이 소신껏 일할 수 있는 여건을 만들어 줘야 한다. 그러기 위하여 리더는 구성원과 소통하고, 그들이 원하는 것을 채워주며 마음껏 일할 수 있도록 동기부여를 하는 능력도 필요하다. 지적 능력보다 타인을 이해하고, 타인과 공감할 줄 아는 감성지능을 강조하는 이유다.

《교양인을 위한 고전 리더십》은 이러한 3인(忍·認·人)을 중심으로 장을 만들고, 각 장마다 소목차를 세 개씩 넣어 만든 책이다. 춘추전국시대 역사서를 읽기 전에 설득력과 리더십 종류의 책을 읽어서 가능한 일이었다. 이처럼 책을 많이 읽어야 책을 쓸 수 있다.

《교양인을 위한 고전 리더십》 목차

1장. 인(忍): 몸을 일으키는 능력

1. 간절함과 절박함

2. 반성과 준비

3. 충동조절 능력

2장. 인(認): 세상을 만들어 가는 지혜

1. 전략

2. 분석과 통찰력

3. 혁신과 창의

3장. 인(人): 사람을 얻고 활용하는 방법

1. 용인(用人)

2. 소통

3. 사회 지능과 감성 지능

그 후 《교양인을 위한 고전 리더십》을 기반으로 중·고등학교에서 20년 가까이 미술교사로 재직하고 있던 정수진 작가와 함께 2024년에 《청소년을 위한 리더십 수업》을 출간했다. 아울러 춘추전국시대 리더들의 사례와 시를 엮어 '시에게 묻고 역사에서 답을 찾는다!'는 콘셉트로 《시문사답》을 출간했다. 결국 사마천의 《사기》로 시작한 춘추전국시대 관련 독서로 총 4권의 책을 출간하는 결과를 얻은 셈이다. 그런데 아직도 한두 권을 더 출간해도 충분할 만큼 자료가 남아 있다.

이처럼 독서는 쓰기로 이어진다. 쓰지 않고 읽을 수는 있어도 읽지 않고 책을 쓸 수는 없다. 책 쓰기 코치로 10년 넘게 활동하며 책을 쓰고 싶어 하는 예비 저자를 수없이 만났다. 그중 의욕만 가지고 찾아오는 사람에게는 독서를 먼저 권유한다. 박사학위를 받은 사람이라도 독서량이 적으면 무엇을 쓸지 어려워한다. 독서량이 제법 있는 사람은 쓸 주제를 정하면 자꾸 읽은 책을 뒤적거리며 쓸 거리를 찾으려고 한다. 그런 그들에게는 먼저 쓰기 시작하라고 이야기한다. 쓰기 시작하면 무의식에 있는 지식이나 생각이 올라온다. 책을 읽으며 사색을 많이 한 사람은 머릿속에 쓸 거리가 넘쳐난다.

책을 많이 읽었어도 책을 못 쓰는 경우는 대개 두 가지다. 생각 없이 책을 읽었거나, 이 책 저 책 가리지 않고 읽은 경우다. 책으로 쓰고 싶은 주제를 정하고, 그 분야 책을 집중해서 읽어야 한다. 필자가 《세일즈, 심리학에서 답을 찾다》를 쓰기 위해 수많은 행동경제학 책을 읽은 것처럼 해야 한다. 작가가 되고 싶으면 주제에 맞는 책을 집중해서 읽고, 핵심 내용을 정리하고, 배경지식 위에 새로운 지식을 쌓으며 서로 연결하고, 통합하는 사색의 과정을 끊임없이 해야 한다. 이 방법이 책 쓰기의 지름길이다.

질문이 이끄는 삶의 길 위에서

우리 삶은 질문의 연속이다. '나는 누구인가?', "무엇을 위해 살아가는가?'라는 근본적인 물음에서부터 '오늘 하루는 어떻게 보낼까?', '다른 사람에게 어떤 영향을 줄 수 있을까?'라는 일상적인 질문에 이르기까지 질문은 우리 삶의 방향을 정하고, 의미를 부여하는 나침반과도 같다.

질문은 단순히 대답을 구하는 행위에 그치지 않는다. 질문은 우리 생각을 자극하고, 우리가 미처 보지 못한 새로운 길을 열어준다. 질문하는 순간, 우리는 익숙함에서 벗어나 더 넓은 세상을 마주하며 스스로 성장할 기회를 얻는다. 질문은 우리 삶을 보다 풍요롭게 하고, 행복과 성공을 만들어가는 기반이 된다.

이 책은 질문의 힘을 활용하여 삶의 변화를 꾀하고, 세상에 긍정적인 영향을 미칠 수 있는 여러 가지 방법들을 고민한 결과물이다. 개인의 행복을 시작으로, 타인을 변화시키는 질문, 창의력을 발휘하는 질문, 그리고 독서와 글쓰기를 통한 자기 계발까지, 질문이 우리 인생에서 얼마나 중요한 역할을 하는지를 다루었다.

이제 공은 당신에게 넘어갔다. 이 책에서 제안한 질문들이 당신 삶의 전환점이 되기를 바란다. 앞으로 맞이할 새로운 도전 속에서 자신에게 던지는 질문이 큰 깨달음과 성장을 안겨주기를 바란다.

세상은 여전히 미지의 질문들로 가득하다. 당신은 앞에 놓인 질문에 답을 찾아가는 여정 속에서 더 나은 자신, 더 나은 세상을 만들어 갈 수 있다. 질문하며 살아가는 길 위에서, 당신 삶이 더욱 빛나기를 진심으로 기원한다.

참고문헌

· 공지영,《네가 어떤 삶을 살든 나는 너를 응원할 것이다》, 해냄출판사, 2016.

· 김들풀 외,《코로나 이후 대전환 시대의 미래기술 전망》, 호이테북스, 2020.

· 김들풀 외,《2030 핵심미래 기술 50》, 호이테북스, 2024.

· 김미월 외,《공존하는 소설》. 창비교육, 2023.

· 김범성,《어떻게 일본 과학은 노벨상을 탔는가》, 살림, 2010.

· 김주현,《생각의 힘, 비판적 사고와 토론》, 아카넷, 2013.

· 김창범 외,《코칭하라》, 태동출판사, 2010.

· 나덕열,《앞쪽형 인간》, 허원미디어, 2008.

· 나오미 배런,《다시, 어떻게 읽을 것인가》, 전병근 역, 어크로스, 2023.

· 도로시 리즈,《질문의 7가지 힘》, 노혜숙 역, 더난출판, 2008.

· 돈 미켈 루이스,《오늘이 내 삶의 새로운 시작이다》, 이양준 역, 호이테북스, 2005.

· 대니얼 골먼,《사회지능》, 장석훈 역, 웅진지식하우스, 2006.

· 데일 카네기,《카네기 인간관계론》, 최염순 역, 씨앗을뿌리는사람들, 2008.

· 로버트 루트번스타인 외,《생각의 탄생》, 박종성 역, 에코의서재, 2008.

· 로베스타 골린코프 외,《최고의 교육》, 김선아 역, 예문아카이브, 2018.

· 리사 이오띠,《8초 인류》, 이소영 역, 미래의창, 2022.

· 리하르트 다비트 프레히트,《나는 누구인가》, 백종유 역, 21세기북스, 2008.

· 마릴리 애덤스,《삶을 변화시키는 질문의 기술》, 정명진 역, 김영사,2007.

· 마이클 J. 마쿼드,《질문 리더십》, 최요한 역, 흐름출판, 2006.

· 마틴 셀리그만,《긍정심리학》, 김인자 역, 도서출판물푸레, 2006.

· 마틴 셀리그만,《학습된 낙관주의》, 최호영 역, 21세기북스, 2008.

· 말랄라 유사프자이,《우리는 난민입니다》, 박찬원 역, 문학동네, 2020.

· 매리언 울프,《책 읽는 뇌》, 이희수 역, 살림, 2013.

· 매리언 울프,《다시, 책으로》, 전병근 역, 어크로스, 2019.

· 송숙희,《부자의 독서법》, 토트, 2022.

· 송숙희,《성공하는 사람들의 7가지 관찰습관》, 위즈덤하우스, 2008.

· 스티븐 코비,《성공하는 사람들의 8번째 습관》, 김경섭 역, 김영사, 2023.

· 신병철, 《통찰의 기술》, 지형, 2008.

· 안토니오 스카르메타, 《네루다의 우편배달부》, 우석균 역, 민음사, 2004.

· 앤드루 로빈슨, 《천재의 탄생》, 박종성 역, 학고재, 2012.

· 앤서니 리빈슨, 《네 안에 잠든 거인을 깨워라》, 이우성 역, 씨앗을뿌리는사람들, 2008.

· 얼 쇼리스, 《희망의 인문학》, 고병헌 외 역, 이매진, 2006.

· 에노모토 히데다케, 《마법의 코칭》, 황소연 역, 새로운제안, 2017.

· 에드 캣멜 외, 《창의성을 지휘하라》, 윤태경 역, 와이즈베리, 2014.

· 에릭 뒤랑, 《50세, 빛나는 삶을 살다》, 이세진 역, 에코의 서재, 2008.

· 오정환 외, 《청소년을 위한 질문 수업》, 벗나래, 2021.

· 월터 아이작슨, 《레오나르도 다빈치》, 신봉아 역, 아르테, 2023.

· 이동섭, 《파리 미술관 역사를 걷다》, 지식서재, 2023.

· 이동영, 《미술로 키워라》, 공존, 2017.

· 이원률, 《사적이고 지적인 미술관》, 알에이치코리아, 2023.

· 이택광, 《인상파, 파리를 그리다》, 아트북스, 2013.

· 이토 아키라, 《코칭 대화 기술》, 김경섭 역, 김영사, 2007.

· 이해성, 《1등의 독서》, 미다스북스, 2016.

· 전병규, 《문해력 수업》, 알에이치코리아, 2021.

· 정민, 《다산 선생 지식 경영법》, 김영사, 2006.

· 정인경, 《모든 이의 과학사 강의》, 여문책, 2020.

· 정진홍, 《인문의 숲에서 경영을 만나다2》, 21세기북스, 2008.

· 제프 콜빈, 《인간은 과소평가되었다》, 신동숙 역, 한스미디어, 2016.

· 조신영 외, 《경청》, 위즈덤하우스, 2007.

· 조지 오웰, 《동물농장》, 도정일 역, 민음사, 2022.

· 존 휘트모어, 《성과 향상을 위한 코칭 리더십》, 김영순 역, 김영사, 2007.

· 주기곤, 《어떻게 미래 인재로 키울 것인가?》, 벗나래, 2022.

· 최성우, 《진실과 거짓의 과학사》, 지노, 2024.

· 칙센트 미하이, 《몰입의 경영》, 심현식 역, 황금가지, 2007.

· 클레어 레인스 외, 《소통의 심리학》, 이미정 역, 한국경제신문, 2008.

· 테리 J. 파뎀, 《애스킹》, 김재명 역, 쌤앤파커스, 2009.

· 패드릭 브링스, 《나는 메트로폴리탄 미술관의 경비원입니다》, 김의정 외 역, 웅진지식
하우스, 2024.

· 팻 크로스, 《선택의 힘》, 안진환 외 역, 스테디북, 2007.

· 폴 체리, 《비즈니스 질문의 기술》, 조윤정 외 역, 해담출판사, 2007.

· 피터 드러커, 《프로페셔널의 조건》, 이재규 역, 청림출판, 2006.

· 필 메키니, 《질문을 디자인하라》, 김지현 역, 한국경제신문, 20123

· 필립 짐바르도 외, 《타임 패러독스》, 오정아 역, 미디어윌, 2008.

· 하워드 가드너, 《열정과 기질》, 임재서, 북스넛, 2007.

· 하지현, 《소통의 기술》, 미루나무, 2007.

· 한강, 《채식주의자》, 창비, 2007.

· 헨리에트 앤 클라우저, 《종이 위의 기적-쓰면 이루어진다》, 안기순 역, 한언, 2004.

· 황농문, 《인생을 바꾸는 자기 혁명, 몰입》, 랜덤하우스, 2008.

· 황치성, 《미디어 리터러시와 비판적 사고》, 교육과학사, 2018.